LUXURY
AFTERMARKET

奢侈品后市场

二手奢侈品行业观察

曹玉智◎著

·北京·

图书在版编目（CIP）数据

奢侈品后市场：二手奢侈品行业观察 / 曹玉智著. -- 北京：中国经济出版社，2022.1
ISBN 978-7-5136-6786-9

Ⅰ. ①奢⋯ Ⅱ. ①曹⋯ Ⅲ. ①消费品 – 研究 – 中国 Ⅳ. ① F724.7

中国版本图书馆 CIP 数据核字（2021）第 265561 号

出版策划	五点零工作室
总 顾 问	欧家锦
策划编辑	崔姜薇
责任编辑	黄傲寒
特约编辑	袁啸云
责任印制	马小宾
封面设计	任燕飞装帧设计工作室

出版发行	中国经济出版社
印 刷 者	北京富泰印刷有限责任公司
经 销 者	各地新华书店
开　　本	710mm×1000mm　1/16
印　　张	21.25
彩插印张	0.75
字　　数	301 千字
版　　次	2022 年 1 月第 1 版
印　　次	2022 年 1 月第 1 次
定　　价	158.00 元
广告经营许可证	京西工商广字第 8179 号

中国经济出版社 网址 www.economyph.com 社址 北京市东城区安定门外大街 58 号 邮编 100011
本版图书如存在印装质量问题，请与本社销售中心联系调换（联系电话：010-57512564）

版权所有　盗版必究（举报电话：010-57512600）
国家版权局反盗版举报中心（举报电话：12390）　服务热线：010-57512564

作者简介

珍惜每一个当下，珍惜每一段过往。纳福，惜福。这就是幸福的样子。

——曹玉智

曹玉智，北京大学光华管理学院 EMBA，佛阳子黄金珠宝有限公司创始人、聚奢网络科技有限公司创始人兼董事长、聚奢研学中心创始人兼院长，CCTV《对话》栏目专访人物、法国国家电视二台《晚间新闻》栏目专访人物，先后荣获多领域的奖项。

其创办的聚奢网已成为中国二手奢侈品交易行业的标杆性综合服务集团，入选北京大学、清华大学、复旦大学等知名院校 EMBA 成功企业案例。

内容简介

随着中国经济发展、国民人均收入持续攀升,中国奢侈品消费人群迅速扩大,为中国成为奢侈品消费大国奠定了基础,并促进了中国二手奢侈品市场的发展。

总体而言,中国二手奢侈品市场尚处于发展的早期阶段,市场消费量级较小,但消费者对于二手奢侈品的接受度正在逐步提高,二手奢侈品市场持续升温。随着消费者消费观念的升级和市场信用体制的完善,二手奢侈品市场将成为新的蓝海。

作为国内起步最早的二手奢侈品专业交易机构之一,聚奢网为消费者提供名品鉴定、估价、保养、买卖等综合体验服务,还为消费者提供奢侈品相关的培训、金融等服务,用户覆盖B端商家和C端消费者,是一个专业的、运营网络覆盖全国各大中城市的"线上+线下"二手奢侈品交易平台。

在聚奢网发展的过程中,其创始人曹玉智对行业的过去与未来、市场的格局与演变、从业者的心态与作为、政策的扶持与引导、新工具(如区块链、电商直播等)的选择与使用等,进行了深入思考,由此创作了本书。作为国内首批专注于研究二手奢侈品市场的图书之一,本书将为读者展现一个全新的商业世界。

前 言

中国奢侈品后市场的机遇

本书阐述的是奢侈品（包括奢侈品新品和二手奢侈品）在中国从鲜为人知到备受消费者喜爱的发展历程。

所谓"奢侈品"，是以古驰、普拉达等知名品牌为代表的西方精品品牌的商品，涉及葡萄酒及烈酒、时装及皮革制品、香水及化妆品、钟表及珠宝、豪车游艇及私人飞机、精品零售及高级酒店等领域。

毋容置疑，我们所处的时代是财富爆炸式增长的时代。从2013年起，中国消费者已经成为全球奢侈品行业中最大的购买人群。我们不追求奢糜，但不拒绝品质——奢侈品因价格高昂等原因，注定只能被少数人拥有。

本书将奢侈品的使用者划分为两类：一类是真正使用奢侈品的人，另一类是需要使用奢侈品的人。真正使用奢侈品的人坚信每一件奢侈品都是有灵魂、有内涵的，他们在选择奢侈品时一般不太在意其价格；而需要使用奢侈品的人往往非常在意奢侈品的价格，出于社交等需求，他们需要购置一些奢侈品。后者的数量远远超过前者的数量。

何为"后市场"？后市场泛指一切商品售出后，围绕该商品的各类后续交易活动。奢侈品后市场，则是奢侈品售出后，在其使用环节中产生的一系列交易活动的总称。

根据本人2012年提出的"奢侈品生态圈"概念，奢侈品后市场包括以下模块：二手奢侈品买卖交易模块、二手奢侈品买卖背书模块、二手奢侈品维修护理模块、二手奢侈品真假鉴定及培训模块、二手奢侈品租赁共享模块、二手奢侈品化料及扣件配件的提供模块、奢侈品文化模块、配套服务及物流模块，以及衍生出的类金融及保险服务模块、IT信息服务模块十大模块。

二手奢侈品买卖交易模块，即通常的寄售/回收销售模块，交易场景包括实体店铺、电商平台、个人朋友圈等，特别是2019年兴起的各类直播电商平台，很好地为这一模块的发展推波助澜。实体单店的盈利能力（特别是兄弟/夫妻店）远超公司店及连锁店。

二手奢侈品买卖背书模块指的是在二手奢侈品交易过程中确定商品的真伪。2021年年底，行业已经有了由中国检验认证集团部分分公司和国内其他代表公司出具的受到从业者认可的检测证书。

二手奢侈品维修护理模块主要指的是箱包、鞋履、钟表、珠宝等商品的护理、翻新与维修等服务。这些商品大都品质过硬、设计精美、价格高昂，但在被使用的过程中产生了磨损，经过这一模块的服务后，这些商品重新"焕发了光彩"。

二手奢侈品真假鉴定及培训模块是指企业为了促进奢侈品后市场的健康发展，而培养一大批具备奢侈品鉴定与估价能力的专业鉴定师。自2009年起，佛阳子黄金珠宝有限公司（聚奢网前身）奢侈品鉴定培训班即面向全国招生，这是行业内的首个奢侈品鉴定培训班。截至2021年年底，在全国各省市开办同类型培训班的企业已超过100家。尽管这些企业颁发的结业证书不具备法律效力，但它们仍在客观上对奢侈品后市场的健康发展起到了一定的促进作用。

二手奢侈品租赁共享模块即奢侈品的租赁与共享。然而，从2010年小范围的商品租赁到2015年铺天盖地的商品共享，租赁共享商业领域乱象层出不穷。在奢侈品的共享过程中，租赁的费用、品相的界定、磨损的赔付、污渍的清理……众多无法被标准化处理的问题，直接将共享模式拖入了困境。

二手奢侈品化料及扣件配件的提供模块是指在二手奢侈品的护理与维修过程中，企业为其提供必需的化工原料、原材料及五金配件等。因为奢侈品制作工艺精湛、价格昂贵，其护理及维修对于原料及工艺的要求很高，需要有专人来进行操作。

奢侈品文化模块是指通过沙龙、论坛、多媒体宣传等多种方式，将奢侈品品牌的发展历程、品牌理念、创始人故事、设计创意等文化层面的内容，展示给消费者，使消费者在消费奢侈品时更有愉悦感与获得感。

服务配套及物流模块主要包括各种类型的展销会（名表、名包、珠宝等专场或综合展销会），以及由此带来的全国范围内的物流服务。随着奢侈品后市场的不断发展，全国各大城市陆续举办形式多样、规模不一的展销会，对于同行交流、商品销售产生了促进作用。

类金融及保险服务模块是指奢侈品后市场中的相关金融服务，比较常见的有两种：一是各大银行为二手奢侈品消费者提供贷款及分期服务，以减轻消费者的经济压力；二是各大银行为企业提供信贷资金，助力企业提升销售与服务水平。

IT信息服务模块主要包括两个部分：一是内部运营系统。对于已实现全国连锁的企业而言，每个连锁店每天进货多少件、出货多少件？每个连锁店的在库商品有多少件、分别是什么品类？每件商品的购入价与出货价分别是多少？解答这些问题，需要信息化与数字化的内部运营系统作支持。二是区块链技术。一些同行已将区块链技术运用到二手奢侈品交易中，从而掌握了每一件奢侈品的销售数据，为规范交易提供了技术保障。

综上所述，这十大模块在聚奢网的经营中均有一定程度的发展，甚至某些模块业务的落地，正是由聚奢网促成的。得益于各位同行志士的支持、各界亲朋好友的关照以及各部门兄弟姐妹的努力，聚奢网才能走到今天，并取得了一点微不足道的成绩。

本书记录了本人自创立聚奢网（包括其前身佛阳子黄金珠宝有限公司）以来的部分创业心得、行业观察和思考、行业前景展望等，既是对本人创业及公司发展的一个小结，也是向社会各界所作的一次汇报，更是对同行（特别是准入行及刚入行的新人）进行的一场分享。感谢创作顾问欧家锦、出版顾问袁啸云等创作团队成员，感谢一直默默支持我的妻子杨海兰，感谢财务顾问王会勤女士、中国旧货业协会秘书长常大磊先生、中国检验认证集团江苏公司的计冬明先生，以及在佛阳子/聚奢网工作过的和在职的同仁、同行和非同行的朋友们。没有你们，聚奢网不会走到今天；因为你们，聚奢网将会拥有更美好的未来。让我们携手并肩，再创佳绩！

曹玉智

2021年11月于南京

目 录

绪 论　中国二手奢侈品行业概述 / 001

第一章　二手奢侈品行业发展历程及典型企业 / 027

　第一节　二手奢侈品行业发展历程 / 029
　　全球二手奢侈品行业发展历程 / 029
　　从全球视角看中国二手奢侈品行业的发展 / 046

　第二节　二手奢侈品行业典型企业 / 050
　　The RealReal：全球知名的美国二手奢侈品寄售平台 / 050
　　柏欧福：日本二手奢侈品行业的开创品牌 / 057
　　寺库：中国奢侈品电商上市第一股 / 061
　　借鉴日本二手奢侈品行业的发展经验，助力中国二手奢侈品行业飞速发展 / 074

第二章　二手奢侈品行业分析与企业运营策略 / 081

　第一节　二手奢侈品行业分析 / 083
　　中国二手交易市场：闲置商品交易与分享经济的发展契机 / 083
　　中国二手奢侈品行业的进入壁垒 / 108
　　对中国二手奢侈品行业的 PEST 分析 / 113
　　对中国二手奢侈品行业的 SWOT 分析 / 119

中国二手奢侈品消费者的特点 / 128

中国二手奢侈品行业中的价格影响因素 / 133

中国二手奢侈品行业的经营模式 / 139

中国二手奢侈品行业中的直播带货 / 145

中国二手奢侈品行业与典当模式 / 151

第二节　二手奢侈品企业运营策略 / 156

中国二手奢侈品企业的品牌力塑造 / 156

中国二手奢侈品企业要关注的九大管理战略 / 160

中国二手奢侈品企业商品与服务的开发策略 / 171

中国二手奢侈品企业的门店选址策略 / 177

第三章　二手奢侈品行业发展思考与前瞻 / 181

2020年出现的行业拐点：中国二手奢侈品市场渐临爆发式增长点 / 183

二手奢侈品企业不是品牌的"威胁"，而是品牌的"朋友" / 189

迷恋、偏见、物欲，奢侈品与消费的本质 / 211

聚奢网：中国二手奢侈品行业的先行者与领军者 / 222

附录一　西方奢侈品品牌在中国的发展历程 / 233

附录二　全球部分奢侈品品牌的文化与发展史 / 261

绪 论

中国二手奢侈品行业概述

何为奢侈品？它有什么样的属性？它在中国的发展历程是怎样的？由奢侈品新品行业延伸出的二手奢侈品行业，在中国的发展现状如何？二手奢侈品行业未来还有多大的发展空间？只有得到这一系列问题的答案，我们才能探索行业前进的方向。

作为中国二手奢侈品行业中的先行者，聚奢网在这一行已经深耕了15年，无论是在商业模式方面，还是在团队搭建方面，或是在日常运营方面，聚奢网都总结出了具有行业示范意义的方法论，成为行业中的领军者。

展望未来，中国经济发展迅速，越来越多的资本及人才涌入二手奢侈品行业，带来了一些新的行业发展问题。这些问题需要大家共同去探讨、去面对。

一、奢侈品行业分析

对于奢侈品（Luxury）的定义，业界尚无统一标准。不同的机构、学者有自己的标准。目前，奢侈品在全球范围内认可度较高的定义为："一种超出人们生存与发展需要的，具有独特、稀缺、珍奇等特点的消费品。"

从经济学层面来看，奢侈品指的是价值/品质的比值最高的商品，又指无形价值/有形价值的比值最高的商品。

沃夫冈·拉茨勒在其畅销书《奢侈带来富足》中这样描述奢侈："奢侈是一种整体或部分地被社会认为奢华的生活方式，大多由商品或服务决定。"

什么是Luxury？《牛津高阶英汉双解词典》的解释是"a thing that is expensive and enjoyable but not essential"；《剑桥高阶英汉双解词典》这样解释："something expensive which is pleasant to have but is not necessary"；《韦氏词典》的解释则是"something adding to pleasure or comfort but not absolutely necessary"。由这些解释可知，Luxury有三个特点：好、贵、非必需。但这个名词被引入中国之后，就被翻译成了"奢侈品"。在中国人的认知中，奢侈几乎等同于贪婪、挥霍、浪费。其实，从经济意义上看，人们购买奢侈品实质上是一种高档消费行为，本身并无价值观倾向；从社会意义上看，人们购买和使用奢侈品体现着个人品位和生活品质的提升。

关于奢侈品，我们需要清楚两件事。

第一，奢侈品的概念是不断变化的。奢侈品在人类历史的不同时期中有着不同的代表商品。例如，在中国，在20世纪80年代，对人们来说，奢侈品就是手表、缝纫机、自行车，此后渐渐变为电视机、电冰箱、电话。也就是说，这些商品从一段时期内人们印象里的奢侈品，转变为日后的必需品。

第二，奢侈品的受众是少数人。由于奢侈品具有可供炫耀的特征，在中国的普通工薪阶层中出现了这样的一种现象：并不十分富裕的打工者攒几个月甚至半年的工资，去专卖店买一件头部奢侈品品牌的商品，然后穿着或戴着去挤公交车或地铁。从消费回归理性的角度上讲，消费者仍需努力消除攀比心理和盲从心理，促使市场正常运行。

中国品牌战略协会首席专家、中国最早研究奢侈品消费的学者之一——杨清山，在其所著《中国奢侈品本土战略》一书中对奢侈品下的定义是："价值、价格、品质、品牌四项要素均达到顶级水平的商品。"使用者能够借助奢侈品满足自尊需求、获得成就感、彰显财富地位或个性气质。

正是因为其独有的特殊性，奢侈品具有以下特点：象征富贵，能够彰显使用者的个性，能够实现历史文化传承，有生产数量的限制等。

纵观全球，得益于经济的持续发展，1994—2018年，全球个人奢侈品行业销售额年均复合增长率（GAGR）约为6.5%，大体上呈现增长态势，唯一的大衰退年度是2009年，衰退的直接原因是2008年自华尔街开始席卷全球的金融危机导致了欧美发达国家的经济衰退，也由此导致了全球奢侈品行业"黄金10年"的终结。然而，在这一行业动荡时期中，中国消费者的购买力却十分惊人，促使全球奢侈品行业进入"中国时代"！

个人奢侈品主要分为鞋履、珠宝、手袋、美妆商品、成衣及腕表六大品类。豪车、游艇与私人飞机则属于更小众的奢侈品。另外,奢华酒店与精品度假酒店也属于奢侈品。在个人奢侈品中,成衣、美妆商品和手袋的销售额最高,2018 年三者的全球销售额分别为 702 亿欧元、621 亿欧元、552 亿欧元,合计销售额达到 1875 亿欧元。从品类销售额增速来看,鞋履、珠宝、腕表和手袋销售额增速较高,这些都是价格相对昂贵且可高频消费的奢侈品;而成衣、美妆商品销售额则增长相对平稳。

二、中国二手奢侈品消费者分析

目前,中国的富裕人口(指个人可投资资产在 60 万~600 万元人民币的人群)超过 1500 万,人均可投资资产总额约为 130 万元人民币;高净值人口(指可投资资产在 600 万元人民币以上的人群)超过 200 万,人均可投资资产总额约为 2400 万元人民币。富裕人口、高净值人口及投资资产的增加,整体上增加了人们可用于购买奢侈品的资金,促进了二手奢侈品消费量的增长。

奢侈品市场发展的国际历程表明,在人均年收入低于 1000 美元的地区,奢侈品市场很难发展;当人均年收入达到 1500 美元左右时,该地奢侈品消费需求萌芽;当人均年收入达到 2500 美元之后,该地奢侈品消费量急剧上升。奢侈品消费的这种变化规律同样存在于中国市场。

2004 年,中国人均 GDP 达到 1490 美元;到了 2008 年,中国人均 GDP 达到 3414 美元;2013 年,中国人均 GDP 达到 6767 美元……中国人均 GDP 的持续攀升,促使中国消费者的奢侈品消费量迅速增加,为中国消费者成为全球范围内奢侈品的最大购买人群打下了坚实的经济基础。

中国的奢侈品购买者呈现年轻化趋势。年轻人群重视品牌，但是由于他们目前的收入不能支撑其进行奢侈品新品的消费，他们便成了二手奢侈品的主要购买人群。在这些追求物美价廉的奢侈品消费者的推动下，二手奢侈品店正从一线城市向二三线城市快速扩张。

贝恩咨询公司与意大利奢侈品行业协会联合发布的《2019年全球奢侈品行业研究报告（秋季版）》显示，2019年，全球奢侈品市场整体销售额增长了4%，达1.3万亿欧元。其中，个人奢侈品市场销售额增长了4%，达2810亿欧元。

2019年，全球奢侈品市场的增长动力主要来自亚洲消费者的消费，尤其是中国消费者的消费。数据显示，中国消费者对全球个人奢侈品市场持续性增长的贡献率达到了90%，中国消费者的奢侈品消费额占全球消费者个人奢侈品消费总额的35%。

从年龄上看，中国的二手奢侈品消费者以年轻一代人为主，其中18~24岁的消费者占比为36%，25~30岁的消费者占比为32%，二者合计占比为68%，可见年轻一代人支撑起了中国的二手奢侈品消费市场。24~36岁的人群，对奢侈品不仅有消费意愿，也有一定的消费能力。他们重视品牌、追求商品的高性价比，所以愿意买二手奢侈品。他们对于品牌的追求以及高仿奢侈品的抵制，都在推动中国二手奢侈品市场高速发展。《中国二手奢侈品市场发展研究报告2020》显示，中国二手奢侈品的市场规模占整个行业市场规模的5%，相对发达国家的20%甚至30%的占比而言并不高，发展潜力巨大，未来有望达万亿元人民币的规模。

从教育水平来看，二手奢侈品消费者以受过高等教育的消费者为主，专科及本科学历的消费者占比高达63%，加上占比为8%的硕士与博士学历的消费者，合计占比为71%。可见，受过高等教育的消费者对于二手奢侈品的接受度比较高。这可能有两个原因：一是受过高等教育的消费者，收入水平普遍较高；二是受过高等教育的消费者，消费行为较理性，二手奢侈品的特性，正好符合他们的消费力与心理认知。

从性别上看，二手奢侈品消费者中女性消费者占比为71%，无论是奢侈品新品，还是二手奢侈品，其消费人群都以女性为主。需要特别说明的是，二手奢侈品中交易量最大的三个品类——手袋、腕表、珠宝，都是以女性消费者为主要受众。

从消费者购买奢侈品的次数来看，购买过1~5次的占比最高，达到58%，而购买过5次以上的占比为9%，二者合计占比达67%（如图0-1）。由此可见，消费者对于二手奢侈品的接受程度有了很明显的提高。这印证了行业人士的"中国二手奢侈品行业拥有良好的发展前景"的预言。

从消费者购买奢侈品的开销占其总收入的比重来看，占比在5%以下的有42.5%，占比在5%~10%的有31.2%，二者合计占比为73.7%；占比在30%以上的仅有3.3%。由此可见，购买二手奢侈品的消费者是相对理性的。这从侧面反映出二手奢侈品的高性价比——消费者只需花较少的钱，就可以拥有心仪的奢侈品。

从消费者对二手奢侈品交易平台或商铺的认知来看，不了解相关情况的消费者占比高达71%（如图0-2）。由此可见，消费者对于行业中企业的认知依然处于模糊的状态。这提醒了企业，要加强对自身品牌的宣传。低认知度的现状，往往会给一些浑水摸鱼的投机企业带来发横财的机会，但给行业的发展留下了种种隐患，不利于中国二手奢侈品行业的良性发展。

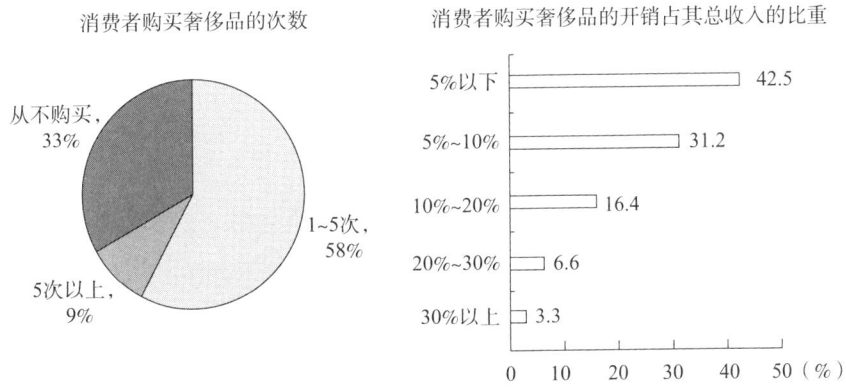

图0-1　中国二手奢侈品消费者购买行为分析

从消费者了解二手奢侈品的渠道来看，对二手奢侈品交易平台或商铺有所了解的消费者占全体消费者的比例为29%。其中，通过线上论坛、新闻页面的广告而了解的占比为44.4%，通过代购、朋友圈而了解的占比为40.7%，二者合计占比为85.1%。由此可见，互联网已经成了行业与消费者沟通的主要渠道。

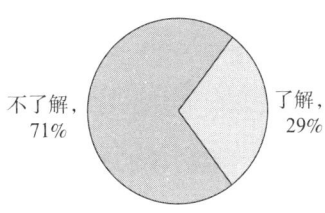

图0-2　中国二手奢侈品消费者对二手奢侈品交易平台或商铺的认知

从消费者对二手奢侈品的态度来看，"即使很喜欢，在购买前也会仔细考虑"的消费者占比为34.1%，"取决于二手奢侈品的商品状况"的占比为22.0%，二者合计占比为56.1%。"坚决不会购买二手奢侈品"的消费者占比达到了37.3%（如图0-3）。由此可见，二手奢侈品在国内的接受度呈现两极分化的态势。一方面，二手奢侈品凭借物美价廉的特点受到了一部分消费者的欢迎；另一方面，它被一部分有"消费洁癖"心理的消费者所抗拒。但综合来看，随着二手奢侈品所代表的循环经济日益成为大势所趋，以及年轻一代人消费观念的变化，二手奢侈品行业在中国有着越来越光明的前景。

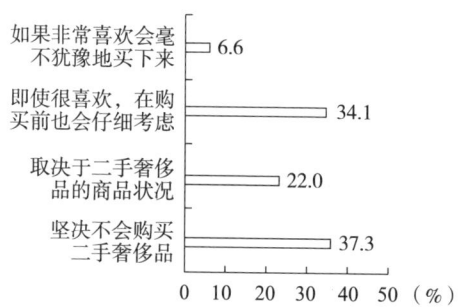

图0-3 中国消费者对二手奢侈品的态度

从消费者购买二手奢侈品时的关注点来看，前三大关注点分别为：正品保证、商品价格、商品款式与流行度（如图0-4）。这体现了二手奢侈品市场与奢侈品新品市场的巨大差异。

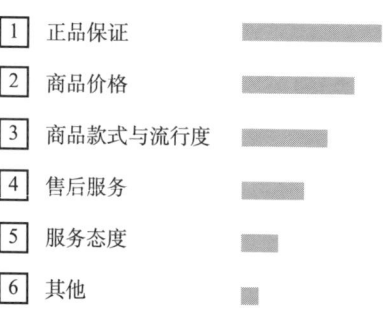

图0-4 中国消费者购买二手奢侈品时的关注点

首先是正品保证。在奢侈品新品市场不存在正品保证一说，能在品牌官方门店售卖的商品几乎都是正品，而二手奢侈品市场中则是假货横行，很多企业"知假卖假"，甚至有个别消费者也会"知假买假"，这种投机行为给行业的健康发展带来了严重的不良影响。

其次是商品价格。奢侈品在品牌官方门店售卖时都是明码标价的（偶尔会有官方折扣），并不存在讨价还价一说，但在二手奢侈品市场中，价格永远是一个卖家与买家相互试探的博弈游戏，无论一方出什么价格，另一方总是本能地觉得于己不利，这种不信任产生的巨大沟通成本，是二手奢侈品行业发展的桎梏之一。

最后是商品款式与流行度。品牌官方门店售卖的商品，有时下热门款，也有经典款，更有一些附属品。当热门款商品供不应求时，官方门店有时会要求消费者"配货"（购买热门款商品的同时，还得购买其他商品，甚至是指定商品，而这些商品往往是销售情况不佳的冷门款商品），甚至排队等候，这就给消费者带来了困扰以及沉重的经济负担；而二手奢侈品门店售卖的往往都是某个品牌的热门款以及经典款商品，它们具有相当高的流行度，能给消费者带来喜悦感，且不存在新品销售时的"配货"以及排队等候的情况，能令消费者更简单、舒适地购物。这是令二手奢侈品比奢侈品新品更受消费者欢迎的原因之一。

在二手奢侈品行业中，对消费者而言，"售后服务"的重要性排在"服务态度"之前，这与奢侈品新品行业恰好相反。销售奢侈品新品时，奢侈品品牌向消费者提供精益求精的贴心服务，在一定程度上使商品获得了品牌的高溢价，但品牌对售后服务不够重视（很多奢侈品品牌甚至尚未在中国设立售后部门，或者仅提供简单的、基础的售后服务）。在二手奢侈品行业中，消费者对卖家"售后服务"的重视程度高于对卖家销售时的"服务态度"的重视程度，可见消费者对于二手奢侈品的商品质量还是心存疑虑。企业唯有提供优质的、配套的、完整的售后服务（如二手奢侈品的养护、维修等），才能在市场竞争中获得优势，得到更多消费者的青睐。

从消费者购买二手奢侈品的原因来看，表示自己购买二手奢侈品的原因为"二手奢侈品价格比全新的奢侈品低很多"的消费者占总消费者的比例为59.7%，原因为"工作或场景需要"的消费者占总消费者的比例为33.3%，二者合计占比为93%。由此可见，购买二手奢侈品的消费者的消费心理仍是"炫耀""彰显身份"，出于经济拮据或是理性的消费观，他们选择了购买更具有价格优势的二手奢侈品。但需要指出的是，想完成自己对某一奢侈品的收藏而购买二手奢侈品的消费者占比为15.8%，可见二手奢侈品市场已成为收藏奢侈品的一大渠道。毕竟对于新品市场而言，奢侈品官方门店每季都会上新商品，即使是经典款（当时的热门款）商品也会有下架的一天，而消费者若想拥有此商品，在二手奢侈品市场中寻找它，就成了一个很好的办法。

从消费者购买二手奢侈品时的信任因素来看，"商品有三包""有专家鉴定证书来保障正品""大品牌背书"分别为消费者信任因素的前三位，体现了二手奢侈品行业与奢侈品新品行业的本质区别。在奢侈品官方门店所销售的新品不受以上三个因素的影响，但这三个因素是二手奢侈品企业的发展生命线，一旦失去，企业将失去消费者的信任。

要特别提及的是,在"大品牌背书"方面,聚奢网是行业内首屈一指的重视自身品牌宣传的企业。聚奢网不断进行广告投放,在全国各地的直营店和加盟店建立统一、规范的VI体系,提高品牌辨识度。从平台的复购率来看,消费者对聚奢网的忠诚度日益增强。

三、中国二手奢侈品市场的机遇和挑战

中国二手奢侈品行业的发展历史并不长,随着奢侈品新品市场的发展而发展。奢侈品行业研究者、财经作家欧家锦在《奢侈品在中国》一书中,将西方奢侈品品牌在中国的发展划分为四个阶段。

第一个阶段:1979—1991年,混沌初开,国人时尚意识觉醒。标志性事件是知名时装设计师皮尔·卡丹于1979年举办了在中国的第一个时装表演,揭开了奢侈品在中国的时尚序幕。

第二个阶段:1992—2003年,追随潮流,中国市场逐渐升温。全球奢侈品头部品牌漂洋过海来到中国,带动了众多奢侈品品牌进入中国。

第三个阶段:2004—2012年,黄金10年,国人消费惊艳业界。标志性事件是中国兑现入世承诺,于2004年颁布《外商投资商业领域管理办法》,向外资企业开放了市场,促进了国际奢侈品品牌在中国的大力度投资,打下了中国成为奢侈品消费大国的基础。

第四个阶段:2013—2019年,全球瞩目,奢侈品行业进入

"中国时代"。标志性事件是"全球奢侈品及时尚行业的黄金10年"结束,在全球奢侈品消费开始衰退之际,中国消费者却扮演了"行业拯救者"的角色。

中国二手奢侈品行业也经历了以下几个发展阶段。

2006—2009年(正是聚奢网的前身佛阳子黄金珠宝有限公司的创立期),行业经历了缓慢、隐秘的成长阶段。此阶段为奢侈品新品市场的爆发期,也是二手奢侈品市场的缓慢启动期。整体而言,先富裕起来的一批消费者正对奢侈品新品青睐有加,而市场上的二手奢侈品存量不多,市场还远未成形,行业处于启动期。

2010—2014年,行业步入高速发展阶段。在欧美国家,因2008年爆发的国际金融危机,奢侈品消费量大幅减少;但在中国,由于相关政策,经济繁荣发展,国民收入大幅上涨,促进了奢侈品市场的发展,特别是在2013年国家开放个人自由行之后,众多中国消费者飞赴欧洲旅游、购物,强大的购买力震惊了全球奢侈品业界,行业开始进入"中国时代"。伴随奢侈品的海量囤积,以及一些消费者回归理性消费,中国二手奢侈品行业开始高速发展。

2015—2016年,行业步入整合阶段。随着新品市场的繁荣,以及二手奢侈品市场自身的发展,越来越多的人看到了二手奢侈品行业的巨大发展空间,纷纷涌入其中。从选择商业模式、组建团队,到开发货源渠道,再到鉴定养护商品,乃至服务消费者等,二手奢侈品行业的每一个环节都被资本进行了重构与整合。对于行业而言,这是发展过程中必经的阵痛,也是走向良性发展阶段的必经之路。

2017年后,行业步入洗牌阶段。经过高速发展阶段与整合阶段,一批有长远眼光、有战略规划、有执行力及雄厚资本的二手奢侈品企业,逐渐在竞争中脱颖而出,并逐步吞食不正规的、不具备强大竞争力的中小企业。对于行业而言,这种洗牌的过程正是行业走向良性发展阶段的标志,越来越多的优势资源(如资金、人才、渠道等)逐步向龙头企业聚集,随着移动互联网的高速发展,行业内逐渐涌现出以聚奢网为代表的一批全国性头部企业。

十几年来,行业内鱼龙混杂,对于身处其中用心做事、谋求发展的优秀企业而言,这是一段艰难的岁月。但是,从长远来看,正是这一段艰难岁月,磨炼了这些企业的商业"内功",使其拥有了在行业洗牌阶段脱颖而出的实力。

展望未来,中国二手奢侈品行业中充满了发展机遇。

机遇一:中国二手奢侈品数量众多,且大量消费者有奢侈品变现的需求。

关于这一点,可以参考日本中古市场的发展轨迹。在20世纪60年代,随着日本经济的腾飞,日本国民购买力水涨船高,日本消费者逐渐成为全球范围内奢侈品消费的最大人群。自1980年开始的20多年里,日本一直是奢侈品消费大国。在那时,购买奢侈品被日本国民视为一种很平常的消费。据统计,20多岁的日本妇女中,92%的人有古驰包,超过58%的人有普拉达的商品。在强大的购买力的推动下,LVMH、历峰集团、开云集团等大型商业集团在日本的盈利超乎人们的想象,也正因如此,它们跨出了欧美市场,迈出了全球化扩张的第一步。

在狂热的消费浪潮中,日本国民购买奢侈品和淘汰奢侈品的频率非常高,市场上囤积了大量的包袋、珠宝和腕表等奢侈品。

随着经济下行，日本国民由于经济拮据而将手中的奢侈品卖掉变现，由此，大量二手奢侈品出现在市场上，回收和收购二手奢侈品成了一种专业性工作。中古店将收集来的各种曾经被珍爱的商品精心翻新，力求恢复其光鲜靓丽的原貌，期待商品与下一位使用者相遇。时间久了，独特且成熟的日本中古奢侈品市场就形成了。

拥有强大购买力的中国消费者，在2013年成为全球范围内奢侈品消费的第一大人群。历经对奢侈品近10年的狂热，中国市场中已囤积了大量奢侈品，而在消费观念转变、消费升级、循环经济发展等一系列因素的影响下，中国二手奢侈品行业已被越来越多的消费者接受，拥有了广阔的发展空间。

机遇二：消费者消费观念的转变使二手奢侈品市场销售业绩良好。

在全球经济危机的阴霾中，一部分消费者面临经济拮据的状况，即使节衣缩食也买不起一手奢侈品。因此，越来越多的消费者慢慢放下"架子"，转向理性消费，二手奢侈品逐渐成为他们的不二之选。相比用几万元人民币添置一个新包，仅花一半甚至更少的钱买一个款式经典、品相良好的二手包，既能节约资金，又能获得消费大品牌商品的体面感，消费者何乐而不为？

二手奢侈品的热卖，从侧面反映了中国人消费观念的转变。消费者意识到，原来不仅房、车、书这些用品可以买卖二手的，就连服饰、箱包、腕表与珠宝等商品也可以买卖二手的。"买二手货掉价"的观念正在逐渐消失。消费者不再盲目追求虚荣感，其消费观念越来越理智、成熟。而且，眼下全球气候变暖，全世界的人都在想办法降低碳排放量、过低碳生活，买二手商品也是人们对环保的一种支持。

机遇三：奢侈品具有保值的特殊属性，即使是二手奢侈品仍备受人们青睐。

奢侈品的本质是精品。何为精品？就是工匠秉持精益求精的态度制造出来的精美商品。优质的原材料、精湛的手工艺、巧夺天工的美学设计……这些都使奢侈品不仅是一种被人们日常使用的物品，而且是一种可以被珍藏的艺术品，甚至是一种能不断增值的理财产品！比如，百达翡丽与劳力士的经典款腕表，不仅一货难求，且在二手市场上也拥有不小的涨价空间。

需要特别指出的是，并非所有的经典款奢侈品、限量版奢侈品都能够保值、增值。在二手奢侈品门店中，我们发现很多伪限量款和伪纪念款商品，其工艺的精湛程度、数量的稀少程度并不能使其拥有保值的资格。严格地说，奢侈品本质上也是一种消耗品，而消耗品从某种意义上来说，在保值能力上就差了一点。所以，在消费二手奢侈品的过程中，消费者应更理性地看待各种不同的商品。

机遇四：二手奢侈品具有一定的价格优势，受众多。

除了个别的经典奢侈品能够保值、增值，大部分的奢侈品一旦进入二手流通领域，价格都会大幅下降。比如，二手奢侈品行业中常见的九成新、八成新等的商品，因为在之前的买家的使用过程中，多少有一些磨损等细微损伤，因此该商品的二次交易价格比起原价往往会大幅下降，即使是二手新品（未经使用的全新商品），也是如此。

我们看到了中国二手奢侈品行业充满机遇的发展前景，也应该看到这一行业所面临的挑战。

挑战一：二手奢侈品交易缺乏专业、正规的交易平台，缺失售前、售后服务。

各大奢侈品品牌在长达几十年乃至上百年的悠久历史中，已经塑造了深入人心的品牌形象，消费者走进品牌官方门店，就能自然而然产生一种信任感，所以消费者是有安全感的，且一旦商品成交，品牌官方门店也会提供相应的售后服务，这也是品牌维护自身形象与利益以及消费者关系的一个很重要的方法。

然而，二手奢侈品行业却面临多重困境。企业出售的二手奢侈品来源是什么、是否为正品、由谁来鉴别与证明？采用寄卖模式的企业的商品在寄卖期间出现损耗，责任由谁承担？商品的最终成交价如何定？商品售出之后企业会提供相应的售后服务吗？这一系列问题，都给消费者带来了困扰，最终影响了二手奢侈品企业的发展。

挑战二：二手奢侈品行业中采用寄卖、典当等小作坊运营模式的企业较多，商品保真难，交易风险大。

小作坊模式原本就令消费者感到没有安全感，特别是对于采用寄卖模式的门店，消费者会担心将价值数十万元的二手奢侈品放置在此寄卖，会不会隔天再来就发现店主已经携款逃跑了？寄卖期间商品是否会被调包？小企业的专业技术实力没有保障，其售卖的商品是否会有质量问题？即使寄卖的商品被卖出，会不会出现应该支付给消费者的货款被企业拖延甚至私吞的情况？种种担忧并非空穴来风，在实际运营过程中，行业乱象层出不穷，不具备专业鉴别能力的消费者凭什么信任二手奢侈品企业？

挑战三：二手奢侈品市场中假货泛滥，行业内缺乏专业的鉴定人员。

尽管大部分二手奢侈品企业宣称自家出售的商品"支持专柜验货""假一罚十"，但实际上，奢侈品门店并不提供验货服务。因此，鉴定奢侈品真假就成了二手奢侈品行业发展过程中遇到的核心难题——对于消费者来说，无论企业如何承诺及保证，消费者总会担心商品质量有问题；对于企业来说，无论怎样证明，消费者都心存疑虑。

综合来看，二手奢侈品行业中假货泛滥有四个重要的原因。一是奢侈品品牌官方并不提供验货服务，官方无法担任"裁判"角色，行业中难免乱象丛生；二是在巨大的经济利益驱动下，造假者费尽心思，制造以假乱真的商品，令人防不胜防；三是有为数不少的消费者知假买假，给一些企业提供了巨大的造假动力；四是有关部门监管不力、执法不严，使造假者有了巨大的生存空间。

总体而言，目前中国的二手奢侈品市场没有形成像二手耐用品（如汽车）市场那样比较成熟的市场体系。鉴定新车、旧车，区分真车、假车相对容易，相关的大众行家也多，但是能鉴定奢侈品的大众行家较少，鉴定起来也比较有难度。

奢侈品管理专业近几年才成为一些大学开设的专业，大部分奢侈品管理专业人才都是在海外学成的，如美国、法国、日本以及意大利等，这些国家都有成熟的二手奢侈品交易体系，信誉保证制度完善。但令人感到遗憾的是，这些奢侈品管理专业人才大多选择留在海外工作，回国并进入二手奢侈品行业的人才实在是太少了。

挑战四：很多企业不具备二手奢侈品的后期养护、翻新技术。

中国奢侈品消费者调研数据显示，65%的消费者认为奢侈品的售后服务很重要。奢侈品养护行业目前仍是一片蓝海。当消费者对奢侈品的消费量积累到一定程度时，消费者对相关服务的需求就萌芽了。但因为从业人员太少，专业机构与平台也太少，所以消费者渴望更多样、更优质的养护服务的愿望往往并不能实现。

奢侈品养护行业是一个长期存在的传统行业。二手奢侈品的养护是整个产业链里一个非常小的环节。目前来看，能有好几家企业脱颖而出，就说明这个行业有巨大的需求。奢侈品养护是服务于整个奢侈品大市场的。对于市场而言，大部分二手奢侈品是服饰、箱包和手表、珠宝类的商品，这类商品具有二次流通价值，这就出现了一个循环交易体系，而奢侈品养护为交易提供了保障。

尽管二手奢侈品养护形成了一个大市场，但奢侈品养护行业是一个门槛高、投入高的细分领域，大部分不具备实力的小作坊式企业只能退而求其次，采用不合理的养护方法，而这往往会造成二手奢侈品品相被破坏，甚至影响其使用寿命，进而影响了二手奢侈品市场的发展。

四、中国二手奢侈品市场状况分析

二手奢侈品市场在海外（以欧美和日本为主）的形成时间较早，消费者已具有比较成熟的消费观念，他们认为消费二手商品是一种既节约又环保的消费方式，这一观念不同于许多中国消费者的消费观念。

近年来，中国二手奢侈品行业市场规模飞速扩大，销售额年均增长率达到20%以上。中国消费者的二手奢侈品的消费额仅占奢侈品消费总额的5%；而在发达国家，消费者的二手奢侈品的消费额能占到奢侈品消费总额的20%以上。由此可见，中国二手奢侈品市场发展潜力巨大。

据统计，从2013年开始，中国二手奢侈品行业市场销售额年均增长率大幅提高，特别是2016年，比上年增长了38.5%。在全球经济动荡的大环境中，能保持如此高的增长速度实属难得，更证明了中国二手奢侈品行业的发展空间巨大。据统计，截至2018年，中国二手奢侈品行业市场规模已经达到121亿元人民币，并且，保守估计，仍有大量的二手奢侈品交易未被统计在内，实际的市场规模会比数据统计的大得多。

根据《2019年中国二手奢侈品行业分析报告——市场运营态势与发展规划趋势》可以预估，到2023年，中国二手奢侈品市场规模将达到388亿元人民币。

对外经济贸易大学奢侈品研究中心发布的《中国二手奢侈品市场发展研究报告2020》显示，从2012年开始，中国奢侈品消费量进入高速增长期，2014年，中国二手奢侈品交易量也进入增长期。一方面，中国消费者逐渐意识到消费二手商品既经济又环保，其消费习惯趋于理性；另一方面，受到经济增长放缓的影响，消费者由于担心资产泡沫化而将手中的奢侈品售出。过度消费奢侈品的卖家与注重性价比的买家，促进了二手奢侈品市场蓬勃发展，使得中国二手奢侈品行业2019年的交易量和交易额呈现双增长态势。

《中国二手奢侈品市场发展研究报告2020》显示，我国近10年的奢侈品存量价值约为4万亿元人民币，市场存量巨大，但二手奢侈品市场规模仅占奢侈品行业市场总规模的5%。在发达国家，消费者的二手奢侈品的消费额能达到奢侈品消费总额的20%~30%。相比之下，中国的二手奢侈品市场尚处萌芽期，未来有望达万亿元人民币规模，发展潜力巨大。

从现有市场数据来看，中国奢侈品市场经历了新品消费高速增长期（2013—2017年）和放缓期（2018—2019年）。如果在经济层面保持现状，让市场自循环发展，那么还需要3~5年的时间中国才能迎来真正的二手交易高峰期。根据多方市场调查数据，近年来各交易平台上卖家与买家的注册人数以及商品发布数量、交易量均明显增加，这证实了"经济增长放缓会促使消费者增强二手奢侈品交易意愿"的观点。

在高速发展的市场大势下，中国二手奢侈品企业的数量也在飞速增加。截至2018年，中国二手奢侈品企业数量已经达到3850家，较2014年增长1996家，增长幅度高达107.7%。在全球经济动荡起伏的大势中，能保持如此的高速增长势头，印证了业内人士的"中国二手奢侈品行业发展前景美好"的预言。

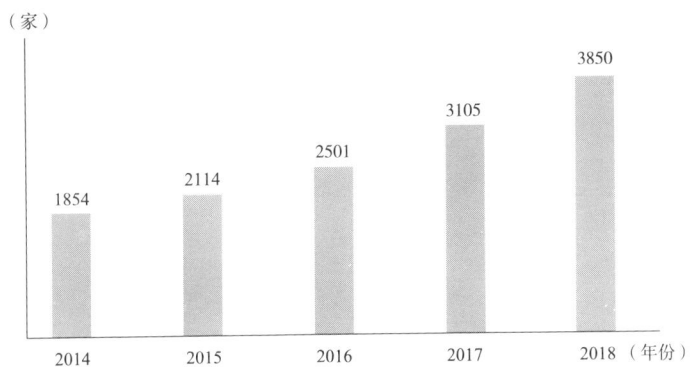

图0-5 中国二手奢侈品企业数量变化情况

从城市分布来看,目前,中国的二手奢侈品企业主要位于一线城市,二手奢侈品企业最多的前四个城市分别为上海、北京、杭州与广州,其二手奢侈品企业数量分别占全国二手奢侈品企业数量的19.4%、17.5%、15.2%、10.4%,四城合计62.5%。这从侧面反映了奢侈品新品消费大城也是二手奢侈品的交易大城。

然而,随着二手奢侈品行业的发展,二手奢侈品企业分布地也将向二、三线城市拓展,如南京、成都、重庆、西安、大连等。在这些奢侈品新品消费力强的城市中,涌现出越来越多的二手奢侈品企业,助推二手奢侈品行业多层次、整体性发展。

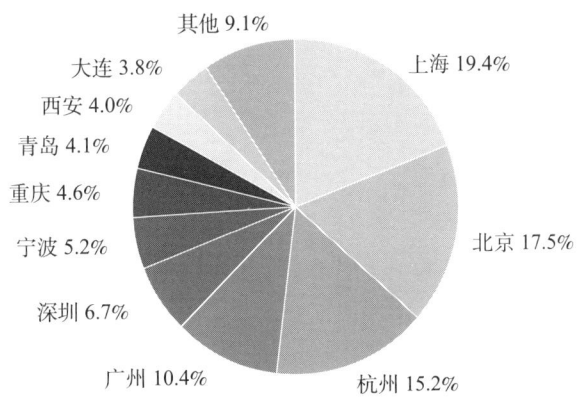

图0-6 中国各城市二手奢侈品企业数量占全国二手奢侈品企业数量的比值

从二手奢侈品交易的商品品类来看，尽管奢侈品品类众多，但二手交易商品品类主要为腕表类、珠宝类、箱包类等，三者交易额分别占总交易额的21%、17%、16%，三者合计占比为54%，占二手奢侈品全品类交易额的一半以上。

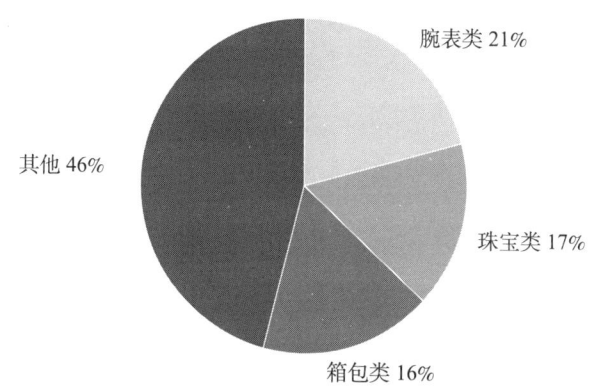

图0-7　中国二手奢侈品交易品类占比

从具体品类来看，珠宝类是中国二手奢侈品交易中的主要细分品类之一，其交易额从2013年到2018年逐渐增加，从2013年的8.67亿元人民币增长到2018年的19.17亿元人民币，短短5年间总计增长了121%，增长速度令业内人士惊喜。而且，二手珠宝市场规模相对新品珠宝市场规模的占比也逐年递增，从2013年的0.29%增长至2018年的0.66%，5年间增加了1倍以上。

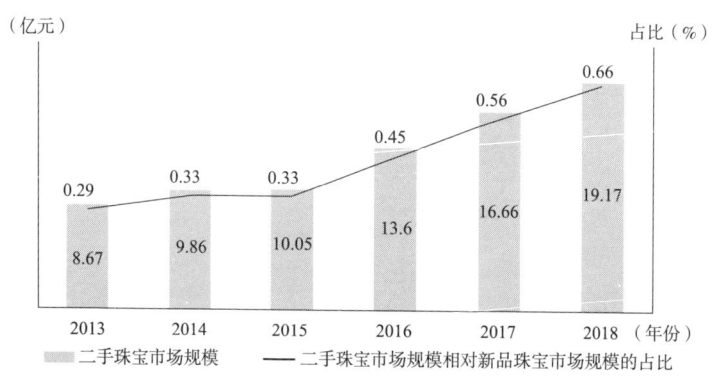

图0-8　中国二手珠宝类奢侈品市场规模

近年来，二手奢侈品腕表市场在中国也逐渐发展并且形成了一定的规模，交易额从 2013 年的 10.71 亿元人民币增长至 2018 年的 25.41 亿元人民币，短短 5 年增加了 137.3%；同时，二手腕表市场规模相对新品腕表市场规模的占比也逐渐攀升，从 2013 年的 1.66% 增长到 2018 年的 3.54%，5 年间增加了 1 倍以上。

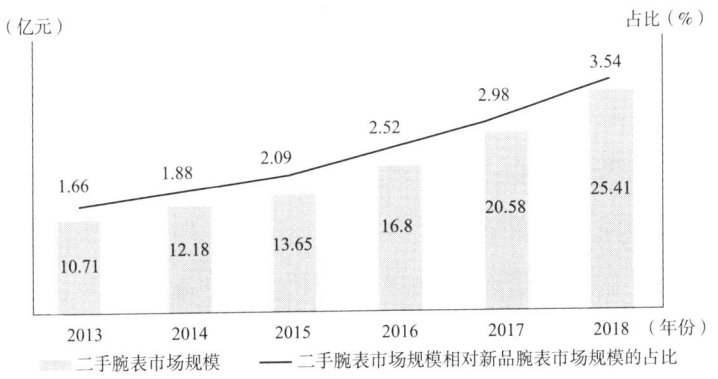

图 0-9　中国二手腕表类奢侈品市场规模

箱包类也是我国二手奢侈品交易中的重要细分品类之一。近年来，其市场规模呈现显著的扩大态势，交易额从 2013 年的 8.16 亿元人民币增长到 2018 年的 19.36 亿元人民币，短短 5 年增长

图 0-10　中国二手箱包类奢侈品市场规模

137.3%；同时，二手箱包市场规模相对新品箱包市场规模的占比呈先下降后上升态势，从2013年的5.86%增长到2018年的7.03%，二手箱包市场规模相对于新品箱包市场规模的占比越来越高。

总体而言，中国二手奢侈品市场尚处于早期萌芽阶段，消费者的消费量级较小，但消费者对于二手奢侈品的接受度正在逐步提升，二手奢侈品市场热度持续升高。随着消费者消费意识的改变和市场信用体制的完善，二手奢侈品市场将成为新的蓝海。

从消费端看，二手奢侈品市场成交价总体呈上升趋势。一方面，由于我国居民收入不断增加，二手奢侈品消费者的购买力增强，使得商品客单价有所上升；另一方面，随着消费者消费观念的转变，人们追求美、追求时尚的愿望也在逐渐增强，而大部分人很难在短时间内消费大量奢侈品新品。因此，相对廉价的二手奢侈品会更受青睐。

未来，中国居民收入将继续提高，中国消费者消费观念逐渐改变、对时尚与美的需求增加，加上免税政策等因素的持续推动，中国消费者的奢侈品消费量将继续增长，进而促进二手奢侈品市场的繁荣。

从企业端看，中国奢侈品市场交易规模不断扩大，行业中的企业数量增加，从而带来了产值的增长，预计到2025年行业产值规模将达到16069亿元人民币。

作为中国起步最早的二手奢侈品企业之一，聚奢网为消费者提供名品鉴定、估价、保养、买卖等综合服务，为各企业提供批发、培训、金融等服务，全面覆盖"B端企业+C端用户"。成立15年来，企业以服务全国、全球拓展为格局，整合线下终端的服务优势，会聚行业内外、电商及实体零售领域的卓越人才，组建专业团队，致力于打造专业度更高、规模更大的二手奢侈品"线上+线下"交易平台。

聚奢网的商业模式结构分为三层——顶层为"专业的二手奢侈品供货商"，致力于为全国的二手奢侈品企业提供质优、价平的二手奢侈品，成为行业中B端企业的供货商；中层为聚奢网商学院，与中检集团江苏分公司建立了战略合作关系，为全国二手奢侈品企业、行业从业者以及对奢侈品行业感兴趣的人士提供关于奢侈品行业的培训，内容包括奢侈品品牌发展史、奢侈品鉴定技术、二手奢侈品门店运营策略等；底层为售后部门，致力于为全国二手奢侈品企业、消费者提供行业内一流的售后服务，包括奢侈品的维修、保养、寄卖等。

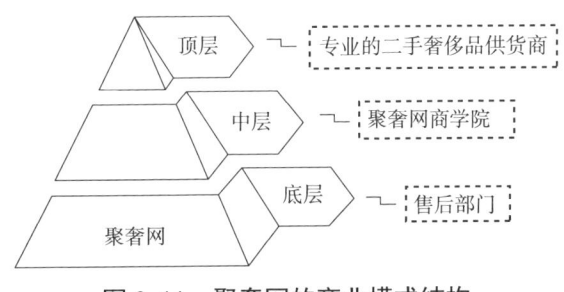

图0-11 聚奢网的商业模式结构

展望未来，聚奢网将致力于品牌价值、消费者满意度与服务标准的提升。在专业程度方面，聚奢网将与国内外的相关专业院校和机构联合办学，增强技术标准的客观性和权威性；在品牌舆论方面，聚奢网将不断和相关组织机构开展交流活动、和媒体开展合作，增强品牌权威和消费者信赖度。同时，这些合作方也能对聚奢网的企业运营起到监督作用。聚奢网期待与全国的二手奢侈品行业相关机构一起，携手共创行业的光明未来！

第一章

二手奢侈品行业发展历程及典型企业

第一节 二手奢侈品行业发展历程

全球二手奢侈品行业发展历程

2019年12月16日,伯纳德·阿诺特(Bernard Arnault)超越亚马逊创始人杰夫·贝索斯(Jeff Bezos)和微软创始人比尔·盖茨(Bill Gates),以1100亿美元的身家首次位居全球富豪榜榜首。

作为全球仅有的3位千亿美元级富豪之一,伯纳德·阿诺特的主要财富来源于为数量相对稀少的富人提供商品及服务——他所缔造及掌控的LVMH集团旗下拥有LV、思琳、尚美巴黎、宇舶、真力时、娇兰、丝芙兰、酩悦香槟、轩尼诗等近80个品牌,成为业内唯一的业务范围覆盖奢侈品市场的五大主要领域(葡萄酒和烈酒、时装和皮具、香水和化妆品、腕表和珠宝及高端精品零售)的集团。

近30年的全球首富席位,基本由4位大企业家包揽——微软创始人比尔·盖茨、墨西哥电信大亨卡洛斯·斯利姆·埃卢、ZARA服饰品牌创始人阿曼西奥·奥特加(Amancio Ortega)、亚马逊创始人杰夫·贝索斯。

他们的主要财富来源是为全球消费者提供涉及国计民生的商品与服务,这与伯纳德·阿诺特形成了鲜明的对比。谁说小众市场没有春天？奢侈品行业的商业魅力可见一斑！

伯纳德·阿诺特能够登顶全球首富宝座，与中国消费者的贡献紧密相关。

中国人对奢侈品的消费有多狂热？麦肯锡发布的《2019中国奢侈品报告》指出，"在中国经济增长放缓的态势下，中国奢侈品市场却呈现蒸蒸日上的发展势头。中国奢侈品市场的持续发展能力如此强劲，让我们得出一个结论：得中国者得奢侈品行业之天下。"

报告显示，2018年，中国消费者在境内外的奢侈品消费总额达到7700亿元人民币（约合1150亿美元），占全球奢侈品消费总额的1/3（平均每个消费奢侈品的家庭支出近8万元人民币购买奢侈品）。预计到2025年，中国消费者的奢侈品消费总额有望增至1.2万亿元人民币，届时，中国将贡献全球40%的奢侈品消费额。

贝恩咨询与天猫奢品联合发布的报告显示，受出境游受限的影响，2020年，中国的奢侈品市场销售额，在经历年初的增长疲软之后，实现全年48%的增长，达到近3460亿元人民币的市场规模。2020年全球奢侈品市场销售额萎缩23%，而中国（占全球）的市场份额几乎翻了一番，从2019年的约11%增长到2020年的20%，这种增长速度很有可能持续。中国有望在2025年，占据全球奢侈品市场的最大份额。

奢侈品行业的发展在某种意义上体现了人民对美好生活的向往，既是人心所向，也是商业的发展方向。二手奢侈品行业也不例外，一个崭新的、巨大的市场即将被开发。

一、奢侈品的定义与发展历程

沃夫冈·拉茨勒在其畅销书《奢侈带来富足》中这样定义"奢侈":"奢侈是一种整体或部分地被社会认为奢华的生活方式,大多由商品或服务决定。"他认为奢侈品带给消费者的体验价值远远超过其本身的使用价值。

奢侈品的另一个被广泛认可的定义是"一种超出人们生存与发展需要的,具有独特、稀缺、珍奇等特点的消费品",因此,奢侈品又被称为"非生活必需品"。奢侈品在经济学意义上,是指价值/品质的比值最高的商品,又指无形价值/有形价值的比值最高的商品。

奢侈品的第一个鼎盛时期是19世纪50年代前后。第二次科技革命给西方社会带来了众多科技成果,一些西方国家经济快速发展,为奢侈品的诞生及消费创造了有利的条件。手工业的蓬勃发展和自然科学的快速发展也为奢侈品的深度加工奠定了技术基础,奢侈品制作工艺日渐精湛。但手工业的生产量是有限的,富人的总人数和消费量也相对有限,因此,当时奢侈品的普及度并不高,行业发展规模不大,奢侈品只是小部分人的专属用品。

奢侈品的第二个鼎盛时期是20世纪50年代前后。第二次世界大战结束后,各国经济百废待兴,而当时兴起的第三次科技革命(以原子能、电子计算机、空间技术和生物工程的发明和应用为主要标志)对全球发展产生了重大影响,奢侈品消费复苏并快速增长,奢侈品从富人圈层流向社会大众。在这一时期,奢侈品与工业化生产、资本化运作紧密结合起来，行业中出现了垄断者，形成了LVMH等国际化的奢侈品集团。

奢侈品的第三个鼎盛时期是21世纪前后。全球奢侈品消费额在20世纪90年代之前一直以10%~20%的增速高速发展。2000年后，亚太地区（特别是中国）富裕人口快速增加，使包括中国在内的亚太地区成为继欧洲、美国市场后另一个被奢侈品品牌争相开拓的奢侈品新市场。

奢侈品新品市场经过长时间的发展，带动了二手奢侈品市场的发展，衍生出二手奢侈品寄卖店和典当行等新的商业空间。

二手奢侈品，从狭义上来说，是指消费者购买过一次的奢侈品（甚至是全新、未使用过的，业界称为"二手新品"），从广义上来说，是指经过一次购买后再次被购买或者被转让的奢侈品。当前中国的二手奢侈品主要包括箱包、皮具、腕表、珠宝以及服饰、配饰等。这些奢侈品相对来说生产标准化程度更高、市场流通性更强。在这些品类里，相比较而言，箱包、皮具、服饰、配饰等客单价低、生产标准化程度高、市场流通性强，珠宝、腕表客单价高、市场流通性弱。

奢侈品寄卖店这种形式在发达国家早已兴起，比如诞生于20世纪70年代的日本二手奢侈品名店柏欧福（Brand Off）和美国的布法罗交易市场（Buffalo Exchange）等。柏欧福在日本已经拥有近40家连锁店，2009年柏欧福进入中国香港市场之后，在上海也开设了新的连锁分店。

二、新兴的消费观念促进二手奢侈品行业的发展

国家统计局的统计数据显示，2019年，我国居民人均GDP首次超过1万美元，人均可支配收入首次超过3万元人民币——这意味着中等经济收入群体将成为中国消费市场中的主力军，而他们对消费的需求不仅仅停留在物质层面上，他们还要求商品具有深刻的文化内涵及贴心的配套服务。奢侈品正是完美满足其需求的商品。

持续壮大的中等经济收入群体的消费力支撑起中国奢侈品消费市场超过万亿元人民币的规模。麦肯锡的一项研究预测，我国中等经济收入（家庭年收入为1万~10万美元）人口快速增加，至2025年有望达到6.63亿，占全国总人口的47%以上。假设这些人的年均奢侈品消费额为5000元人民币，则对应的奢侈品市场规模将超过3万亿元人民币。

近10年来，中国的二手奢侈品行业发展速度非常快。2010年之前，中国的二手奢侈品基本上都是从海外购得的；而现在，中国市面上流通的二手奢侈品有70%都来自自主市场的回收。自2013年起，中国消费者成为全球奢侈品行业的第一大购买人群，按年均6000亿元人民币的奢侈品新品交易额来计算，中国的整个奢侈品存量市场规模在5万亿元人民币左右，再按其中的奢侈品新品中的30%可进入二手奢侈品市场的转化率来计算，中国二手奢侈品的可交易额约为1.5万亿元人民币。但从各方渠道的统计数据来看，目前中国二手奢侈品市场规模约为1000亿元人民币，还有巨大的增量空间。

财富品质研究院的调研数据显示，一线城市的消费者的二手奢侈品交易意愿较为强烈，其中北京居首，其次是上海。在北京的受访者中，60%的人希望可以通过卖掉自己的奢侈品实现快速变现。但同样作为一线城市的广州，其消费者对二手奢侈品的消费欲望明显低于北京的消费者，这主要与广州的市场环境和消费者心理有关。

随着经济的发展，人们的消费观念逐渐趋于理性化，特别是年轻一代人。二手奢侈品很好地满足了Y世代（80后与95前）与Z世代（95后与00后）消费者的购买欲望——他们经济实力相对较弱，却又十分渴望拥有更多奢侈品来彰显自己的地位和提升自己的品位；二手奢侈品为他们消除了一部分经济障碍，让他们更近距离地接触奢侈品，为他们提供了相对低成本地过高品质生活的机会。

年轻一代人对奢侈品的消费习惯较前一代人发生转变，对待奢侈品的认知从"身份的彰显"转为"自我的表达"，从"物质炫耀"变为"情感动人"（品牌和商品背后的故事才是吸引新世代消费者买单的首要因素）。这种对于奢侈品的认知的转变带来了新的需求，品牌也在积极迎合这种需求。中国的年轻一代人受教育程度以及对于互联网和全球化的接受程度很高，他们中大部分人承袭了父母辈甚至祖父母辈积累的财富，消费能力较强。而且，他们对奢侈品的潮流有着更高的敏感度。为了迎合他们的消费个性及需求，近年来众多奢侈品品牌在年轻化上也进行了很多尝试，以求获得年轻人的青睐。

一是邀请受年轻人关注的名人为品牌代言。古驰、普拉达、娇兰等品牌纷纷寻找合适的代言人。

二是叠加潮牌元素。品牌通过年轻化的设计、潮流化的形象来增强其在年轻一代人心目中的影响力。

奢侈品品牌放下身段，热情拥抱消费者，在商品调性上从"高高在上"转变为"有人情味"，在商品价值上从强调"价高稀缺"转变为强调"个性稀有"（推出更多的限量款、半定制商品迎合消费者的个性表达需求），在销售渠道上从"线下零售"扩展到"线上线下全渠道销售"。

奢侈品品牌的以上种种改变，提升了年轻一代人对奢侈品的兴趣以及消费能力；也使二手奢侈品在年轻消费者心中的标签化程度被大大降低，商品本身的价值被进一步放大。年轻消费者的消费意愿、消费习惯和消费认知的变化推动了中国二手奢侈品行业的快速发展。据统计，目前中国已有逾5000家企业主营二手奢侈品买卖业务（包括寄卖、典当等）。行业中涌现了一些领军者，一是创立于中国香港的米兰站，二是创立于北京、中国唯一登陆美国纳斯达克的二手奢侈品网络交易平台寺库，三是率先在中国各大中城市开设直营连锁门店及线上电商平台（包括App）的聚奢网。

目前，中国的二手奢侈品企业的售卖模式主要有三种：回购、寄卖和换购。

回购就是由二手奢侈品企业一次性向卖家（出货者）买断商品，然后放在自有平台（门店或网络）上进行销售，此模式需要有强大的资金做支持。

寄卖是中国二手奢侈品企业重点采用的一种模式，在此模式下，企业只提供一个交易平台，卖家可以把商品寄放在店内出售，成功出售后，企业根据之前约定好的比例向卖家收取佣金。此模式的优点是门槛低，可以降低企业运作的流转费用，但也有明显的不足之处：第一，货源不稳定，企业对货源的掌控能力比较差；第二，无法保证商品质量，企业不能保证良好的商品质量和相关配件的齐全度；第三，交易流程烦琐，企业作为中间方，需要不断地与买卖双方进行沟通；第四，缺少配套服务，企业一般不提供商品的售后服务（包括保养和维修等）。

换购就是卖家将自己的奢侈品与二手奢侈品企业店内的商品进行交换，只需要支付一定的差价以及翻新和维修奢侈品的费用，就可用少量的钱换取其他奢侈品。这种模式不仅使换购者获得了心理上的满足感，也在一定程度上提高了二手奢侈品店的货品流通率，实现了双赢。

中国二手奢侈品市场在逐渐发展的同时，也面临潜在的行业危机。目前，中国的二手奢侈品鉴定师等专业人才稀缺，使消费者对商品的货源、质量疑虑较重，且经营二手奢侈品业务的企业普遍规模较小、经营模式单一、缺乏核心竞争力，这些也成为企业发展的绊脚石。比起中国香港闹市区里的二手奢侈品门店，北京、上海和广州等一线城市的二手奢侈品门店地址较为偏僻，客流量明显较少。

中国二手奢侈品市场的发展环境逐渐形成。奢侈品新品交易额连续多年快速增长，促使二手奢侈品保有量大幅提升，这无疑为二手奢侈品的交易带来了充足的潜在供给。二手奢侈品相对不容易受到品牌方的供给限制，但能够享受品牌方所带来的品牌溢出效应。

对消费者而言，特别是对Y世代与Z世代消费者而言，二手奢侈品不但性价比高、有利于环保，而且有些绝版中古款商品比新品更能体现潮流风向，因此，二手奢侈品深受年轻人喜爱。中国的二手奢侈品市场正在逐步崛起，这片广阔的蓝海值得创业者关注。

三、对比日本和美国的二手奢侈品市场的发展历程，看中国二手奢侈品市场的发展前景

日本在20世纪60年代实现了经济腾飞，中等经济收入群体崛起。随着手中的财富不断积累，加上西方消费主义的深刻影响，购买奢侈品逐渐成为日本当时的一股风潮。由此，西方奢侈品品牌真正走出了欧美，跨出了全球化的第一步——大品牌在日本扎堆开店，国土面积并不算大的岛国中，竟然有近50家古驰、60余家菲拉格慕和200余家LVMH集团的专卖店……这股奢侈品消费浪潮从20世纪70年代开始，持续了30多年，使当时的日本成为全球第一大奢侈品消费国[①]。

到了20世纪90年代，日本经济开始进入长时间的滞涨期，消费者由于经济压力纷纷将手中的奢侈品卖出变现；而新一代消费者虽仍然对物质消费趋之若鹜，但苦于"囊中羞涩"，无法消费一手奢侈品，于是物美价廉的二手奢侈品成为其不二之选。在日本，二手交易的传统由来已久，国家出台了一系列法规来管理二手交

---

① 《"一别两宽，各生欢喜"——中国二手奢侈品市场的崛起》，彬复研究，2020年4月。

易。例如，早在 1949 年，日本便颁布了《古物营业法》，并分别在 1993 年、1995 年、1999 年 7 月和 12 月、2002 年和 2004 年先后 6 次进行修订和补充。1995 年，日本国家公安委员会制定了《古物营业法实施令》和《古物营业法实施规则》及后附的《古物营业相关法令的解释基准》，要求在日本开设旧货交易业务的商店在当地管理机构进行登记备案；对于从业人员，虽没有强制要求具有上岗职业资格证，但也鼓励其在相关机构接受培训。这一系列措施，大大提高了日本整个二手交易行业的规范程度和专业程度。因此，近年来日本的二手奢侈品得到了其他国家消费者的认可，日本一度成为亚洲最大的二手奢侈品输出国。

作为奢侈品消费大国，美国的二手奢侈品市场规模很大。美国消费者对循环经济和环保非常推崇，The RealReal、Thred Up 和 Rebag 等二手奢侈品交易电商平台在美国奢侈品市场中颇具影响力。

中国的奢侈品市场经历了近 20 年的快速发展，积累了大量可供流通的二手奢侈品存货。同时，中国年轻消费者对二手奢侈品的认知较过去几年有所转变，购买二手包不再被视作囊中羞涩的体现，新的消费观念为中国二手奢侈品行业的发展奠定了良好的基础。

四、中国的二手奢侈品的流转环节和商业模式

中国二手奢侈品市场中的初创企业正在不断获得资本的关注，只二、包大师、红布林、奢交圈、妃鱼……众多企业都在资本的

助推下加大开拓市场的力度。行业的春天是否已经到来？

目前，中国二手奢侈品市场呈现出三个特点。一是货源高度分散。市场上大部分二手奢侈品货源为C端消费者，激活和获取的难度较大。二是商品非标准化且SKU众多。三是行业内尚未出现获得消费者认可的垄断级交易平台。由于发展时间较短、鱼龙混杂，目前中国二手奢侈品市场中缺乏为消费者所信赖和认可的销售渠道或平台。

二手奢侈品的流转过程主要包括回收/收购、定价和出售三个环节。我们结合对美国和日本的部分上市企业的研究和分析，阐述企业在二手奢侈品的各流转环节中所需具备的关键运营能力，进而结合中国市场的特点来探讨中国二手奢侈品交易最适合的模式及发展趋势。

1. 回收/收购环节

获取高质量的商品是这个环节的关键，商品来源渠道多样且均需持续拉新、运营和维护。对于每一个交易平台来说，获取商品都是非常关键的一步。商品回收有线上、线下两大渠道，其中线上渠道包括自建或其他第三方建立的专业二手奢侈品回收平台、综合二手商品平台、回收拍卖平台等；线下渠道主要包括烟酒礼品回收门店、奢侈品养护门店、典当行、专业二手商品回收店铺、个人回收者（如微商店主、奢侈品品牌的销售店员）等。

线上交易平台可以通过各类营销广告来触及有奢侈品出售意愿的C端消费者，然后由平台的专业人员去运营、转化和维护，精准的定价和较高的销售速度是吸引消费者的有利要素。例如，美国的 The RealReal，以在线上获得商品的模式为主，与消费者进行交易的方式主要有"白手套服务"（专人上门看货）、直邮到公司和将商品送到线下店等。2019 年，The RealReal 加大了对线下渠道的投入力度，希望实现线上线下结合，提升收货效率。

对于线下渠道来说，货源消费者的获取与门店所处的位置、人流量及宣传推广力度高度相关。日本消费者消费二手奢侈品的文化经过几十年的发展，已经十分繁荣。日本的电商业务不如中国发达，因此消费者偏好线下交易渠道。日本米滨公司采用多种线下店铺业态并行的方式，逐步形成了集团化的品牌。截至 2019 年 3 月底，米滨在日本共开设了 36 家门店，开展二手奢侈品回收和销售业务，还开设了 11 家专门的回收中心。日本 Sou 公司拥有门店 80 多家。Sou 一直在发力线下回收网点，与百货商场和商业设施（如汽车站、地铁站）强绑定，在人流密集的区域开设线下店招揽消费者。这些线下门店发挥了相当重要的品牌宣传作用，也为二手奢侈品回收提供了线下交易场景。相较于米滨，Sou 在电商层面发力更大，不仅运营自有电商平台并为平台投放广告获取流量，还在 2020 年 1 月开设了跨境电商平台，用户网覆盖 125 个国家，旨在建立全球二手奢侈品电商平台。由此可见，这两家公司都在逐步往线上与线下融和的方向发展。

对于移动互联网基础设施完备的中国而言，二手奢侈品电商平台若想广泛获取商品，在线上渠道方面要发力和借力。一方面可以通过自建 App、小程序、微信商城等拥有自有的流量入口；另一方面需要和各种线上的 B 端、回收端建立良好的合作关系，尽可能获取更多高质量商品，借助电商交易平台、二手交易综合平台高速发展的"东风",成为其奢侈品板块的主要服务供应商或平台的头部店铺,获得规模化的精准流量等优质资源。

对于中国二手奢侈品企业而言,线下渠道不可或缺,第三方合作和自营开店均有必要。线下门店作为重要的品牌宣传和交易场景,有其天然的必要性,但如何选址、如何开店及运营管理,对于很多缺乏线下运营经验的团队而言都是需要解答的问题。

2. 定价环节

在鉴定商品的真假之后,商品便进入定价环节。前者相对简单,毕竟真假的标准是固定的,但商品定价异常复杂。二手奢侈品的定价标准往往涉及商品品相、稀缺程度、残值率、供求关系等参数,而且价格是一个时刻变动的数据。品相的定义在我国尚未有统一标准;稀缺程度和新品供给量、潮流指数等有密切关系;残值率和商品的品牌、款式、材质等指标密切相关。

美国的 The RealReal 称其定价的根据是近期的 1000 万件商品的历史成交价格,主要的定价影响因素有商品的品牌、品类、新旧状况、颜色和市场需求量等,最终定价通过"算法+人工介入"得出。从中国二手奢侈品市场现状来看,线上交易数据被各个平台掌握,线下交易数据更是难以获取,数据高度非结构化(某个商品在不同平台上的名称、型号、新旧定义均不同),真实成交价格难以被知悉。因此,通过抓取数据进行定价在相当长一段时间里都会是一件很困难的事。

考虑到中国市场的现实情况,日本拍卖会模式的定价逻辑非常值得我们借鉴。拍卖会参会者多为经营二手商品店的 B 端企业

（个体户），其对商品的品相、流行度、残值率有较高的敏感度，报价较能体现市场真实价格。米滨公司每月组织两场拍卖会，Sou公司在日本境内、中国香港举行针对不同品类奢侈品的拍卖会，两家公司的拍卖会提供了庞大的实时交易数据。短期内，将拍卖行为常规化并获得实时交易数据，是一个值得借鉴的做法。

3. 销售环节

目前，中国二手奢侈品企业的运营模式主要分为撮合交易模式、佣金模式及买断模式，交易场景主要分为线上平台和线下门店。

目前，美国的The RealReal以撮合交易模式为主，佣金收入占其总收入的近90%。其网站披露的佣金率为15%~60%，与商品的价格和品类有关。其佣金率较高或许与美国消费者为服务付费的意识较强，以及美国二手商品变现渠道较为有限有关。The RealReal表示，其60%的商品能在1个月内售罄，80%的商品能在3个月内售罄，售罄率非常高。

根据中国二手奢侈品市场规模，如果按15%的佣金率来计算，则2020年中国二手奢侈品市场的总佣金收入约为70亿元人民币，到2025年有望增加到120亿~180亿元人民币，这个市场规模其实并不算小。目前，中国市场中存在超过5000家各种形式的线下二手奢侈品门店，假设二手交易中的30%未来有机会迁移到线上，那么留给纯线上交易的佣金收入增长空间也有35亿~50亿元人民币。但货源端和销售端获客成本的高昂在一定程度上影响了二手奢侈品交易平台的盈利；而二手交易平台的用户一般又对价格较为敏感，有比价的习惯，对平台忠诚度不高，需要平台不停地用补贴来刺激用户进行多次交易，这无形中加大了平台回收资金的难度。所以，综合来看，采用撮合交易模式的企业难以盈利。

米滨和 Sou 的运营模式则以买断交易为主，销售对象包括 B 端和 C 端。翻看其财报可以发现，米滨公司的毛利率长期维持在 27%~31%；Sou 公司近几年的毛利率逐步提升，从 2016 年的 25% 提升到 2019 年的 45%。两家公司的净利率一直在 3%~7% 的区间内波动。在正常运营的情况下，线下模式存在理想的生存和盈利空间。

从二手交易的场景来看，大部分情况下回收和销售的渠道是一体的。独立的二手奢侈品垂直电商平台受到获客费用高昂和消费者忠诚度不高两个因素的影响，在前期成长阶段可能长期难以盈利。借助综合二手电商平台来开设或运营二手奢侈品业务，则是一个借力发展的好方式。此外，直播能提供一个非常好的场景，主播通过具有引导性的话术和知识讲解，对商品进行介绍、近距离拍摄、上身试穿等，能够相对充分地展示商品的成色、品质，提升消费者的购买欲望。

二手奢侈品企业与消费者的信任关系的建立周期较长。美国的 The RealReal 通过开设实体店铺来做信任背书。日本的米滨公司采用多种店铺业态并行的经营模式，形成集团化品牌。线下门店既承担了获客和销售任务，也发挥了品牌宣传和信任背书的作用。Sou 公司在开设线下实体店的同时发力全渠道，将线下和线上渠道打通，贴近年轻消费者的消费习惯。

有机地将线上和线下渠道结合，不断提高运营效率，是二手奢侈品企业未来的发展方向。

五、"线上／线下+2B2C+技术驱动"是未来的商业模式

综合来看，2C销售的毛利率比较高，但周转速度较慢；2B销售的毛利率低，但周转速度快，有些热门货品甚至在回收当日就能被以一定溢价出售给其他B端。2B、2C相结合是理想的商业模式，既能平衡商品的毛利率、周转率，又有利于积累交易数据。

中国二手奢侈品市场中的领军品牌"聚奢网"（前身为佛阳子），作为行业开拓者（2003年涉足二手奢侈品业务），在2006年就开始了线下直营门店的开设，目前已在全国50多个城市开设了近100家线下门店，建立了广泛的线下收货渠道，为各城二手奢侈品B端企业及C端消费者提供便捷且贴心的服务。

门店承担了回收和销售商品的任务，商品化任务则由总部后台来完成。二手奢侈品是一个较新的消费品类，线下门店能够很好地完成教育消费者的任务。聚奢网创始人曹玉智表示，公司会加大人才培养力度，甚至会考虑通过吸纳加盟商来实现扩张，还会与各大中城市的典当行、二手奢侈品门店组成联盟。

为了更进一步完善商业布局，聚奢网开通了微信公众号，开发了官方App，利用在线电商，提高与上游合作企业（B端）及下游消费者（C端）的连接效率与交易率。2020年下半年，在曹玉智的亲自推动下，企业还成立了直播带货团队，重金打造了场景化的直播空间，通过互联网技术消除"人"与"货"之间的渠道鸿沟，加快商品流通速度，积累消费者和数据，实现了商品的快

速周转，从而吸引更多商品聚集到平台上。

在二手奢侈品防伪方面，前沿的区块链技术能解决假货问题，聚奢网在这方面进行了探索和尝试。通过区块链技术，企业可以为奢侈品（珠宝、手表等）贴一个无法复制和伪造的"二维码"。利用NFC全息扫描技术，企业可以验证商品自身所带的"二维码"，并自动将所有交易信息记录在案，帮助聚奢网采集该商品在整个流通环节中的交易数据。

尽管线上、线下的模式各有优缺点，但想要打造一个有知名度和影响力的二手奢侈品交易平台，线上和线下渠道缺一不可。在线上方面，获取自有平台的私域流量以及转化综合平台的公域流量都非常重要；在线下方面，个体门店、典当行、奢侈品会所等分散在城市的各个角落，很难形成一个全国性网络。但B端企业的服务能力强，如果能对它们进行数字化改造，实时获取B端企业的交易需求和交易数据，并有组织地为其稳定供货，就能够提高整体库存周转率，同时快速积累交易数据，从而巩固平台的运营优势。

从全球视角看中国二手奢侈品行业的发展

2019年，全球二手奢侈品市场发展迅猛，欧洲二手奢侈品交易额占全球奢侈品交易总额的50%。在美国，二手奢侈品寄售网站The RealReal于2018年7月宣布完成1.15亿美元的G轮融资，与古驰、普拉达等知名奢侈品品牌合作。2019年6月底，The RealReal顺利完成上市计划，市值突破了20亿美元。它的成功背后，是一个高速发展的全球二手奢侈品市场。

研究显示，2018年，全球二手奢侈品市场规模为273.536亿美元，预计2019—2024年的复合年增长率（CAGR）为12%。

中国的二手奢侈品市场发展潜力巨大。

贝恩咨询公司联合意大利奢侈品协会发布的《全球奢侈品市场监控报告2019年春季版》显示，中国Z世代消费者正成为不断崛起的强大消费群体。消费者的消费模式从拥有转变为使用，越来越多的人开始通过租赁或购买二手商品的方式获得商品的使用权。

从物质匮乏的时代走向物质过剩的时代，消费者购买力下降的同时催生出资产迅速变现以及追求更高性价比的需求，这给中国二手奢侈品市场的蓬勃发展制造了机会。而能够给中国这一行业的发展提供参考的先例，正是日本。

1991年，日本泡沫经济破灭，日本经济进入下行阶段。过剩消费奢侈品的卖家与注重商品性价比的买家群体涌现，促使日本二手奢侈品市场蓬勃发展。据悉，日本二手奢侈品市场规模高达2000亿日元，且依然有增长空间。日本二手奢侈品公司Sou于2018年3月22日在东京证券交易所上市，当年总收入超过227亿日元，利润为11.4亿日元。

与成熟的日本二手奢侈品市场相比，中国的二手奢侈品市场仍处在发展初期。根据《中国二手奢侈品报告》，中国消费者手中可以进行二次流通的奢侈品价值总额达3000亿元人民币，并且在高速增长，然而，中国消费者的二手奢侈品交易额还不到奢侈品交易总额的5%，市场空间巨大，不断吸引资本押注。

中国消费者经过长达20年的消费教育，逐渐开始注重奢侈品品牌文化、性价比等，一场"中国式奢侈品消费升级"正在大规模展开。

年轻人在追捧街头文化的同时，也有更开放的、注重性价比的购买心态，他们更热衷于消费二手奢侈品。同时，二手奢侈品价格较低的特点也完美匹配年轻消费者的消费水平。

此外，年轻消费者具有环保意识。《中国奢侈品行业市场需求与投资预测分析报告》显示，年轻消费者在消费时更注重生态友好和可持续发展。随着消费观念的转变，年轻人对二手商品的接受度提高，推动二手奢侈品市场需求量进一步增加。

年轻人消费观念的变化，促使奢侈品品牌做出相应的改变。

此前，奢侈品品牌一直努力避开二手交易市场，担心二手交易会影响其品牌的高端定位并减少其销售额。但如今，大势所趋，众多奢侈品品牌纷纷开始拥抱二手交易市场。

嗅觉灵敏的资本市场已经对此做出了反应。LVMH集团旗下的私募基金会对发展迅猛的美国二手球鞋零售商Stadium Goods进行了投资，其2017财年总交易额超过1亿美元。这是一个赶上电商红利期的典型案例，如今Stadium Goods仅有一家实体店，其90%的销售额来自电商渠道。当寄卖者想销售自己的藏品时，可以前往实体店，商品经过店员的鉴定、定价，便可以加入销售系统。成功出售后，Stadium Goods抽取售价的20%作为寄卖费用，从而实现盈利。

全球第二大奢侈品集团历峰集团收购了英国二手高端手表商Watchfinder。这项收购成为历峰集团调整旗下品牌组合策略的重要一环，对提高集团业绩起着重要作用。

设计师品牌Stella McCartney和The RealReal建立了合作关系，举办"循环是时尚的未来"特别活动。已购买Stella McCartney的商品的消费者在转卖自己不需要的商品时，每卖出一件商品，卖家就能获得Stella McCartney和The RealReal共同提供的100美元代金券，可用于购买门店的新品。

从根本上来看，奢侈品品牌与二手交易市场"握手言和"是一个曲折发展的过程。奢侈品品牌向来对打假态度坚决，毕竟对于品牌而言，品牌价值不是一个能拿来冒险的东西，古驰就曾因为担心假货问题，拒绝与阿里巴巴合作，而二手奢侈品市场却是假货滋生的"温床"。奢侈品品牌方对打假有心无力，部分消费者知假买假，政府部门执法不严、处理不力等多个因素，造成了中国二手奢侈品行业假货泛滥的局面。

然而，毋庸置疑的是，二手奢侈品市场发展的速度不会放缓。

目前，关于中国二手奢侈品市场的交易体量和规模，我们并没有权威的统计数据，但多家研究机构中的行业人士估计，中国的二手奢侈品市场规模约为数百亿元乃至数千亿元人民币，与奢侈品新品市场相比，规模并不算大。

展望未来，中国居民收入会继续提高，中国人消费观念的改变、对时尚与美的追求，以及免税政策等因素，都将进一步促进中国二手奢侈品市场的繁荣发展。总体而言，中国二手奢侈品市场拥有良好的发展前景与巨大的发展空间。

第二节　二手奢侈品行业典型企业

The RealReal：全球知名的美国二手奢侈品寄售平台

2019年6月28日，美国二手奢侈品寄售平台The RealReal在纳斯达克证券市场上市，证券代码为"REAL"。上市首日，The RealReal收报于28.9美元，较20美元的发行价上涨44.5%，市值达23.9亿美元。

2011年3月，The RealReal在美国特拉华州注册成立。这是一家奢侈品代销平台，为买家和卖家提供第三方担保服务，保证交易的可靠性，并收取交易费和商品保管费。公司的宗旨是"让卖家和买家能够以尊重奢侈品品牌的方式延长奢侈品的使用期"。其业务以寄售高档二手手袋、服装、珠宝和手表为主，涉及古驰、普拉达、圣罗兰等众多知名奢侈品品牌的商品。公司总部位于旧金山，并在纽约、洛杉矶等多个城市开设了奢侈品评鉴办公室，由权威专家对珠宝和手表等奢侈品进行鉴定和估值。

The RealReal的创建史，就是一位传奇女性的创业逆袭史。

1957年出生的朱莉·温赖特（Julie Wainwright）曾被媒体称为"互联网行业的大赢家"。因为在20年前，她参与创建的宠物网站Pets.com风光一时。然而，2001年，Pets.com迅速沦为笑柄——网站仅运营了 20 个月就停运了。当时，朱莉·温赖特还被评为"十大最差 CEO"之一。

在公司倒闭和离婚的双重打击下，朱莉·温赖特一度一蹶不振。她找了一份与风险投资有关的工作，也收到过一些公司发来的入职邀请，职位都是 CEO，但她完全提不起兴趣。

其实，在创办 Pets.com 之前，朱莉·温赖特曾到初创企业 Berkeley Systems 担任 CEO，但没过几年公司就大规模裁员，连她自己也被裁了；朱莉·温赖特又到 Reel.com 当经理，但该网站随后被 Hollywood Video 收购。能自己掌控一家企业，才是她的兴趣所在。

The RealReal 的创立得益于一次机缘巧合。一天，朱莉·温赖特看到朋友从一家高级时装店购买了一件二手衣服。她的朋友说："虽然我永远不会去 eBay 上购买昂贵的商品，但是我很愿意从一位值得信赖的店主手中购买二手奢侈品。"这件事让朱莉·温赖特受到启发："为何不做一个能让消费者放心购买二手奢侈品的平台呢？"

由此，The RealReal 诞生了，初期投资额为 10 万美元。平台业务以寄售高档二手手袋、服装、珠宝和手表为主。货主被邀请将他们不要的商品寄给 The RealReal 的销售人员，销售人员检查这些商品后，会将其传到网上或者在门店中进行销售。商品价格根据品牌吸引力和品质状况而定。商品售出后，寄售人可获得约 70%（最高可达 85%）的货款。The RealReal 提供免费上门取货、鉴定以及送货等服务。创办第一年，The RealReal 的销售额就达到了 1000 万美元。

与其他互联网初创企业一样，The RealReal 背后也有大量资金的支持。其融资过程比较顺利，在首次公开募股之前，The RealReal 已完成 7 轮融资，累计募集资金 2.88 亿美元。其中，2014 年 5 月，公司完成 2000 万美元的 C 轮融资；2015 年 4 月，公司完成 4000 万美元的 D 轮融资；2016 年 4 月，公司完成 4000 万美元的 E 轮融资；2018 年 7 月，公司完成 1.15 亿美元的 G 轮融资。

The RealReal 不像其他二手电商平台那样售卖牛仔裤、毛衣等商品，只专注于寄卖古驰等奢侈品品牌的商品。原因是，奢侈品的单价都在 250 美元以上，如果是限量版，则价格会更高。

对投资者而言，The RealReal 的巨大吸引力来自二手奢侈品市场的巨大规模。根据市场调研公司 Frost & Sullivan 的估算，二手奢侈品在美国的市场规模超过 200 亿美元。The RealReal 是同类在线寄售平台中最受欢迎的，它可以保持高达 30%~50% 的营收增长速度。

The RealReal 开创了被无数企业模仿的"闪购"模式。此外，The RealReal 特别注重专业鉴定，保障商品质量。The RealReal 的员工中，很多人专门负责完成鉴定工作，这些人中有不少是专业的宝石学家、钟表制造者、艺术品鉴定师和奢侈品鉴定师。朱莉·温赖特认为，找到了值得信赖的专家是 The RealReal 从同类平台中脱颖而出的原因之一。

在商品陈列上，The RealReal 平台会标注商品的细节，包括现价、原价、使用状况（是否用过、保养状况）、尺寸、品牌、设计师等。除了所卖商品为二手商品外，这个平台看起来和奢侈品一站式购物平台没什么区别。

巨大的市场规模，吸引了众多企业入场，进而产生了激烈的行业竞争。早期，除了 TheRealReal 可以对平台上销售的商品进行鉴定，Tradesy、ThredUp 等初创企业也都为消费者提供商品鉴定服务。2017 年，eBay 也推出了一个被称为"eBay 鉴定"的新项目，允许卖家对他们在线售卖的奢侈品进行鉴定。

因此，可以预见，在二手奢侈品电商领域，成为龙头企业并非易事。但朱莉·温赖特却对此事充满了信心。朱莉·温赖特时常会坐在 The RealReal 的门店里观察店内的消费者，而门店的运营状况也印证了她的想法，即奢侈品既可以被全价购买，也可以被转售——尽管许多奢侈品品牌仍然否认这一事实。

千禧一代（Y 世代）是推动 The RealReal 业绩增长的关键人群。朱莉·温赖特解释说："他们真的因为商品的价值而接纳我们，他们喜欢品牌，但也喜欢循环经济。"换言之，千禧一代意识到可以通过卖掉不再想要的东西来赚很多钱，他们也确实赚到了。

2020 年 10 月，The RealReal 宣布与古驰开展为期数月的合作，以促进奢侈品领域的循环经济发展。双方将合作建立一家网上商店，出售来自品牌官方或委托人的二手古驰商品，包括男装、女装、包袋和鞋履。

用户每在 The RealReal 平台上购买或寄售一件古驰牌的二手商品，The RealReal 就将通过非营利性组织 One Tree Planted 种植一棵树，进一步推动品牌在可持续发展方面做出更多努力。

古驰作为 The RealReal 平台上最受欢迎的品牌之一，是 The RealReal 迄今为止最重要的奢侈品合作伙伴之一。二手古驰商品的需求增长强劲（2020 年增长了 19%）。对于寄售人来说，二手古驰商品价格不菲，与在 The RealReal 平台上出售的其他品牌服装相比，古驰服装的转售价高出 2.3 倍。

朱莉·温赖特表示："古驰不仅为时尚行业，也为所有行业提高了标准，通过不断创新使其业务更具可持续性。我们在全球范围内专注做奢侈品转售，希望鼓励消费者支持循环经济，与我们一同减少奢侈品企业的碳排放量。"

《全球奢侈品行业消费者洞察报告》称，奢侈品品牌能够通过参与和鼓励二手交易获得更多利益，还能够塑造品牌形象和吸引新消费者。数据显示，全球二手奢侈品市场规模于 2018 年达到 250 亿美元，预计到 2023 年将达到 510 亿美元。

然而，目前仍有部分奢侈品品牌倾向于回避转售，以保护品牌商誉，维护形象与价格。品牌与转售平台之间存在着不稳定的关系，在某种程度上，转售平台与第三方市场削弱了品牌对其商品销售的独家控制能力。

与此同时，一些其他品牌选择支持循环经济。2018 年，英国设计师品牌 Stella McCartney 宣布延长与 The RealReal 的合作期。美国牛仔品牌李维斯（Levi's）也宣布将推出自己的二手商品转售计划，消费者可以直接从其门店或电子商务网站购买二手商品。

古驰是第一个鼓励客群委托寄售和转售奢侈品的奢侈品品牌，这是对奢侈品转售业务的高度认可。朱莉·温赖特表示："通过鼓励品牌客群购买二手商品，古驰帮助我们将更多人纳入循环经济之中。"

随着 The RealReal 的行业地位凸显,其开始发布行业报告。

2019年8月,The RealReal 发布《2019年二手奢侈品寄售报告》。报告显示,2019年,在 The RealReal 平台上,被搜索次数最多的奢侈品品牌为古驰。古驰商品的需求量同比增长78%,其中18~34岁消费人群的需求量增速是其他消费人群的2.3倍。The RealReal 首席运营官 Rati Levesque 表示,古驰成为千禧一代最喜爱的品牌之一,它的品牌价值观引起了千禧一代的共鸣,如反皮草、主张性别平等。

消费者在家用商品领域对奢侈品品牌的 Logo 也情有独钟。带 Logo 的二手家用商品平均售价是不带 Logo 的商品的1.3倍;带 Logo 的二手家用商品售价增速是不带 Logo 的商品的5.5倍。

The RealReal 的报告还表明,保值性成为二手奢侈品最重要的卖点之一。根据报告,在 The RealReal 的平台上,有82%的买家和57%的卖家认为他们选择使用 The RealReal 平台的一大重要原因是二手奢侈品具有高保值性。

The RealReal 在报告中说:"尽管目前的经济环境不佳,但消费者还是大力投资那些风格独特、有强大转售价值的知名奢侈品品牌的商品。"

报告指出,所谓的"低调奢侈品"(Understated Luxury)和受众为男性的奢侈品开始流行起来。在2020年上半年,"低调"手袋的需求量几乎是知名品牌手袋的4.9倍,"低调"男士奢侈品的销售额是知名奢侈品的2.4倍。

如今,The RealReal 拥有数十万件在售商品,公司声称其98%

的库存商品会在 120 天内销售完毕。The RealReal 的网上销售系统与门店系统完全同步,当有人在门店试衣间试衣服时,这件衣服不会被在线出售。The RealReal 计划在未来开设更多线下门店,开拓更大的行业发展空间。

柏欧福：日本二手奢侈品行业的开创品牌

在日本，被称为二手奢侈品行业开创品牌的柏欧福（Brand Off），在人们心中的地位如同北京的SKP、上海的恒隆广场、广州的太古汇，其知名度远远超出人们的想象。这家在全球拥有60多家分店的二手奢侈品专卖店，自1993年开业以来，始终秉承"向广大消费者提供价格优惠的高级国际名牌商品"的基本精神，以及"以一种传承的心态将稀有的高价值商品在使用者之间转继"的理念，一步一个脚印，在奢侈品行业中书写了一段传奇。

柏欧福的创始人是安山勉。1990年以前，安山勉居住的地方没有奢侈品专营店，因此他常去欧洲购买一些奢侈品回日本销售。以当时的货运速度，即使是欧洲当季的新品，辗转到日本也已是半年之后的事了。尽管如此，这些商品仍因为款式新颖而很快在日本销售一空。日本泡沫经济时期开始后，日本人因经济拮据纷纷将手上的奢侈品出售，于是安山勉开了二手奢侈品回收店，收购这些奢侈品，逐渐扩大规模，延续至今。

在日本，二手商品被叫作"中古"商品，因为日本字典里没有"旧"这个字，"新"的反义词是"古"，"中古"就是"不新"的意思。因此，专门从事二手商品买卖的店就叫作"中古店"。

在日本，比较知名的奢侈品中古店有三家：柏欧福，日本二手奢侈品行业的开创者；米兵，商品种类繁多，不但拥有款式繁多的中古包、手表，还有数量惊人的中古珠宝和时装；大黑屋（日本店），不但卖奢侈品，还出售门票、车票。

柏欧福的业务以收购及售卖名牌包、珠宝钻饰、配饰及钟表为主，据称，其Birkin系列包的库存量位居世界第一。每个店铺配有专业的鉴定人员，借助假货商品的数据库进行对国际品牌商品的鉴定，确保向每一位消费者提供正品。

柏欧福遵循"品牌再利用"的经营模式，将稀有的高价值商品以一种传承的心态在使用者之间转继。它将收集来的各种曾经被珍爱的商品，精心地翻新，力求使其恢复亮丽的原貌，与下一个重要的使用者相遇。柏欧福希望将人们曾经的美好心情与笑容完整地传达给每个人——这就是它的经营理念。

从繁荣的行业景象来看，日本的大多数人对于中古商品是不排斥的，这也得益于中古企业的经营模式。日本的企业采用"独家买断式销售"的经营模式，即企业先付费从出货者手中购买二手奢侈品，并对这些二手奢侈品进行清洁、保养、翻新，使商品"容光焕发"后，再进行二次销售。商品分级、收购、清洁保养、寄送等流程完善，中古门店的鉴定能力很强，能进入中古门店的一定是正品，消费者可以放心购买。而且，日本的中古店必须在警察局备案后才能开业，企业如果卖假货被投诉，会面临巨额罚金和刑事拘留处罚，甚至会被吊销营业执照。所以，消费者在日本正规中古店买二手奢侈品基本不会买到假货。

2011年9月,柏欧福开始进入中国市场,率先在上海南京西路开店。根据公司的战略规划,柏欧福将促进全球范围内的二手奢侈品流通,努力成为受各国消费者喜爱、具有亲和力的商店,并为中国消费者提供有满足感、充实感、高级感的生活方式。

相对于中国的二手奢侈品门店的寄卖模式,柏欧福的独家买断销售模式造成了很大的市场震动。

当时,中国的二手奢侈品寄卖店从货款中抽取10%~20%的佣金,而柏欧福则直接将商品买下,然后清洁、保养、翻新,再进行二次销售。这种独家买断的销售模式,对资金需求量大,对从业人员专业水平要求高。但从消费者的角度来看,独家买断能更有效地保障售前与售后服务质量,满足消费者的心理需求。并且,柏欧福对于售出的商品,在售出的3个月内可以进行免费清洁和护理,这种贴心服务消除了消费者因二手奢侈品门店缺失保养等售后服务而不敢消费的心理障碍。

在此模式下,奢侈品的回收十分考验企业的判断力。安山勉认为:"我们这一行的风险比较低,一个商品如果不是人气很高或者非常热门的,那它的被收购价格是比较低的。即使拿一个全新的包过来,通常收购价格都是原价的七成到八成。在收货时,我们给每一个品牌都建立了商品鉴定手册,把这些品牌的重要资料输入我们的系统,我们会严格按照标准流程来评估包的价值。商品收购价格低的话,商品出售价格也低,货源转换率比较高,而且我们的商品价格是浮动的,对于真的卖不出去的商品,我们会把价格大幅调低来售出。"

关于电商运营,安山勉有另一番见解:"柏欧福的商品和一般商品不一样，它有自己的特殊性，它一般不是量产的。如果要大量地放上去（进行电商销售），我们没有那么多商品。所以，电子商务对我们来说暂时并不是一个特别合适的方向。"

然而，为了更好地拓展市场，柏欧福还是与时俱进地调整了运营策略。2019年初，柏欧福携手在纳斯达克上市的奢侈品电商寺库，为中国消费者送上新春福利——柏欧福正式宣布与寺库合作，使寺库用户不出国门即可淘到日本中古店的二手奢侈品。

经过近30年的发展，柏欧福拥有了巨大的交易规模、完善的运营机制以及庞大的消费者群体，它逐步承担了更多行业领军者的责任。比如，为了杜绝赝品的增加与流通，柏欧福连同日本的其他30多家二手奢侈品企业，成立了AACD赝品防范协会，安山勉担任理事长，足见柏欧福在行业内举足轻重的地位。

寺库：中国奢侈品电商上市第一股

2017年9月22日，中国奢侈品企业寺库在美国纳斯达克上市，发行价为13美元，市值约为6.7亿美元，成为"中国奢侈品电商上市第一股"。

寺库的创立，赶上了中国电商行业发展的黄金时代。2008年，李日学在山东济南创办了寺库。此前，他从事的是家电零售行业，与奢侈品行业并不相关，但他之前售卖高端电器、音响，服务的消费者也多是有钱人。这让他意识到，中国的高端消费市场巨大，所以再创业的时候他就锁定了奢侈品行业。

创业初期，寺库做的是奢侈品典当业务，消费者将闲置奢侈品拿到寺库进行专业鉴定，通过鉴定的商品可放到寺库官网上进行售卖。

与鞋服等不同，二手奢侈品的交易需要增加鉴别、定价和保养等环节。寺库设立了职业鉴定师这个职位。2009年8月，寺库组建了全国首家专业奢侈品鉴定评估中心，实现鉴定标准化；到了2011年5月，寺库官方商城上线，企业希望让消费者在网站上了解到关于奢侈品的一切信息。

定位为全球高端消费服务平台的寺库，十几年间经历了无尽的挫折和无奈，寺库面对的难题，有来自市场大环境的，也有来自消费者认知的，还有来自自身团队局限的。

中国二手奢侈品门店普遍采用寄卖的经营模式，企业收取手续费。李日学意识到，在中国市场，这样的寄卖奢侈品的经营模式行不通，或者说规模做不大——尽管各项数据表明，中国人的奢侈品消费力强劲，但这并不意味着他们愿意接受"二手货"。

对初创企业寺库来说，活下去更重要。于是寺库开始默默转型，将业务重心放到奢侈品新品上来，以摆脱"二手奢侈品平台"的标签及商业限制。李日学曾向媒体透露，2012年，寺库二手和新品奢侈品的交易量还是各占一半；但到了2015年，寺库的奢侈品新品销售量占了总销售量的95%；到2016年年底，寺库合作的高端品牌超过3000个，会员超过1300万人，平均客单价为3000~4000元人民币——这些成绩奠定了寺库成为国内销售品类最丰富的高端精品平台的基础。

即使开始转型做奢侈品新品销售，寺库也面对着强大的对手。一方面，天猫、京东等大平台以及多个同类电商网站进入了这一行；另一方面，一些国际奢侈品品牌也做起了电商业务，有的还开设了天猫旗舰店。

但李日学并不气馁。他一再强调精准销售，企业前期的定位让寺库已经和奢侈品搭上了边。"消费服务的受众细分和深度垂直化是跨境电商未来发展的必然趋势。"他说，他的一个朋友想要买个名牌包，最先想到的平台就是寺库，"因为我们的目标对象清晰，这才能做得好。高端消费服务一定要做到精准。"

当时，中国大部分的奢侈品销售网站并没有真正得到品牌方的授权。阿里巴巴入股魅力惠，是因其创始人兼 CEO 韦奕博（Thibault Villet）在奢侈品行业有 20 年的从业经验，能够和品牌方取得联系并拿到品牌方授权。官方合作意味着没有中间代理商赚差价，有丰富的货品和保真能力，这对阿里巴巴的诱惑不言而喻。

没有品牌授权也曾是寺库的痛点。无奈之下，李日学走上了另一条路。他向媒体表示，寺库网上的商品很多都是消费者在中国专柜看不到的、买不到的，这就不难理解"独家"和"限量"的含义了。"我们所有的商品都是正品。我们和海外的品牌代理商、贸易商签订了合作协议，从他们那里拿货。"

除了卖商品，李日学认为寺库的优势在于服务。"只卖商品没有前途，我们卖的是生活方式。比如，消费者买了一个包，1 年后他会收到寺库会员库发的短信，提醒他可以让企业对包进行保养了。对奢侈品消费来说，后续服务很重要。"李日学强调，"我们提供完善的售后服务。"

在李日学的设想中，寺库要被打造成一个"高端消费服务平台"。寺库的业务将有四大板块：寺库商城、寺库智能、寺库金融和寺库拍卖。尽管企业在起步期的主要精力集中在寺库商城板块，但是企业对其他模块的合理规划让投资人对其前景充满信心。

寺库的底气来源于其背后雄厚的资本。早在 2011 年 7 月，寺库便获得美国 IDG 资本的首轮投资；2012 年 7 月，寺库获得德国贝塔斯曼、法国 Ventech 基金、法国森合资本的第二轮投资，成为奢侈品电商领域的知名初创企业；2013 年 10 月，寺库获得日本盘古创富基金的第三轮投资；2014年8月，寺库获得中国华人文化产业基金（CMC）的第四轮投资；2015年7月，寺库宣布拿到了平安的5000万美元的第五轮投资。寺库管理者称，新一轮融资所得将用于继续优化企业的商品和服务平台、提高品牌知名度以及促进企业全球化业务快速发展。

尽管寺库避开了二手奢侈品这个"坑"，但近几年，受到经济下行的影响，奢侈品的生意并不好做，因为客单价高、交易频率低等原因，市场对奢侈品电商一直有质疑。2014年，天猫国际上线；2015年，京东全球购开始运营。此时，外界将寺库与前二者一起称为"奢侈品电商的'三驾马车'"。

面对竞争对手巨大的流量优势，李日学却认为："奢侈品电商，只有重度垂直，才有未来。"这是由奢侈品行业自身的特点决定的。

一方面，高端用户有清晰的消费行为路径且对价格不敏感。

另一方面，奢侈品行业的高服务溢价和品牌溢价，决定了谁在精致服务方面领先，谁将会把握战机。这就倒逼平台提升服务体验。服务体验，正是寺库的竞争优势所在。

企业管理者也意识到了"奢侈品电商"的瓶颈。从2015年开始，寺库转型为"线上线下精品生活方式平台"，专门服务"高端人群"。平台上架了艺术品、生活用品、母婴用品甚至豪车、私人飞机。线下高端体验店"库会所"是寺库突围的着力点，寺库在北京、上海、成都、青岛及意大利米兰等地区都设有体验店。

早在2011年7月寺库获得美国IDG千万美元的投资时，李日学便宣布企业资金将主要用于对一线城市的奢侈品交流体验实体店的建设,以及网上鉴定系统的打造。

寺库北京金宝街店是寺库体验店的样本店。这家店面积约为1100平方米,装修风格气派、豪华,商品包括古驰、普拉达等品牌的手提包、皮带、太阳镜、钟表等。体验店空间划分为三个区域,分别是"鉴定大厅、售卖区、售后服务中心"。"三个紧密连接的部分组成了一套完整的系统。"

寺库的所有体验店都将设有"鉴定大厅、售卖区、售后服务中心"三个功能区。在李日学的构想中,消费者来到寺库的体验店,可以坐在高档包房内,喝着咖啡,用平板电脑看自己心仪的包,而寺库店员则会适时送上消费者挑选好的包。"奢侈品消费的体验非常重要。我们时刻告诉自己:不能像卖白菜一样卖奢侈品。"

除了注重线下门店及服务,线上也是寺库发力的重点。公司在其App上推出了一项名为"在线寄卖"的业务。"用户想寄卖奢侈品,可自行给奢侈品拍照,直接传到寺库的后台,鉴定师在线鉴定商品。一旦通过鉴定,用户就可以直接在线寄售该商品。"

不过,商品需被寄到寺库门店进行清洁消毒,再次确认真伪后,寄回给寄售者。如果有其他用户买下商品,则由寄售者直接发货。网络的作用在于扩大商品的接触人群、促进交易的快速进行。据说,"在线寄卖"服务推出以后,用户反馈不错。

用户拿到的商品实际上已经经过了寺库鉴定中心的四层把关。据李日学介绍:"寺库鉴定中心是中国315电子商务诚信平台官方指定奢侈品鉴定评估中心,是ISO9001质量管理体系认证的权威奢侈品鉴定中心。寺库鉴定中心目前拥有由来自世界各地的数十位专家和顾问组成的团队，成员包括日本高级鉴定师、美国GIA珠宝鉴定师、国内资深鉴定专家、国内鉴定估价师等。所以，寺库有能力替用户把好商品的质量关。"

"职业鉴定师除了给寺库带来了鉴定技术上的帮助，还在公司管理流程上提出了很多有益的建议。"李日学称，以前寺库做商品鉴定时，对于上门寄卖的消费者，往往由一个评估员服务到底。后来公司发现，这样的工作方式不仅效率低，而且鉴定商品的复核率高。

因此，寺库改进了鉴定流程：对于商品，首先由评估助理登记，进行第一次鉴定；然后，由评估师进行第二次鉴定；最后，由高级评估师进行第三次鉴定。商品入库以后，由后续的评估师进行复核。在寺库，完整的鉴定团队共有四组，每组三个人，外加三位首席鉴定师。"对于寺库来说，鉴定技术不是问题，重要的是对系统和管理流程的改进。"

随着中国经济与国民消费的发展，线上与线下深度整合成为新常态。寺库从2017年起就着手向全产业链化电商平台转型，希望在运营、供应链、体验层面进行升级，打通产业链上下游。

2017年11月，寺库正式宣布启动"5+2+1"计划，落地五大线下体验中心、两大高端定制酒店和一批品牌旗舰店，为"线上线下一体化"打下基础。

通过与顶级厂商合作，寺库使商品带有寺库标签，在线上线下渠道同步售卖。此外，寺库将品牌宣传语改为"给你全世界的美好"，商品范围扩展至各领域高级好物。寺库与凯撒旅游达成战略合作，共同设计高端豪华旅游商品；寺库与陕西历史博物馆和西安博物馆建立战略合作伙伴关系，准备以中国文化遗产为主题设计创意商品。同时，寺库还进一步拓展全球供应链和供应商网络。寺库与亚洲知名奥特莱斯购物中心运营商砂之船集团达成战略合作；寺库与欧洲最大的在线美妆零售商 Feelunique 达成合作，据悉，Feelunique 专门为寺库的用户提供近 50 个国际品牌的商品，寺库的美妆商品组合得到优化。此外，寺库举办了首届"中国名物节"，诸多手工艺大师现身，尖端设计师品牌好物得到展示。

知名调研机构 Frost&Sullivan 的报告显示，中国奢侈品服务市场过去几年经历了快速发展，在接下来的几年中将维持稳定发展的态势。

中国的在线奢侈品和服务零售市场的主要增长动力有三个。一是消费者购物渠道的转变。中国的网购消费者从 2012 年的 2.42 亿人增长到 2016 年的 4.667 亿人。二是消费者消费需求和偏好的转变。中国消费者对于奢侈品品牌的偏好，从老牌奢侈品品牌转向其他设计师品牌和潮流品牌，后者往往只在中国少数大城市拥有有限的线下零售渠道。三是三、四线城市消费需求的增加。这些城市的奢侈品和服务零售额在 2012 年至 2016 年的复合增长率为 15.4%，是一、二线城市的 2 倍多。

在线奢侈品销售市场的发展，以及线下体验中心带来的良好消费体验，促进了寺库的发展。寺库的招股书显示：寺库运营 9 年来，注册用户超过 1500 万人，SKU 超过 30 万件，平均客单价超过 3500 元人民币。另外，从品牌方的信任度来看，寺库的商品目前覆盖 3000 个国际和本土品牌，合作的国际大牌多达 70 余个，远超天猫和京东。

然而，即使于2017年9月上市，寺库的财报也不"漂亮"，长期亏损甚至使寺库上市前仍是资不抵债。不过上市之后寺库逐渐盈利，其2017年第三季度报告显示其总营收为9.82亿元人民币，净利润为3970万元人民币。

在招股书中，寺库援引Frost & Sullivan的报告称，"若以2016年的交易总额（GMV）计算，寺库已经成了亚洲规模最大的一体化奢侈品服务平台"。寺库以15%的市场份额成为亚洲最大的高端消费与服务平台。但今时不同往日，现在奢侈品市场中已是强敌林立。奢侈品品牌开始接受线上渠道、推出自营电商。同时，国内奢侈品定价在逐渐趋近国外奢侈品定价。社交媒体KOL的影响力以及巨大流量池的诱惑，吸引奢侈品纷纷加入微信小程序，尤其是手表和包袋等标品比较适合在小程序中售卖，而寺库的商品配比为：手表占26.9%、包袋占23.6%、珠宝占20%、服装占22.9%。寺库的标品相对较多。

综合电商方面，天猫和京东都在打造时尚行业的头部平台。阿里巴巴入股魅力惠，天猫上线了奢侈品频道Luxury Pavilion，同时大力扶植中国本土品牌。比如2018年2月，天猫在纽约时装周举办"China Day"（中国日），这对中国品牌来说是不可多得的展示机会。正是这一场大秀，使"李宁"强势破圈，成为"中国国潮"的典范品牌。

京东也毫不示弱，一方面成立时尚事业部，上线Toplife奢侈品App；另一方面通过投资入股成为全球奢侈品电商巨头Farfetch的最大股东，且在高端物流方面也投入巨大。

此外，网易考拉、洋码头等全球购平台目前也涉足了奢侈品行业，全渠道平台也在抢夺寺库的目标消费群。

据寺库2017年第三季度财报，寺库成为欧洲鞋履联盟（CEC）在中国的独家合作伙伴。在品牌授权及供应链方面，寺库的优势并不明显——虽然中国是最大的奢侈品消费市场之一，但是在这个行业，中国没有足够强的话语权。

寺库对品牌的吸引力来自其多年积累的用户。招股书显示：寺库的注册会员超过1500万人，活跃会员有30万人，线上线下年总订单额在100万元人民币左右，平均客单价超过3500元人民币，客单价较高，但核心会员数量不多。

为了提高流量转化率，寺库增加了不少价格亲民的商品，同时在青岛、长沙、杭州、厦门和天津五个城市做线下布局。据悉，为了节省成本，寺库会与碧桂园等地产商合作建设五大体验中心。

在寺库2017年的年会上，李日学公布了成功上市之后的寺库的2018年战略方向：锁定"物联网""社群""信用"这三个关键词，大力推动寺库金融、寺库艺术、寺库生活、库店主、中国精品、库客计划、生态云、国际站等业务版块发展。

从布局来看，寺库找到了热门的金融、智能、云生态和区块链等风口。但主营业务的壁垒还不够高，就开始横向发展，寺库能否支撑这些战略的实施？

李日学提议以每ADS 3.27美元（相当于每股A类股6.54美元）的价格收购企业全部已发行的A类普通股。一旦交易完成，寺库将成为一家私人持股公司，并从美国纳斯达克退市。上市不足4年的寺库，其实一直未能得到资本的认可，市值严重缩水，股价也长期低迷①——

首先,寺库的用户数和留存率出现了问题。其财报显示,在2019年的四个季度中,寺库的活跃用户同比增速分别为89.5%、67.7%、58.7%、50.9%;2020年第一季度至第三季度,寺库活跃用户增速分别为11.5%、9.2%、7.5%,增速放缓态势堪比过山车下坠。

对于电商平台而言,活跃用户数是影响营收的一个重要指标,活跃用户数的下滑导致寺库的营收和净利润增速出现双降态势。2020年第三季度,寺库营收为13.73亿元人民币,同比下降29.26%;净利润为2175万元人民币,同比下降64.3%。

业绩下滑,传导到二级市场的直接体现便是股价缩水。过去1年里寺库股价十分低迷,2020年1月3日寺库股价报收5.98美元,到2021年1月8日收盘价近2.41美元,一年里股价跌幅接近60%。如果按照发行价每股13美元计算,寺库的股价大约蒸发了81%。

其次,寺库在售商品的质量也颇受诟病。电诉宝发布的《2020年Q3中国电子商务用户体验与投诉监测报告》显示,寺库位于"2020年Q3全国零售电商消费评级榜"第十三名的位置,具体数据为:平台反馈率为8.33%、回复时效性为0.100、用户满意度为8.000、综合指数为0.340,获"不建议下单"消费评级。在黑猫投诉平台上,关于寺库的投诉有929条,其中商品质量问题、发货问题、退款问题、网络售假问题等都是投诉高频词。"内忧不

---

① 永恩. 退市 被骂 寺库的最终归宿在哪儿? 资本星球Planet,2021年1月20日.

解、外患不断",寺库的经营状况甚至比其股价还糟。

贝恩咨询发布的报告显示,2020年全球奢侈品市场销售额萎缩了23%,但中国境内奢侈品销售额逆势上涨48%。报告预计,2025年,中国有望成为全球最大的奢侈品市场,中国的奢侈品市场发展空间很大。

寺库的历年财报显示,2015—2019年,寺库的经营性现金流一直为负数,5年累计亏损超过14.5亿元人民币。在大多数人的认知里,奢侈品利润十分可观,那么寺库的经营性现金流为什么一直是负数?

这就要回归奢侈品电商商业模式的本质了。首先,奢侈品强调自己的稀缺性,高门槛导致高溢价,而电商强调效率和普惠,"打折、促销、发红包"更是稀松平常,这对奢侈品品牌本身就是一种损害。其次,从消费者角度考虑,消费者购买奢侈品的需求不是简单地满足衣食住行的需要,更多在于身份的认同、尊享的服务等,电商基本不能提供这种"尊贵感"。换句话说,奢侈品对服务的苛求与电商平台的效率理念是相悖的,这也是奢侈品电商行业发展不温不火的原因。最后,假货的问题一直难以避免,奢侈品行业中造假的现象很严重,用户在购买时的第一关注点就是质量问题。相较于更有保障的线下实体店,看得见、摸不着的线上平台竞争力显然要弱一些。并且,对于大多数消费者来说,奢侈品并不属于"可以复购"的消耗品,这也让奢侈品电商平台陷入了复购率过低的困境。

一个电商平台不能仅仅依靠新用户的一次消费支撑平台的发展,更何况奢侈品电商平台的用户数量本就有限。

除了自身模式问题，外部竞争也在加速奢侈品垂直电商的"死亡"。电商巨头为了丰富自己的SKU、提高盈利能力，纷纷增加销售的奢侈品品类。2020年"双11"购物节期间，有1000多款奢侈品新品在天猫奢品平台首发。

此外，多数奢侈品品牌并不想将电商业务委托给他人，全球最大奢侈品集团LVMH集团旗下品牌的所有在线销售均为自营模式，该集团在2017年还推出了多品牌电商平台"24 Sèvre"，面向全球超过80个国家进行商品销售。所以，身处夹缝中的奢侈品电商的生存空间越来越小。

那么，寺库的最终归宿会在哪儿？

根据腾讯广告发布的《2020中国奢侈品消费者数字行为洞察报告》，社交零售正在进一步改变消费品零售以及奢侈品零售的格局。2019年的数据显示，有超过80%的中国消费者在购买奢侈品时会选择在线上搜索、在线下购买的方式，这一比例远高于全球平均水平。也就是说，线上选品、线下交易是奢侈品与互联网结合的主要形式，所以单纯做线上交易的电商模式本身就具有一定的局限性。

已经有一些企业走奢侈品电商路线，但是不得"善终"。例如，全球知名的时尚奢侈品电商YNAP，其网站提供包括古驰、蔻依、普拉达等在内的超过800个人气品牌以及200个专业美容品牌的商品，品类包括成衣、包袋、鞋履、美妆商品等。YNAP于2015年10月在意大利证券交易所上市，2017年全年交易额就突破20亿欧元。然而，即使YNAP在欧洲、美国市场拥有强话语权，市场占有率较高，其股价表现也不尽如人意。2018年6月，

YNAP被迫退市。

2020年,直播带货这种商业模式十分火爆。李日学曾将直播带货视为寺库的救命稻草,在财报中称:"目前,寺库正在建立奢侈品直播生态系统,包括与短视频平台的合作、内部的流媒体内容制作以及提高流媒体购物体验和质量等。"2020年年底,寺库在北京三里屯重金打造奢侈品直播基地,占地面积约为7000平方米,可容纳300名以上的主播同时在线开播。

虽然入局直播"顺应时代",但也存在许多痛点。一是假货频出,直播带货面临信任危机。二是商品价格过高,难以走量。从主营业务本身来看,在电商巨头发力奢侈品行业的背景下,寺库的试错成本明显提高,一旦出现问题,就会失去先行者的优势。寺库未来该何去何从?每一个关键决策都影响着寺库的发展。

借鉴日本二手奢侈品行业的发展经验，助力中国二手奢侈品行业飞速发展

2018年3月，日本第二大二手奢侈品交易商Sou在东京证券交易所的母板上市，市值高达245亿日元。Sou的历史，只有短短的十几年——2007月3月，寄本晋辅在大阪难波开设其第一家二手奢侈品门店，并于2011年正式创立企业Sou（"想"一字的日语发音）。截至上市时，Sou在日本共有57家门店，均位于充满时尚气息的地段，让消费者能在轻松愉快的氛围中出售自己的奢侈品。

Sou成功的秘诀在于解决了二手奢侈品交易的一大痛点，即企业难以找到合适的二手包、顶级珠宝及其他奢侈品的货源。Sou盯住了那些刚刚被卖进典当行的二手奢侈品。

Sou最初通过开设和管理典当行采买二手奢侈品。寄本晋辅表示："我们是采购商品的专家，业务不涉及出售。我们是一家B2B公司，所以通过拍卖的方式，能在短时间内出货。"

发展至今，Sou的业务已拓展至三大板块：一是采购业务，企业有专人负责商品采购；二是拍卖业务，企业于2013年推出B2B拍卖业务，该业务注册用户人数不断增加，在全球买手圈内备受

欢迎；三是销售业务，企业于2016年扩张至B2C领域，开设位于大阪临空街（Rinku Town）的品牌专卖店，专卖店内汇集了从全球各地搜罗到的罕见的复古奢侈品。

日本是全球范围内二手奢侈品行业发展得最成熟的国家之一。20世纪六七十年代，日本中等经济收入人群崛起。不断积累财富的人们渴望过上体面生活的同时，也想炫耀他们的成功，所以，带有高辨识度Logo的奢侈品包、服饰、珠宝与腕表等成了其不二之选。1970—1990年，日本消费者成为全球奢侈品的最大购买人群。

前期的大量消费积累下来的海量奢侈品，为二手奢侈品交易的出现打下了基础。1990年后，日本经济下滑，大量日本国民迫于经济压力而出售珍藏的奢侈品。许多人通过选购物美价廉的二手奢侈品来维持过去的体面生活，再加上日本政府出台相应的法规，建立了完善的二手奢侈品行业管理体制，日本二手奢侈品行业得以飞速发展。

日本在20世纪90年代末到21世纪初，经历了经济大繁荣之后的萧条，人们减少了对奢侈品新品的消费，并出售自己的"藏品"。此时，日本二手奢侈品市场正式进入了高速发展时期，中古奢侈品店的数量从1000多家增长到了10000多家，柏欧福、米兵、大黑屋等知名门店出现。以大型中古奢侈品店大黑屋为例，大阪最繁华的心斋桥商业街上，随处可见大黑屋的连锁店，店内的透明玻璃柜里锁着各类排列整齐的中古奢侈品。对于日本的年轻人来说，购买中古奢侈品成为一种潮流。

火热的不只是实体店，在日本还出现了Brand Off、2nd Street、大黑屋在线商城等中古奢侈品线上交易平台，甚至在被称作"日本闲鱼"的煤炉（Mercari）以及 eBay 上也能找到个人卖家低价转售的中古奢侈品。

据统计，日本二手奢侈品市场有 2000 亿日元的规模，是世界上最大的二手奢侈品市场之一。

为什么日本的二手奢侈品市场如此繁荣？原因有三个。一是日本奢侈品市场曾经的繁荣，为二手奢侈品行业积累了海量的货品。二是日本经济泡沫破碎，导致日本国民大规模地将奢侈品售出变现以改善自身经济状况，客观上促使日本二手奢侈品市场迅速发展。三是正规中古店有专业的奢侈品鉴定师，且日本中古店必须在公安局备案才能开店，因此，消费者对奢侈品二手交易的信任度高，这也是日本中古店业务能顺利拓展到海外的重要原因。

在日本，中古既是一段历史，也是一种潮流。

日本的奢侈品市场远比中国的奢侈品市场成熟，它的发展轨迹对于中国二手奢侈品行业而言有参考的价值。我们可从经济、政策、文化等方面入手，分析中国的二手奢侈品市场发展情况，对比其与日本二手奢侈品市场的异同，并探索中国二手奢侈品行业的发展路径——

在经济方面，经过多年的奋斗，中国国民经济实现了长远发展，国民有了相对充足的可支配收入。在 2010 年，中国消费者购买了价值超过 100 亿美元的奢侈品，约占当年全球奢侈品销售额的 1/4；2013 年，中国取代日本成为全球第一大奢侈品消费国。

这一强大购买力的背后，是国民不理智的消费心态。这种消费现象与 20 世纪六七十年代经济快速发展的日本的情况相似。可以推断，当2025年中国消费者成为全球奢侈品的最大购买人群之时，消费者也会为中国二手奢侈品行业的发展提供海量的货品。

在政策方面，随着中国经济改革的进一步深入，符合可持续发展之道的"绿色经济"日益成为各大行业的主流发展模式。二手奢侈品行业将获得更大的发展空间。

二手奢侈品行业的发展，正好符合"绿色经济"的要求。行业的良性发展需要国家有关部门出台更有效的法律、法规来保驾护航。日本二手奢侈品市场规范程度高，是由于政府严格监管市场、采取严格的惩罚措施，而且整个行业有比较完善的鉴定、评估和培训体系，为行业的健康发展提供了保障。

在文化方面，性价比高且具有收藏、流通再使用价值的二手奢侈品受到了一部分人的青睐，消费二手奢侈品的人也成了"断舍离"等小众文化群体的代表。消费升级的背后是人们精神追求的升级。

随着二手奢侈品消费需求的增加，以及理性消费文化在部分人群中逐渐流行，再加上"闲鱼""爱回收"等共享经济项目的影响，近几年中国各大中城市中涌现了大批二手奢侈品店。但据相关统计，目前中国大大小小的二手奢侈品店加起来不到5000家，与日本相比还有很大的发展空间，毕竟中国整体市场的容量比日本更大。

在服务方面，根据对以上三个方面的分析，我们可以发现中国二手奢侈品市场的发展路径与日本二手奢侈品市场有一定程度的重合，但是在商品质量、诚信保障、鉴定水平、服务标准等方面的差距也不容忽视。

这些问题综合而言就是服务问题，这也是日本这个尤其注重服务的国家的优势所在。目前，中国的大部分二手奢侈品门店的操作模式都是店主亲自提供"一条龙服务"，通过淘宝店、朋友圈、抖音等线上平台、社交媒体进行商品售卖，货源不稳定、质量无保障、鉴定不权威、价格不透明、售后服务缺失，并且企业面临着压货、现金流中断、消费者流失、投诉无门等一系列问题。尽管有些企业开了实体店，且搭配清洗、保养等服务来让消费者产生信任感并增强消费者黏性，但是服务水平和效果因人而异，行业的整体服务水平急需提高。

精细化、人性化的服务精神，让消费者可以享受到和奢侈品专柜一样的服务；权威的鉴定和清洗、保养技术，让消费者不用担心商品有质量问题，可以尽情享受购物带来的快乐；严格的行业服务标准，保障商品质量的同时可以增强消费者的消费信心。而上述这些，中国的二手奢侈品行业尚不具有。

经过几十年的发展，二手奢侈品交易在日本已经形成了一条相对成熟的产业链，出现了很多大企业。对比日本中古店的发展历程，我们可以得知，在行业尚未成熟的时期，对于二手奢侈品，消费者更倾向于"面对面"交易，聚奢网在深入分析和研究日本中古店的成功之路以后，进行了业务模式优化和奢侈品体验店市场的开发。

聚奢网在全国50多个城市拥有近100家奢侈品直营体验店，分布在一、二、三线城市，在中国目前的二手奢侈品行业中，有此基础的企业仅聚奢网一家。而且，聚奢网在传统O2O模式的基础上，根据行业特性开创了"CBPBC创新经营模式"，该模式以提升消费者购物体验满意度为核心，使消费者、终端实体门店及网络平台紧密相连，让消费者享受"一站式"的奢侈品交易服务。作为中国二手奢侈品行业的领军者，聚奢网创造的经营模式必将引领行业发展。

第二章

二手奢侈品行业分析与企业运营策略

第一节 二手奢侈品行业分析

中国二手交易市场：闲置商品交易与分享经济的发展契机

相比出行分享（如共享单车、滴滴打车等），个人商品的二手交易显得"低调了些"。个体闲置商品交易所衍生的"闲置经济"，并非人们普遍认为的新兴模式——使用而不占有（所有权）的分享，而是更加传统的交易模式。其实，二手交易已经迎来了新的市场突破契机，主要包括以下三点。

一是流通渠道已经成型，二手奢侈品市场不再是局部的跳蚤市场，而升级为移动二手电商平台，实现了三大突破——闭环交易体系已构建，社交关系链凸显，商业模式更加多元。

二是人均购买力的提升，以及消费升级等因素共同产生作用，令二手商品的潜在供给爆发，多个热门交易品类均有望达到千亿元人民币的市场规模。

三是由于分享经济的理念渗透、年轻一代二手交易主力消费者崛起，以及绿色消费、循环经济的相关政策助力，促进二手交易的社会消费理念有望深入人心。

以上契机，标志着属于二手交易的新黄金时代已经到来。在二手交易市场中，互联网巨头纷纷布局，初创企业猛增，准"独角兽"企业崛起，二手交易成为行业和资本的一场盛宴。

尽管二手交易面临着信任问题、成交问题、配套服务及盈利问题等，但是我们无法忽视二手交易市场的巨大发展潜力。

一、新市场："闲置经济"的黄金时代即将到来

个体闲置商品分享是商品所有权的分享，同"使用而不占有"的租赁模式相补充，共同实现物尽其用，让"天下没有闲置的商品"。

二手交易历史悠久，个人拥有的闲置商品一直都存在流通需求。

早在2016年，在线二手交易经过长达10年的线上化进程，已经颇具规模，有望迎来"黄金时代"。

（一）数千亿元人民币规模的蓝海市场初现

1. 三大因素促使个人闲置商品激增

第一，人均购买力显著提升。

我国的人均GDP从2005年的1.4万元人民币，攀升至2020年的7.2万元人民币，消费者人均购买力显著提升，使个人手中可供流通的存量消费品增加。

2005年，中国社会消费品零售总额为6.7万亿元人民币；2020年，社会消费品零售总额达到39万亿元人民币，未来还将稳步增长。可供消费者进行二手交易的潜在物质资源越来越丰富。

第二，网络购物热潮，创造了二手交易市场的巨大发展空间。

网络购物使个人"动动手指"就可以在各类购物 App 上便捷地购买商品，购买的渠道成本降低，个性化需求被满足。近年来，全国网络零售额不断增长，2010—2017 年其增速均在 30% 以上；2018 年，全国网络零售额增速有所下降，但仍呈现稳步增长态势；2019 年，全国网络零售额突破 10 万亿元人民币，同比增长 20.6%；2020 年，全国网络零售额突破 12 万亿元人民币。在激烈的市场竞争中，各类购物 App 时常开展折扣促销活动，使得个人手中的存量商品数量增加，二手交易有望成为商品二次流通的突破点。

第三，由于消费升级的助力，个人存量商品的升级换代速度加快。

尽管存量商品激增，但是人们似乎并不满足于对存量商品的使用。随着消费升级，商品的更新换代速度加快，个人手中的存量商品的闲置率大幅提升。例如，电子数码设备的更新换代率很高，其中手机的更新换代率尤为突出。在淘宝上销售的二手 iPhone 手机中，超过 50% 的手机仅使用了 1 年左右。据预测，大约 70% 的智能手机用户在 2 年内更换了手机，这个更换频率比其他电子设备的更换频率高很多。

可见，在三大因素加持下，可供二手交易的个人闲置商品数量激增，二手交易额有望达到数千亿元人民币。

2. 五大闲置商品品类交易额均有望超过千亿元人民币

二手交易品类众多，从重资产如汽车等交通工具，到手机、电视等数码设备、家电，再到母婴用品、服饰配件、美妆用品、音像书刊，甚至包括有投资价值的艺术收藏品等。

据58转转的数据，二手交易量前三名品类分别是手机、服装鞋帽和数码设备，家居、家具、家电、母婴用品处在第二梯队中。

从表2-1-1来看，二手交易的垂直市场，均有望达到千亿元人民币的市场规模，存在巨大的发展空间。

表2-1-1 五大闲置商品品类市场规模

垂直领域	潜在市场规模	
二手车	市场空间广阔；线上交易渗透率不足10%	二手车交易市场向来火热，据汽车流通协会数据，2015年我国二手车累计交易量为941.71万辆，累计交易额为5535.4亿元人民币。 2016年上半年，我国二手车电商渗透率不足10%。二手车电商平台起步较晚，线上二手车交易量占二手车市场交易总量的比重较小
二手手机	二手交易量之首	手机升级换代加快，二手手机生意潜力较大。2015年我国智能手机出货量达4.341亿部，除去新入网用户和使用多部手机的用户，2015年，我国被闲置的智能手机数量达到数亿部。 二手手机交易量居58转转热门二手品类交易量中的第一位，占比达到17.5%。在闲鱼上，二手手机交易量仅次于衣物类，占比约为10%
二手母婴用品	存量市场空间巨大，热门交易品类之一	据报告，中国母婴用品整体市场规模将从2015年的1.8万亿元人民币增长至2020年的近3.6万亿元人民币，以每年15%的速度增长。其中，可供二手交易的品类，例如婴童衣物类，2015年市场规模已超过3000亿元人民币。儿童玩具等耐用品也有广阔的二手交易市场空间

续表

垂直领域	潜在市场规模
二手服饰	存量市场空间巨大，热门交易品类之一
	艾瑞咨询的数据显示，2015年，中国网购市场交易额为3.8万亿元人民币，其中，服饰类交易额达到801亿元人民币，二手服饰交易发展潜力巨大。 闲鱼的数据显示，累计交易的1.7亿件二手商品中，服饰类商品占比近20%，包括2562万件衣服和518万个包。58转转的数据显示，热门闲置商品中，服装、鞋帽订单量占订单总量的14.63%，仅次于手机
二手奢侈品	存量市场空间巨大
	二手奢侈品交易的产业链已经形成。贝恩咨询的报告指出，2015年，中国奢侈品市场规模约为1130亿元人民币，其中，除去化妆品、香水等难以进行二手交易的品类，其余品类交易量占比超过60%

注：数据来自腾讯研究院。

3. 国内二手交易市场潜力巨大

在欧美国家，二手交易行业已相对成熟，在经济下行压力下，"闲置经济"有望成为其国民经济的重要支柱。

（1）美国

数据显示，美国的二手商品市场规模在2011年就达到了8400亿美元，2015年美国二手汽车市场规模达7600亿美元。二手交易市场规模已超过万亿美元，占GDP的近10%。

（2）加拿大

数据显示，2015年，85%的加拿大人参与过各种形式的二手交易，交易的二手商品总量超过18亿件。

（3）瑞典

建立于1996年的Blocket，是瑞典最大的二手交易平台。10位瑞典人中至少有8位在Blocket上进行过二手商品交易。据统计，

2013年,Blocket上发布的商品总价值相当于瑞典GDP的11%。

（4）中国

据公开数据,2015年,百姓网二手商品交易额为近500亿元人民币;58转转全年交易额达70亿元人民币;闲鱼虽然没有披露具体交易金额,但是全年的二手交易商品数量达1.7亿件。粗略估算,综合类二手交易巨头的年累计交易额为千万元人民币量级,这尚未包括各垂直领域的二手交易平台。

据统计,2020年,中国全年网络零售额突破12万亿元人民币,而全年社会消费品零售总额达到39万亿元人民币,个人在线二手交易额占社会消费品零售总额的比重很低。

因此,虽然中国二手奢侈品市场发展潜力巨大,但是目前市场渗透刚刚起步,二手交易市场的规模有待进一步扩大。

（二）移动二手商品电商平台创新、升级

二手交易是一种历史悠久的商业模式,如今仍存在个人进行二手买卖的"跳蚤市场"、各类线下二手店、规模化运作的典当行,以及零散的"二手回收商"。

21世纪初,从各类垂直论坛/社区,到58同城、赶集网、百姓网等分类信息门户,二手交易开始触网,进入信息门户时代。

接着,基于互联网的快速发展和网络购物的兴起,二手交易的各个环节均开始了线上化进程,二手商品电商平台出现。近年来,随着移动互联网流量的迁移和用户习惯的养成,移动二手商品电商平台开始成为人们进行二手交易的首选渠道。移动二手商品电商平台,并不是线下市场的简单线上化,也与分类信息门户

的二手交易平台有着本质的区别,其主要包括以下三个特征。

第一,闭环交易体系成为标配。

一手商品电商平台发展至今已相对成熟,而一直以来,二手商品电商平台的发展相对落后。随着近年来一手商品电商市场成为红海,二手商品电商市场的蓝海潜力显现,资本投入增加。在移动二手商品电商平台上,闭环交易体系已成标配,与一手商品电商平台的差距正在快速缩小。

移动二手商品电商平台通过闭环交易体系,将二手交易的信息流、资金流和物流全部打通,买卖方能够在平台上完成整个交易过程,包括注册登录、发布信息、咨询沟通、下单支付、物流配送、售后评价等,整个交易过程可控、可溯源,提升了平台的信任背书可信度,优化了用户交易体验,提高了交易效率。

线上二手交易的常见环节包括四个:一是注册环节。通过实名制认证,引入第三方征信体系、第三方名企邮箱、社交账号等多种信用认证方式,帮助买卖双方在交易前进行信誉判断。二是支付环节。引入第三方支付程序,并由平台进行资金担保,只有买家确认收货后货款才会被支付给卖家,打消了买家的顾虑,保证了交易双方的基本财产安全。三是售后环节。平台展示交易评价状况,参考一手商品电商的做法,对卖家的成交记录和消费者评价进行披露,供后续交易者决策参考。四是物流环节。领军平台已经开始进行物流合作伙伴引入,提升物流的便捷性和过程透明性。

第二,交易模式去中介化和多元化。

移动二手商品电商时代,个人闲置商品的在线二手交易模式主要包括三类：C2C交易撮合、C2B回收、寄售。

C2C交易撮合模式下，供需双方直接对接、自由议价、沟通详情，重视社交链的构建。同时，平台可以实现轻资产快速扩张。典型平台如闲鱼。

C2B回收模式下，平台充当中介，直接从出货者手中购买商品，再转卖给下一个消费者，并从中赚取差价。这种模式对平台的资金实力有很高的要求。平台通过众包整合分散的回收商，或者自己充当回收商。这种模式考验平台的回收、处理、转卖、仓储等后端资源整合能力，典型平台如爱回收。

寄售模式介于上述两者之间，是海外的二手商品交易平台普遍采取的模式。平台提供对交易商品的质检、估价、寄卖等服务，商品卖出后，平台按照约定的比例从货款中抽取佣金。典型的国内平台为寺库网。

这三种模式各有利弊，不同的模式能满足不同的交易需求。

从信任和成交效率来看，在诉求重资产和高质量的交易领域（特别是二手奢侈品领域），平台更加深度地介入交易环节，提供质量检测服务，提供信任背书。例如，58转转在C2C交易撮合模式之外，还针对手机品类推出回收和寄售模式；好车无忧平台从寄售模式向回收模式转型。

从二手商品的孤品特征来看，C2C的轻资产模式能够提供海量SKU，满足用户个性化交易需求。

第三，个人社交关系链构建。

个人闲置商品交易，天然具有社交的属性。二手交易平台能够打造社交关系链、加强供需双方联系、提升用户黏性。构建社交关系链主要有以下三种方式。

一是从第三方平台导入社交关系链，例如，58转转基于微信"一度好友"和"二度好友"的社交关系，提升二手交易的可信度。

二是打造基于兴趣或地理位置的社交关系链，例如，淘宝闲鱼主打"鱼塘"功能，促进兴趣相同或邻近地域的人形成社区，提高用户互动率，降低交易时长。

三是打造网红和粉丝的社交关系链，随着网红经济兴起，二手交易平台也开始利用粉丝效应实现导流和促成交易。例如，空空狐招募及扶持达人卖家，提高商品曝光率的同时也提升卖家的可信度。还有平台借鉴电商"网红直播导购"的内容营销方式，例如，转转推出"反转11·11"活动，邀请百位网红直播售卖个人闲置二手商品，单日订单量超过50万单，日订单总金额超过9000万元人民币。

（三）新的社会消费观念出现，新的交易群体崛起

传统的线下跳蚤市场模式能延续至今，证明线下二手交易的需求一直存在。随着个人闲置商品数量的几何式增长，以及消费者对线上与线下流通平台的信任度及交易便捷度的提升，个人进行在线二手交易的意愿越来越强。二手交易市场持续升温，依赖三方面的驱动力。

一是二手交易的吸引力加持。

通过二手交易，卖方能增加收入，买方也能降低成本获得所需商品。移动二手商品电商平台的出现，消除了交易的地域限制，

降低了交易信息的不对称性，提升了买卖方供需匹配度，使二手交易的可能性与便捷性提高，二手交易的吸引力也在加强。

对卖方而言，在经济下行周期内，闲置商品变现越来越具有吸引力。对买方而言，二手商品最大的优势是性价比高。据闲鱼披露的数据，其平台上一键转卖商品的成交价格大概是商品原价的40%。据58转转的数据，超过80%的用户进行二手交易的原因是二手商品性价比高。

二是新的社会消费理念形成。

二手交易市场的巨大潜力背后，是深层的社会消费理念升级。

美国的一项调研数据显示，有76%的美国人认为在线上交换商品和进行二手交易有利于省钱，有72%的美国人认为这种交易方式有利于建立人际关系。

在法国，民调机构的数据显示，49%的法国人只要有机会就会购买二手商品。25岁以下的年轻人、月收入低于1500欧元的上班族和农村居民都是热衷于二手交易的人群。对于家中的闲置商品，有77%的法国人表示希望能给予它们"第二次生命"，其中有35%的法国人会将其卖掉。只有2%的法国人会丢弃这些商品。

在中国，在分享经济的市场培育和绿色消费、循环经济的政策扶持下，社会消费理念有望升级。分享经济风潮席卷多个行业，在很大程度上促进了市场培育工作，加强了人们对"闲置就是浪费"等理念的认同。对于闲置的二手商品，二手交易能实现其价值的最大化，以减少资源浪费和过度消费，促进消费模式从"扔掉型"转变为"再利用型"，助力消费者形成相对成熟的消费理念。

二手交易本身是一种提高资源利用效率的方式,也体现了节约、绿色的现代消费观念。国家出台相关政策,促进二手交易的发展,二手交易有望形成新的风潮。

三是发达地区的年轻一代交易主力军崛起。

现阶段,线上二手交易以一、二线城市的年轻一代为主力军,他们更容易接受新的消费理念。

在年龄分布上,30岁以下的年轻一代(Z世代)是消费者中的主流。闲鱼数据显示,19~30岁的白领、学生是二手交易的主力军。转转用户调研数据显示,32岁以下的买家和卖家为二手交易的主力军,占全部用户的比例均超过80%。

在地域分布上,交易地区以一线和二线的发达城市为主。58转转公布的数据显示,其市场已经覆盖包括北上广深等一线城市在内的近300个城市。其中,一线城市占据64%的市场比例,二线城市占比为23%,剩下13%为三、四线城市。

在用户增量上,二手交易的未来市场培育空间巨大。据闲鱼运营总监唐宋介绍,截至2020年7月,闲鱼用户已经超过2亿人,日活跃用户超过2000万人,在线卖家超过3000万人。目前,每天有超过400万名用户在闲鱼平台上"浪里淘金",每年有超过10亿件商品被发布,年交易规模超过2000亿元人民币,闲鱼已经成为中国最主要的闲置商品网络交易平台之一。

然而,对比我国已超过9亿的网民数,我们可以看到在二手交易市场中还有大量潜在交易用户尚未被触及。

二、新格局：巨头布局，垂直爆发

在一手电商交易处于竞争激烈的红海状态的同时，二手交易市场的蓝海潜力越来越吸引资本和企业、人才的关注。随着初创企业高速增加，巨头陆续布局，初创企业在垂直领域发力，准"独角兽"企业已经诞生，中国二手交易市场已经站在快速发展的跑道上。

二手交易业务的发展速度，从数据中可见一斑。在2019年，闲鱼上有2亿名用户交易了价值共2000亿元人民币的闲置商品。"闲鱼上聚集了大量年轻人喜爱的商品，比如潮玩等。随着消费升级，闲置二手商品的存量也在不断增加，母婴类商品成为新亮点。"从闲鱼后台数据来看，在进行网上二手交易的人中，年轻人占比较高。这些用户普遍追求消费的高性价比，既秉持着传统的简朴生活观，又愿意拥抱新品，不避讳买卖二手商品。"二手交易能帮助人们找到消费升级、体验经济与节约成本之间的那个平衡点。"

（一）综合市场：双峰并叠的市场状况

据腾讯研究院统计，截止到2016年年底，在其统计的80多家二手电商平台中，只有10家属于综合类二手交易平台。二手交易市场中的话语权，被互联网巨头所掌握。典型的代表是闲鱼和58转转，二者目前均呈现高速发展态势，是二手交易平台中的头部企业。

除此之外，腾讯于2016年年中低调上线二手交易平台闲贝，主打闲置商品买卖、回收和交易担保等特色业务。百度则投资了分类信息门户百姓网。

互联网巨头布局二手交易市场，或直接推出相关应用，或通过投资控股间接操盘，分割这块大蛋糕。

一方面，对于强调生态布局的国内互联网巨头而言，其能通过自身的海量用户为初创的平台直接"输血"，使二手交易平台快速发展、抢占先机；另一方面，二手交易能够为巨头自身的生态布局加码。

（二）垂直领域：二手车交易平台称霸

由于互联网巨头在综合性二手交易市场中的竞争优势很明显，更多初创企业在垂直市场中寻求突破，以专业性满足细分用户群的需求。

腾讯研究院统计的80多家二手电商平台中，超过80%是垂直领域内的二手交易平台。其中，二手车交易平台数量遥遥领先。

二手车交易领域内的企业数量最多，而且融资规模也遥遥领先，成为最被资本看好的二手交易市场，也成为"独角兽企业"的集中诞生地。为何在众多细分领域中，二手车领域能率先突围？

作为全球第一大汽车生产及保有市场，2019年我国汽车保有量达2.81亿辆。一方面，汽车保有量的持续稳定增长，显示出我国汽车消费市场有巨大发展潜力，也为二手车消费市场提供了丰富的车源；另一方面，随着居民收入水平提高、汽车消费普及、车龄增长以及消费升级，消费者置换、增购汽车的需求明显增加，二手车交易市场活跃度明显提升，2019年全国二手车累计交易量为1492.28万辆。

三、新难题：二手交易面临的四大挑战

虽然中国的二手交易市场呈现快速发展态势，但相比海外，仍差距较大，用户渗透率较低，个人在线二手交易还面临着不少挑战，尤其是对于C2C的二手交易撮合模式而言。据58转转平台数据，用户对于二手交易有许多顾虑，超过60%的用户担心商品质量、商品卫生、卖家信用、售后服务问题。

要实现二手交易的腾飞式发展，企业需要消除用户顾虑，解决交易信任难题、供需匹配难题、配套服务薄弱难题和平台盈利难题。

第一大挑战：让买家买得放心。

对于C2C交易撮合模式而言，信任问题是核心壁垒。个人所拥有的闲置商品，是典型的非标品甚至是"孤品"，具有"一物一价"和"一物一况"的特点，在买卖双方信息不对称的二手交易环境中，平台很难建立明确的交易规则和商品评估标准，容易造成以下四种信任风险。

一是商品真实性风险，比如买家难以判断奢侈品等高价商品是否是假货；二是商品质量风险，平台难以审核和评估商品的新旧程度、内部零件的损耗程度等，比如，何为九五成新？何为九成新？商品品相是否同卖家描述一致？买家普遍缺乏判断能力，因此交易风险倍增；三是商品卫生风险，特别是母婴、服装类商

品的卫生问题令人担忧；四是个人隐私泄露风险，二手商品是被私人使用过的商品，可能导致个人隐私泄露。

调研数据显示，超过半数的用户对于二手交易中的个人信息安全存在顾虑。二手交易平台还面临交易违规的风险，国外已经出现不法个体，打着二手交易的幌子，出售明确禁止网络售卖的违规物品。而且，在二手奢侈品交易领域，仍有大量交易高仿奢侈品的现象，为行业的健康发展带来了阻碍。

信任体系就像二手交易的基础设施，信任问题是阻碍二手交易市场快速发展的核心问题。企业该如何解决这个问题？有以下两个方向——

方向一，向中介化转型发展。部分C2C二手电商平台开始从商业模式的角度做出改变，比如，转向C2B的回收模式或寄售模式，平台或引入的专业回收商承担了B端的职责，提供专业化的鉴定保障、合理估价，还有清洁翻新等增值服务，通过专业化的机构和资源背书，解决C端买家的痛点，降低C端买家的筛选成本和C端卖家的销售成本。

这种模式虽然回归了传统中介，减少了C2C的社交特色，有可能压低C端卖家的成交价格，但增加了信任背书，不失为信任问题的解决之道。

方向二，大力发展智能化技术。未来，企业有望通过对智能分析技术的逐步引入，解决供需方信息不对称的问题。

例如，企业依靠区块链技术，在二手奢侈品交易环节中，通过对每一件奢侈品建立唯一的识别码，可以进行对其任何一次的寄卖、维修、保养等的纪录，形成基于二手奢侈品大数据的透明、公开和公正的二手交易系统。在这方面的探索及实践上,聚奢网已经走在了行业的前列。

未来,随着大数据、人工智能、区块链等技术的落地,分享经济的很多垂直领域都会向着智能分享方向转变。二手交易这个似乎相对传统的行业,一旦实现智能化,其未来的发展将超出我们的想象。

第二大挑战:让卖家卖得省心。

对于二手交易的C2C双边市场,促成交易当然是平台和买卖双方共同关注的目标。如果说信任问题是影响买方交易的核心问题,那么对于商品的卖方而言,如何省心、高效又划算地卖出商品,就成为其关注的核心问题。这里涉及两个难题。

一是破解流量难题。虽然闲置商品增多已是事实,消费观念的升级也已在年轻人中显现,但线上用户渗透率还是较低,二手电商的市场培育才刚刚起步。

调研数据显示,个人二手车车主中约10%的人会把车卖给熟人,30%的人会在4S店进行汽车置换,60%的人会把车卖给二手车经销商,线上交易模式尚未成为主流。二手手机的交易习惯更是亟待培育。中新网调研数据显示,对于闲置手机,超过半数的用户会放在家中暂不处理,留着做备用手机;一小部分用户会拿来送人,或卖到二手市场和找企业以旧换新。

如果不破解二手交易平台的流量获取难题,就无法形成供需匹配的流量基础及正向循环,不仅会影响交易成功率,还会对平台后续营利模式的落地有直接影响。调研数据显示,在影响二手交易成功率的因素所占的比重方面,交易平台用户量排名第一,达到了87.5%，甚至已超过交易安全性（76.8%）和交易便捷性（66.7%），凸显了二手交易中流量的重要性。

二是破解效率难题。随着平台流量提升，买卖双方的供给量和匹配可能性提升，有助于交易成功，但尚无法解决交易效率低的问题。因为买卖双方的决策时间，在某些二手交易品类上并不相符。

对于卖方而言，除了"卖得值"，卖的过程又快又省心，似乎是越来越重要的诉求。二手车调研数据显示，70%以上的个人卖家希望尽快将旧车售出，期望售出时间一般在几天到1周之内，并且卖家要求交易过程简单、便捷。

C2C的交易撮合模式虽然满足了卖家"卖得值"的诉求，但对二手车、奢侈品等，买家在购买前可能要经过多次对比、咨询，决策时间较长。同时，虽然有交易机会，但是卖家会面临交易过程中买家的沟通需求，且双方同时在线时间往往不一致，降低了沟通的及时性与有效性，导致成交花费的时间精力较大。

针对以上困局，企业可以从以下两个方向进行突破。

方向一，"以旧换新"实现精准导流。现在的部分二手交易平台采用大量投放广告的方法来增加品牌知名度，进而为平台导流，但随之而来的是获客成本的提升，因此这并非长久之计。更可行的方法是在消费升级背景下，实现交易场景的转化导流。例如，闲鱼依托淘宝平台，参考买家搜索新品的品类，同步推送具有替代性的二手商品，供买家选择。这种精准的导流往往能促成买家进行二手交易。

还有平台将传统的线下以旧换新的模式复制到线上，提高引入流量的精准性和交易成功率。例如,爱回收与京东合作,由京东为其提供回收入口,并回馈买家买新优惠卡。类似的还有手机厂商、家电等行业的以旧换新业务。海外奢侈品二手交易平台 Material Wrld 联合众多奢侈品零售商推出了以旧换新借记卡等。

方向二,凸显中介的优势。在 C2B、C2C 与寄售三种模式中,C2B 的回收模式是交易效率最高的,满足卖家"出货快"的诉求,无须花费卖家过多精力,而且更适合"以旧换新"的导流场景。但是,由于这种模式的盈利方式是赚取差价,相对于 C2C 模式,卖家议价能力弱,这种模式难以满足看重"卖得值"的用户。三类模式各具利弊。二手交易平台结合各自优势和垂直领域特点,在前行的路上探索,去中介化和中介化的混战还在继续。

第三大挑战:让买家用得安心。

新品电商平台具有相对完善的物流和售后服务体系,与之相比,主打个人商品买卖业务的二手电商平台在配套的物流和售后服务环节方面相对较弱。58 转转调研数据显示,有 60% 以上的用户认为二手交易的便捷性和高质量售后服务是其在二手交易中最看重的因素。因此,企业可从以下两个方向去提升运营水平。

方向一,平台化发展,引入各领域的合作伙伴。在物流方面,转转和闲鱼都在平台内嵌入物流模块,可以使卖家一键叫快递上门取货,并通过平台全程查询商品的物流配送进度。在售后服务方面,58 转转与海尔达成合作,提供低价的家电维修服务;人人车与汽车维修保养店合作,指定售后保养维修点等。针对用户隐私泄露等信息安全问题,部分手机回收平台与保险公司合作,提供"隐私险",打消用户交易顾虑。一些衣物销售平台也为消费者提供商品丢失意外险。

方向二,倡导同城交易、规避交易风险。部分二手交易平台提供更加简单、直接的交易方式——同城交易。基于LBS的社交关系链,买方可以选择附近的二手商品卖家,双方线上下单、线下交易,再返回线上结款,不仅可以当面验货,避免信息不对称带来的交易纠纷,还可避免物流和售后纠纷。

第四大挑战:让企业实现盈利。

从二手交易平台的不同类型来看,交易撮合和寄售平台普遍的盈利模式都是按照成交价格的一定比例收取交易佣金,不同行业的佣金比例有所不同(例如,二手奢侈品行业佣金比例普遍为10%~30%);而采用回收模式的二手交易平台则赚取差价(先从卖家手中低价买入商品,再以高价卖出)。

二手交易并不是高频的应用场景。目前一些企业的盈利无法覆盖其高达亿元人民币级别的营销投入、人员检测成本。不过,现在大部分二手交易平台处于导流、促交易阶段,甚至部分平台明确表示"暂无盈利的打算",这是互联网企业"烧钱创业"的常规套路。

为何企业一直在"烧钱"(甚至盈利前景尚不明确),二手交易却还能获得资本市场的青睐?背后的原因,就在于以二手交易为入口,所衍生出的巨大盈利想象空间,包括新货买卖、金融服务、周边配件、售后服务、租赁服务、社区社交等。举例如下。

一是"二手商品+消费金融"模式。这种模式是二手交易企业常见的盈利模式,例如,在二手车交易的过程中,车贷、车险的需求应运而生。统计数据显示,我国汽车金融渗透率在25%左右,而欧美达到80%,德国约为70%,日本达到50%,我国汽车金融渗透率远低于海外。瓜子二手车、人人车等平台都开始进行在汽车金融业务方面的探索。除了二手车,单价较高的二手奢侈品等,在分期付款等金融服务方面,也都存在发展的可能性。

二是"二手商品+售后服务"模式。售后服务是二手交易的配套服务薄弱环节,所以大部分二手交易平台都在逐步完善售后的增值服务,以增加用户黏性,同时也可以作为未来盈利的方向。比如拍大牌推出的"1元奢侈品养护服务",爱回收推出的手机快修服务等,都是企业完善售后服务的具体表现。

三是"二手+新货买卖/租赁服务"模式。二手交易天然具有分享经济和电子商务的双重属性,在未来也有望从所有权的分享,发展为使用权的分享。总之,只要平台为用户提供了价值感,则平台的未来商业模式就具备了巨大的想象空间。

四、新路径:未来的两条路径和两片蓝海

在很多人的印象中,二手交易模式相当传统,但二手交易平台已经在迎接"千面未来"。二手交易有两条发展路径。

路径一:跨界融合。

基于腾讯研究院对于分享经济的定义,无论是商品所有权和使用权分享,还是个人所拥有的有形资源和无形资源分享,都有望成为二手交易的发展方向,二手交易可以与分享经济的广阔发

展空间相融合。

对于个体闲置商品,使用权分享(租赁)和所有权分享(出售)的融合发展,有望成为趋势。对于二手交易平台或个人卖家而言,通过租赁提升闲置商品的周转效率,可以间接解决交易效率低的问题。

在美国,二手车交易和租赁行业是共存的。中国的部分P2P租车平台,已经上线二手车买卖业务,满足用户在P2P租车期间产生的二手车买卖需求。

C2C交易撮合类平台基于社交关系链,实现从实物资源的分享,到基于个人知识和技能的无形资源的分享的转变。例如,闲鱼的定位并不是二手交易平台,而是分享经济平台,提供包括实物资源和知识技能资源在内的个体闲置资源的分享服务。

展望未来,会有越来越多的奢侈品鉴定师在抖音、小红书等社交媒体上分享自己的商品鉴定技巧,其中很多课程是需要人们付费观看的。这也促进了知识付费的发展,可以视为知识在二手市场中的一种变现方式。

路径二:深耕市场。

二手电商隶属于电子商务领域,二手交易沿着电商平台的路径发展,因此,我们可以推断出几个新趋势:一手交易,三、四线城市二手交易市场和海淘二手交易市场将快速发展。

二手和一手交易是否可以并存?从整个生态布局而言,推陈和出新并不矛盾。二手交易有望在消费升级环境下成为一手电商的流量入口,从而间接促进新品销售,二手商品流通顺畅,则新品销售加速。所以很多零售商推出二手交易平台,二手交易平台亦反向介入一手交易。例如，人人车希望为用户提供关于"车"的一切服务，包括新车销售。爱回收在主打二手交易业务的同时，提供新品买卖服务，提升用户的留存率，这是二手交易的潜在想象空间之一。

不过，业界也存在另一种观点：二手交易强调纯粹的个人闲置商品交易，专注于分享，并不认可以用户身份出现的企业。供给方从 C 端发展为小 B 端，再发展为大 B 端（专门从事二手交易的企业），偏离了二手交易的初衷。

所以，二手交易平台应通过多种方式来审核、保障个体卖家的专业性。例如，58 转转借助微信后台数据算法，判定其商品出售者是否为企业，违规者会被做降权处理；日本"独角兽"企业 Mercari 组建专门的团队来审核卖家的身份，确保商品出售者是个人卖家而非专业商贩。

三、四线城市的二手交易市场发展潜力到底有多大？从电子商务的发展风向来看，三、四线城市及农村市场将成为电商的新发力点。国家统计局数据显示，2016 年，我国农村网购市场规模超过 4600 亿元人民币。据麦肯锡报告，中国的三线及以下城市的网购者数量增加，虽然网购普及率尚不及一、二线城市，但是网购者数量增速远超一、二线城市。尽管二手交易市场目前还是以一、二线城市为主，但是低线城市的潜力已经逐步显现。闲鱼数据显示，在二手交易额增长最快的十大城市中，三、四线城市普遍用户数增长迅速。

海淘二手交易市场的发展前景如何？据统计，中国电商 App Top40 中，跨境电商类 App 占比达到 10%。

二手交易市场有两片蓝海。

蓝海之一，奢侈品二手交易的千亿元甚至万亿元人民币级规模。

智研咨询发布的《2021—2027年中国二手奢侈品行业市场容量分析及投资决策咨询报告》显示，2019年年底，全国规模以上二手奢侈品门店约有4200家，并以每年10%以上的速度增加。这些店铺交易比较频繁的商品包括包袋、手表、眼镜、首饰、丝巾、香水等，女式背包销售量最多。

在追求奢侈品和低廉价格的消费者的推动下，二手奢侈品交易正从一线城市迅速蔓延到二、三线城市。2019年，中国二手奢侈品行业市场规模达到135亿元人民币，比2018年的110亿元人民币增长了22.73%。

大众奢侈品消费的持续增长，加上奢侈品保值、低损耗的天然属性，为二手奢侈品市场的发展预留了空间，二手奢侈品存量市场发展潜力大。因此，大量企业开始进入二手奢侈品交易领域。

蓝海之二，公益视角下的二手商品捐赠。

对于个人闲置商品，除了用于市场化交易，进行公益性捐赠也已经成为潮流。调研数据显示，有近1/3的用户将捐赠作为对于闲置商品的一种处理方式。

然而，由于存在缺少捐赠渠道和对象、捐赠商品不可追溯、捐赠商品缺乏分类处理、物流配送成本高等实际问题，个人二手捐赠面临诸多困境，最终有很多商品被丢弃。中国资源综合利用协会数据显示，每年我国大约有2600万吨旧衣服被扔进垃圾桶。

随着"互联网+"的推进，公益视角下的二手捐赠也在逐步升级。C2C二手捐赠平台初现。已经有平台提供供需个体之间的闲置商品免费分享服务，例如，顺丰推出的"顺丰分享"，主打"闲置商品交流互助"服务，用户可以免费分享闲置商品。百度投资的百姓网，推出闲置商品分享平台"乐空空"，主打免费赠送服务。

C2B的二手捐赠在升级。二手商品捐赠在海外慈善商店中非常常见，例如，全美连锁的Goodwill，专卖人们捐赠的二手商品。中国也已经有平台提供更加可信赖的C2B商品捐赠服务。例如，有的平台开展"一键公益"项目，提供上门揽收、捐赠二手商品服务，由公益组织作为中介进行商品分拣、消毒等处理，再将商品递送给明确的受捐人，建立可追溯、可信任的捐赠体系。

除此之外，环保回收模式也在创新。对于该领域的"互联网+"业务，已经有初创企业在开拓。有的平台提供"一键上门"回收商品服务，提供积分兑换服务，再整合B端资源进行对商品的后续集中处理。

五、结语

二手交易，是所有权层面的分享经济。随着全球经济动荡及个人闲置商品增加，二手交易行业在海外（特别是在发达国家）已发展得相对成熟；而在国内，随着电商平台升级、闲置商品激增、消费理念升级等，二手交易已经成为分享经济的一大风口。

不可否认，二手交易是伴随着争议一路走来的，还面临着信任问题、成交问题、配套服务及盈利问题等，二手交易平台正在积极地探索。可以预见的是，二手交易作为分享经济的核心模式之一，有着巨大的发展潜力。我们很快会迎来"物尽其用"的循环经济与绿色消费的美好时代！

中国二手奢侈品行业的进入壁垒

从2000年起，随着中国富裕人群处理闲置奢侈品的需求涌现，在全国各大中城市的大街小巷中出现了大量的典当行。到了2011年，各种效仿米兰站的二手奢侈品企业在一、二线城市遍地开花。

与米兰站的最初货源主要依靠本地名媛、贵妇出售闲置商品不同，重要节假日结束后，二手奢侈品店都会生意红火。随着越来越多的中国人出境旅游，尤其是去日本和韩国这些二手奢侈品店已盛行多年的亚洲国家，越来越多的人养成了使用二手奢侈品的习惯，因此，国内二手奢侈品店日渐增多。

目前中国二手奢侈品企业的经营模式主要有三种。一是以米兰站为代表的to C端买断模式，二是以寺库为代表的to C端寄卖模式，三是以聚奢网为代表的to B端模式。

第一，to C端买断模式，是指企业以现金购买二手奢侈品，收货之后再等待买家到来以完成交易，此模式的商品库存周转周期普遍较长，对企业的自有资金量有一定的要求，且企业得拥有广泛而精准的宣传渠道及良好的消费者基础，否则售卖风险将会增大。

第二，to C 端寄卖模式，是指企业仅为货主提供寄卖渠道，卖家上门完成交易后，平台收取金额约为货品成交额 10% 的服务费，商品除了箱包，还包括珠宝、手表以及服饰、配饰等。此模式虽属于轻资产运营模式（相对于买断模式），但是其商品交易周期不定，且商品的所有权仍属于货主，在寄卖期间若商品损坏，将会带来大量的纠纷（若是此商品属于被抢盗物，企业还会面临相应的法律风险）。

第三，to B 端模式，属于快周转的运营模式，但对企业的资金量有较高的要求，企业一般从别的企业那里大量收货，然后再面向更广泛的同行企业进行商品销售。这种模式下的竞争要素主要包括资金量、信息和同行渠道等。

对于大部分企业而言，to C 端是相对容易入行的模式。但综合来看，正是由于 to C 端进入门槛相对较低，带来了大量的竞争。以米兰站为例，其在进入中国内地市场时就因为众多同名竞争对手而遭遇商标注册困难，其店铺也未如计划快速开设，企业连年亏损。

寺库则走了另一条路。成立之初，凭借在"移动互联网"与"奢侈品"两大热门领域的优势，在短短两年内，寺库的注册用户即达到 60 万人，随后几年，寺库便完成了数千万美元的融资。在强大的资本支持下，寺库基于中国市场做了针对性的尝试，以寄卖形式保证现金与商品快速流通，针对低资产消费群体，将线上经营与线下体验相结合，从而打开了市场。

对于想要进入二手奢侈品行业的企业及创业者来说，米兰站的失利反映出一些行业问题：掌握货源，特别是二手新品货源

（消费者虽拿来出售却从未使用过的商品），是在二手奢侈品市场中取胜的关键。若缺乏充足的卖方资源（收货渠道）、商品更新换代速度不够快，仅凭各大品牌的经典商品已经无法吸引国内日渐年轻化、时尚化、个性化的消费人群。以现金购入商品又无法及时抛售，势必造成现金流压力（甚至造成现金流中断而危及企业生存），缺乏足够的新款商品将难以吸引消费者，从而陷入恶性循环。

不可否认的是，随着中国消费者成为全球奢侈品行业中的最大购买人群，其消费习惯与消费力也逐渐渗透到二手奢侈品领域。除了国内大量的有识之士进入这一行，西方买家也早已对中国这一市场跃跃欲试。与欧美或日韩的二手奢侈品市场相比，中国消费者手中近年来囤积的奢侈品数量多、高端商品多，其中大量是礼品，这意味着商品成色新、多数从未用过，并且在款式时尚、热门度上领先一筹，二手新品将成为中国二手奢侈品行业发展的巨大推动力。

综合来看，进入这一行主要有以下壁垒。

1. 资金壁垒

大量回收二手奢侈品需要一定的资金支持。同时，二手奢侈品企业需要提高品牌知名度，这就需要开设门店（特别是to C端寄卖模式，更是需要建立高端的门店以增强消费者的信任感）、建立品牌网站、雇佣职员等，均需要一定的资金。

2. 货源壁垒

不管用什么模式去开店，企业都必须思考"商品从哪里来"

这个问题。二手奢侈品和新品不同，企业销售新品只需要考虑销售渠道及客群，不需要考虑货源，但是二手奢侈品企业需要有相对稳定的货源渠道，企业需要找到可以卖的商品，同时确定商品销售价格。

中国的闲置奢侈品市场是足够大的，并且中国市场中的奢侈品款式相对较新。日本市场上主要流通的都是20世纪八九十年代的奢侈品；欧美市场上主要流通的是20世纪五六十年代的奢侈品。所以，现在全球最好、最新的二手奢侈品款式基本都在中国，这也是中国企业进入这一行得天独厚的优势。

3. 鉴定壁垒

二手奢侈品几乎都是从奢侈品消费者手中回收而来的。因此，企业对于这些散户手中的奢侈品的真伪鉴别就成为重中之重，一旦出现错误，不仅会对企业造成财产损失，也会对企业的信誉产生影响；若此商品属于被抢盗物，更会给企业带来一定的法律风险。因此，二手奢侈品企业需要有足够的奢侈品鉴定人才和鉴定设备。

根据要客研究院发布的报告，我国市场上流通的所谓的"二手奢侈品"中，有80%为仿货，即假货。在这种情况下，如果二手奢侈品企业没有足够的专业鉴定能力，则会导致消费者的购买意愿大幅减弱。鉴于中国的奢侈品假货问题严重，聚奢网在企业创立之初就将奢侈品鉴定作为核心业务，更是与中检集团江苏分公司达成战略合作，培养了更多的奢侈品鉴定师。

4. 人才壁垒

中国二手奢侈品行业的从业者来源广泛，且相对而言，受教育程度较低。尽管一些从业者具备奢侈品行业的零售（或代理）经验，但其英语水平较差，无法直接阅读从国外进口的奢侈品上的印刷文字及说明书等，这在一定程度上限制了其对商品的鉴别能力的提升。国内奢侈品行业的人才数量本来就比较少，二手奢侈品行业中的人才就更少了，且除了商品鉴定，从业者还要具备库存管理、现金流预算、门店运营、团队管理、宣传推广等一系列能力，而国内大部分的二手奢侈品门店是只有三五个店员的家庭式小店，店员基本不具备上述能力。因此，这一行业的发展存在人才壁垒。

5. 品牌壁垒

对于采取 to C 端寄卖模式的企业而言，商品卖家往往对企业的信誉及实力非常在意（行业内一度存在企业携货跑路的现象）。对于买家而言，在不具备相应的商品鉴定能力的前提下，能否放心地、实惠地购买到货真价实的奢侈品，唯有通过企业信誉进行评判。为了争取市场份额，二手奢侈品企业必须具备一定的知名度与美誉度，为消费者建立信任感，这样才能吸引上下游的客源，突破发展的瓶颈。

对中国二手奢侈品行业的 PEST 分析

PEST 是一种对企业所处宏观环境的分析模型。P（Politics）代表政治环境，E（Economy）代表经济环境，S（Society）代表社会环境，T（Technology）代表技术环境。这些是企业的外部环境，一般不受企业掌控。能进行 PEST 分析是企业高级管理层应当具备的能力。

二手奢侈品行业的发展环境如何？我们依托 PEST 分析模型来逐一进行阐述。

1. P（政治）环境

政治环境涉及一个国家或地区的政治制度、体制、方针政策、法律法规等方面。它会对企业监管以及其他与企业有关的活动产生重大影响，常常制约、影响着企业的经营行为，尤其影响企业较长期的投资行为。

据商务部统计，自从加入世界贸易组织，我国逐年降低关税税率，至 2010 年 1 月 1 日，我国的降税承诺已经全部兑现。据海关总署统计，我国货物贸易进出口规模从 2001 年的 5098 亿美元增加至 2020 年的 4.98 万亿美元，增长迅速。

为兑现入世承诺，2004年4月16日，商务部颁布了《外商投资商业领域管理办法》，并于同年6月1日起正式实施。这意味着中国彻底对外资企业开放零售市场，允许外资企业在佣金代理、批发、零售、特许经营等商业领域进行独资经营，国际品牌不再受开设连锁专卖店的限制。这一文件奠定了中国成为奢侈品消费大国的基础。

对于奢侈品行业来说，这是一个里程碑式的文件。一方面，它促进了国际奢侈品品牌对中国的大力度投资，独资奢侈品专卖店如雨后春笋般出现；另一方面，它带来了奢侈品品牌的渠道改革风波，品牌方纷纷回收（一线）城市代理权，直接参与对中国市场的管理，由此导致第一批将奢侈品带入中国的代理商被迫出局，而这些代理商及其所培养的员工，大部分都进入了二手奢侈品行业，继续为奢侈品行业贡献力量。

2015年，国务院常务会议决定，为完善消费品进出口政策、丰富消费者的购物选择，对消费者需求量大的部分日用消费品进行降低进口关税试点。我国将降低部分服装、鞋靴、护肤品、纸尿裤等日用消费品的进口关税税率，平均降幅超过50%。持续的关税下降带来了奢侈品行业发展的政策红利，国内奢侈品销售价格大幅下降，刺激了奢侈品消费。奢侈品消费的增加带来了奢侈品存量的上升，因此二手奢侈品的可流通性、流通能力均大幅提高。

2. E（经济）环境

经济环境涉及国民经济发展的总体情况，包括国际和国内经济形势及经济发展趋势、企业所面临的产业环境和竞争环境等。

市场营销人员需要从短期与长期两个角度来看待一个国家的经济与贸易，特别是在进行国际营销时。

从宏观经济角度来看，当前我国经济正处于由高速增长转向高质量发展、优化经济结构、转换增长动力的攻关期，尽管面临着复杂而严峻的形势，但在"深化供给侧结构性改革，充分发挥我国超大规模市场优势和内需潜力，构建国内国际双循环相互促进的新发展格局"战略的指导下，依然取得了亮眼的成绩。

国家统计局数据显示，2020年中国GDP增长了2.3%，达到101.5986万亿元人民币，迈入百万亿元人民币大关；人均GDP超过11000美元，中国继续向中等发达国家行列迈进。

国际货币基金组织的统计数据显示，2020年美国GDP缩减4.3%，经济规模为20.81万亿美元；中国GDP实际增长2.3%，经济规模达101.5986万亿元人民币，约合15.68万亿美元。中国是2020年全球主要经济体中唯一实现逆势增长的。

2021年，中国GDP增长率在8%左右，后期依然会保持中高速增长。以此推算，如果中国的GDP增长率从2022年开始维持在5.7%以上，中国经济规模将在2028年超过美国！

强势的经济增长带来了强大的购买力。贝恩咨询发布的《中国奢侈品市场研究报告》显示，2020年，全球奢侈品市场销售额萎缩23%，但中国境内奢侈品销售额逆势上涨48%，达到3460亿元人民币。报告预计，到2025年，中国有望成为全球最大的奢侈品新品消费市场。

全球最大的消费市场中必然会积累海量的奢侈品，而这些奢侈品一旦进入二手流通领域，将为中国的二手奢侈品行业带来巨大的发展推动力。

3. S（社会）环境

社会环境涉及一定时期内整个社会发展的一般状况，主要包括人口变动趋势、社会结构、消费心理、生活方式变化、文化传统、价值观等。各国的社会与文化对企业的影响各不相同。

随着国力逐渐增强，我国人民的生活水平有了较大幅度的提升，在衣食住行的消费层面都有了长足的进步。

根据马斯洛需求层次理论可知，目前我国国民的第一层生存需求、第二层安全需求、第三层情感需求基本都已得到满足，第四层的认同需求和第五层的自我实现需求是国民现在的主要需求。奢侈品可以满足人们的第四层认同需求。

奢侈品除了使用价值，还能带来额外价值，包括社交价值、自我满足价值以及保值增值价值等。当人们的生活水平提升后，奢侈品所带来的设计感、时尚感、优质体验、吸引力都是人们所追求的，人们也通过使用奢侈品来提升自己的品位。

Z世代正成为奢侈品消费的主力，这一代人对于品牌的追求以及高仿货的抵制，都在推动中国二手奢侈品市场的发展。中国商业联合会奢侈品专业委员会发布的《中国二手奢侈品市场发展研究报告2020》显示，中国二手奢侈品市场规模占整个行业市场规模的5%，相比发达国家的20%甚至30%的占比并不高，发展潜力巨大，未来的规模可达万亿元人民币。

24~36岁的人群，不仅对奢侈品有消费意愿，也有一定的消费能力，注重品牌，追求性价比，愿意买二手奢侈品。Y世代对于二手奢侈品的消费能力更高；Z世代对二手奢侈品的接受能力更强，比起"新品"更在意能体现个人风格的"孤品"，对于追求独特性的Z世代来说，购买二手奢侈品以及年代久远的"Vintage"商品，成为一种展示自己个性的方式。

4. T（技术）环境

技术环境涉及社会技术总水平及变化趋势，包括技术变迁、技术突破对企业的影响，以及技术对政治、经济社会环境的作用等。科技不仅是企业的竞争优势，也是经济全球化的驱动力。

年轻消费者对品牌推进数字化进程影响巨大。在电商领域，中国的奢侈品销售额的线上渗透率从2019年的13%左右增长到2020年的23%，整体线上渠道销售额增长了约150%。

贝恩公司全球合伙人、大中华区数字化业务主席张婧表示："2020年起，许多奢侈品品牌更坚定地致力于采取全面的数字化战略，包括打通所有关键的数字渠道。此外，奢侈品品牌正在把对细节的关注加入全新的消费者互动活动中。这正是奢侈品品牌向数字化迈进的早期阶段中所缺失的，也是品牌消费者运营策略的核心。"

天猫奢品中心负责人汪小茵表示："从奢侈品品牌的角度来看，电商不仅仅是一个销售渠道，更是一个营销平台，可以提高消费者认知度、增加品牌资产和吸引新客。品牌可以利用线上渠道的特质，充分发挥积极作用。例如，电商可以提供定制商品、限量版商品，以及进行线上线下整合营销。"

值得注意的是，中国的奢侈品消费者线上购物行为已经发生改变。报告显示,近40%的消费者打算在未来几年提高在线上购买奢侈品的频率。因此,二手奢侈品企业必须重视数字化,企业要通过电商、直播等拓展自身业务范围,为消费者提供更及时、更精准、更贴心的服务。

对中国二手奢侈品行业的 SWOT 分析

所谓 SWOT 分析，就是基于内外部竞争环境和竞争条件进行分析，将与研究对象密切相关的各种主要的内部优势、劣势和外部的机会、威胁等，通过调查列举出来，并依照矩阵形式排列，然后用系统分析的方法，把各种因素相互匹配加以分析，从中得出一系列相应的结论，结论通常具有一定的决策指导意义。

S（Strengths）代表优势、W（Weaknesses）代表劣势、O（Opportunities）代表机会、T（Threats）代表威胁。根据企业竞争战略的完整概念，战略应是一个企业"能够做的"和"可能做的"事之间的有机组合。利用这种方法，可以对研究对象所处的情景进行全面、系统、准确的研究，根据研究结果制定相应的发展战略、计划以及对策等。

如果将二手奢侈品行业看作一家企业，那么它该如何运用 SWOT 分析进行自身的创业规划与经营指导呢？

一、S（优势）

1. 二手奢侈品行业潜力巨大

2019年中国消费者的奢侈品消费额（包含境内与境外）已超过8000亿元人民币。据要客研究院估算，可进入二手市场的存量奢侈品价值达到1万亿元人民币，但是2019我国年二手奢侈品交易额仅为200亿元人民币。根据交易额/行业存量计算出的再流通比例仅为2%，行业潜能尚未被深度激活。

2. 居民收入不断提高，消费力持续增强

中国经济保持平稳较快增长，全国城镇居民收入持续快速增长，消费水平不断提高，整体生活质量显著改善。

2020年，全国居民人均可支配收入为32189元人民币，比上年增长了4.7%，排除物价因素的影响，实际增长了2.1%。其中，城镇居民人均可支配收入为43834元人民币，增长了3.5%，排除物价因素的影响，实际增长了1.2%；城镇居民人均可支配收入中位数为40378元人民币，增长了2.9%。全国年度社会消费品零售总额达到391981亿元人民币。

3. 中国高净值人群不断壮大

随着中国经济的飞速发展，中国高净值人群规模在逐年扩大。根据瑞士信贷《2019全球财富报告》，截至2019年年中，中国有1亿人的财富名列全球前10%，首次超过美国，后者的这一数据为9900万人。

家庭资产为600万~1000万元人民币，是高净值人群的达标

门槛，约60%的高净值家庭的可投资资产位于这一区间。

《胡润百富2020中国高净值人群品质生活报告》指出。"今年与高端消费者相关的129个商品价格平均比去年上涨了3.4%，高出同期居民消费价格指数1倍，主要拉动因素有国际机票价格的猛涨，以及消费意愿的提升推动了高端白酒价格的上涨等。"胡润表示，所谓品质生活，包括奢侈品、教育、生活方式、健康与管家四大板块，涵盖了房产、教育、旅游、手表和珠宝、配饰和护肤品、汽车、游艇和公务机、婚宴等十一大类。

居民财富的不断增长，给中国奢侈品行业提供了良好的发展契机。

二、W（劣势）

1. 中国二手奢侈品行业市场规模小、交易成本高

中国二手奢侈品行业的潜能尚未被深度激活。二手交易相较于新品交易，虽然有交易价格上的优势，但是劣势也十分明显，主要表现在以下四个方面。

一是供需匹配效率低。

二手交易商品非标程度和个性化程度较高，其新旧程度、损坏程度各不相同。与高度标准化的新品不同，消费者要买到完全匹配需求的二手商品，有时需要逐个考察海量的商品，筛选商品的时间成本相当高。

二是交易信息不对称。

在二手交易中，卖家为了实现自身利益最大化、提高成交价

格，而对商品信息进行有选择的披露，甚至会有隐瞒关键信息和欺骗买家的行为。而买家只能根据自身经验进行判断（买家往往并不具备专业的鉴定技能），买到劣质品、假货的风险高。

三是支付安全无保障。

二手交易往往是"一锤子"买卖，除非双方有契约、协定，否则二手商品将很难得到售后服务，消费者购买新品时所能享有的退换、保修服务也几乎无从谈起，支付风险只能由买家自行承担。由于奢侈品附加值高、假货泛滥的问题严重，在没有信用背书、交易监管的交易环境中，交易风险尤其高。

四是行业监管不到位。

如今各大奢侈品品牌几乎都不设立鉴定部门，奢侈品鉴定行业中目前也没有正规的执业资格考核。可以说，国内目前尚无奢侈品鉴定的行业标准，行业监管也处于真空状态，奢侈品鉴定领域缺乏权威的第三方机构。时常有消费者反映，一些山寨的奢侈品鉴定平台套路消费者、侵害消费者的权益。消费者买到假货后"鉴定无门、维权无力"，让不法企业钻了空子。

2. 二手奢侈品行业收货渠道少，真假货品混乱

二手奢侈品行业中的货品均来自回收，当前最大的困境在于二手奢侈品企业无法获得足够的二手奢侈品，空有市场而无货源，这是我国二手奢侈品行业发展的主要制约因素。

曾有企业表示，二手奢侈品企业主要依靠寄卖、置换、回收三种渠道收货，不同企业会根据自身情况侧重某个渠道，有的企业也会从国外采购商品。几乎没有人愿意用"白菜价"寄卖奢侈

品，那么，那些宣称只卖"底价正品"的企业是如何做到的呢？

部分企业会有翻新商品后销售的行为。翻新是指对二手奢侈品进行护理、修复后，将其当作二手新品出售。普遍来看，二手奢侈品店一般会对回收的商品进行简单的洗护处理，之后打上价签、标签出售，并非翻新；但不排除有一些"害群之马"将翻新品当作二手新品出售，损害了消费者的利益。

3. 目标消费者黏性难以提升，公关危机时常发生

与奢侈品品牌相比，二手奢侈品的消费者黏性更低，消费者几乎都是交易一次，下一次交易就不知是何时了。同时，奢侈品品牌出于维护品牌以及促进销售的考虑，会做很多事去维护核心消费者；但二手奢侈品企业往往不会这样做，更有甚者将消费者当作"待宰羔羊"，做出一些"杀鸡取卵"的行为。

互联网是一个能使信息迅速扩散的平台。当消费者遭遇了不公平、不公正的对待，必然会在互联网上进行一些负面评价。对于传统的线下二手店而言，这些负面评价或许只是对一个店铺的投诉，并不会影响到其他店铺，更不会影响品牌整体；而基于互联网的信息传播则会辐射到社会各圈层的广泛受众。若处理不好负面评价，不但此企业的信誉及品牌价值会遭受损失，而且会连累整个二手奢侈品行业。

三、O（机会）

1. 从供给端来看，二手奢侈品企业的数量越来越多

随着近年来中国消费者对于二手奢侈品的需求量逐年上升，

越来越多的人才及资本进入了二手奢侈品行业，甚至知名的国际二手奢侈品企业也看中了潜力巨大的中国市场。

同时，二手奢侈品企业为了配合网络营销的潮流、打破时空对生意的限制，纷纷开始建立网络营销平台，售卖的商品也越来越多样化、个性化，给消费者提供了越来越多的选择。

2. 从需求端来看，越来越多的人把消费奢侈品作为一种身份的象征，以及对美好生活的享受方式

中国奢侈品市场快速增长的动力主要来自高净值家庭。据统计，这一群体的消费者数量在未来的若干年内将以每年约20%的速度增长。

除了数量在增长，高净值家庭还呈现出消费升级的趋势：喜欢购买更加昂贵、更加奢华的商品。根据《罗博报告》（Robb Report）发布的《中国高净值人群消费趋势》，中国的奢侈品消费经历了从最初的跟风到做减法，到去Logo化，再到高级定制、有个人标签的阶段。如今，服装、汽车、珠宝等领域的大部分高端品牌都有专门的个性化定制部门为消费者提供服装箱包刻字服务、汽车颜色和内饰定制服务等。

一些中等收入人群（白领与金领）无法消费超高端的奢侈品，转而瞄准了二手奢侈品。能以相对低的价格享有奢侈品大牌的商品，符合他们的理性消费观。

3. 从消费心理来看，消费者逐步接受中古文化，更注重个性化

有人把中国境内奢侈品销量的下滑原因归结为国人通过海外旅游购买奢侈品，从而减少了国内奢侈品的销量，但核心原因是

中等收入人群的消费心态越来越成熟。当他们看到身边越来越多的人开始大量使用大牌奢侈品时,他们开始拒绝随波逐流,并且向"认知型"消费者转变,他们更推崇小众文化,拒绝平庸的同时也拒绝同款商品。二手奢侈品行业最成功的地方之一是培养了消费者的一种心理,让他们将消费重点从物质层面转向了文化与精神层面,消费者不仅可以得到品质生活与社会地位上的满足感,而且不会有经济负担。

4. 从客群增量上看,奢侈品新买家的增加推动二手奢侈品消费量增长

奢侈品新买家中的大部分人属于快速壮大的中等收入人群(家庭年可支配收入为5万~25万元人民币)。虽然单个家庭的消费金额远低于富裕家庭,但这个群体庞大,且扩大速度很快,从而为二手奢侈品行业带来了可观的销售额。

据不完全统计,尽管中国最大和最富有的12座城市(年度GDP均超过1万亿元人民币)贡献了全国约60%的二手奢侈品消费额,但更快的市场增速将出现在三、四、五线城市。还有一个增长驱动因素不容忽视,就是中国消费者对收入增长的信心指数位列世界第一,因此,中国消费者对二手奢侈品的需求量将不断增加。

四、T(威胁)

1. 假货带来的威胁

中国市场中的假货历来是令各个奢侈品品牌最头疼的问题之

一，而电子商务环境更是助长了假货企业的成长和壮大。一旦二手奢侈品企业出现鉴定错误，轻则带来经济损失，重则导致企业信誉受损，甚至影响整个二手奢侈品行业的信誉及发展。

很多奢侈品品牌将部分商品线放在中国的生产企业做代工，而这些代工企业也掌握了相应的加工技术，甚至掌握了原材料来源，于是，各种原单尾货、高仿商品涌向市场，不仅令消费者无法判断真假，甚至能逃过奢侈品鉴定师的"法眼"，继而流向二手奢侈品市场。

2. 店铺快速扩张带来的经济风险与管理风险

中国二手奢侈品行业快速发展，吸引了大量的外行人员及资金快速投入这一行。大量开店虽然可以带来短期的业绩增长，但是从长期来看，如何保证不损害品牌形象、不牺牲服务质量，甚至不带来现金流的压力，是一个问题。

店铺的扩张需要时间来筹备以及不断地进行完善，快速扩张只会增加品牌运营的风险，给品牌带来不利影响。

3. 市场竞争风险

我国二手奢侈品行业仍处于初步发展阶段，不但国际二手奢侈品企业纷纷涌入国内市场，国内各种规模的二手奢侈品企业也大量涌现，市场竞争越来越激烈。

在市场由成长期向成熟期发展的过程中，部分优秀企业将成为行业内的龙头企业，而在市场竞争中落后的企业将被淘汰。如果企业未能抓住行业发展的有利时机推出符合市场需求的商品及服务，就有可能在激烈的市场竞争中处于不利地位，从而面临严峻的市场竞争风险。

4. 政策风险

国家对二手奢侈品行业宏观政策的调整将带来市场需求的波动和行业竞争状况的变化,从而影响行业的整体发展。

对于整个国民经济而言,奢侈品行业只是一个很小的行业。国家对这一行业的定调、引导及监管显得尤为重要。国家运用财政政策和货币政策进行宏观经济调控,投资、税收、利率等的调整对二手奢侈品行业的发展有着深远的影响。

中国二手奢侈品消费者的特点

中国二手奢侈品市场是在近 10 年才发展起来的，消费者的购买习惯培养和企业的经营方式都仍处于发展中，很多行业问题需要被正视并加以解决。

目前，中国二手奢侈品的主要消费群体是 1980 年以后出生的人。他们崇尚精致生活，对奢侈品有强烈的消费欲望，但他们整体收入不高、消费能力波动较大、具有很强的价格敏感性，这些限制因素很容易导致他们转向对 A 货（假货）的消费，而二手奢侈品有望满足其消费需求。

二手奢侈品市场在海外的发展时间早，海外消费者有比较成熟的消费观念，他们认为消费二手奢侈品是一种既节约又环保的消费方式，这不同于国内消费者的消费观念。国内很多的消费者刚刚经过从刚需消费到品质生活消费的心理阶段，因此，大部分二手奢侈品的消费者的心态都比较复杂且多元化。

在国内消费者还没有形成成熟的消费习惯的情况下，企业可以通过流通二手新品（指虽是二手的却从未被使用过的商品）的方式让二手奢侈品市场发展起来。很多二手奢侈品企业的管理者认为通过这种方式能够很好地吸引消费者。但是从长远来看，二手奢侈品市场转型为二手新品市场并不是一个明智的选择。

奢侈品品牌之所以对二手市场心存排斥，原因有三个。一是奢侈品品牌担心现有价格体系被二手市场中的价格所冲击；二是二手市场中的企业几乎不会为消费者提供良好的服务，可能会破坏消费者对奢侈品品牌的印象；三是奢侈品品牌对于自身历史传承、文化内涵的重视及塑造，在二手市场中几乎不存在。

中国二手奢侈品消费者有以下几种消费偏好。

1. 需求偏好

目前，中国消费者消费的主流心态仍停留在攀比、炫耀、为他式的阶段。对于那些有高收入且消费心态成熟的人来说，消费奢侈品是一种生活方式，具有私享、品鉴、为己式的特点。他们会很有主见地选择符合他们个性偏好的品牌和商品，完美地满足他们对生活品质的追求，而不是随波逐流。这也是一种自我实现的方式。如果他们在奢侈品新品市场中无法寻找到心仪的商品，他们会很自然地将目光投向二手奢侈品市场。

2. 价格偏好

二手奢侈品消费者的价格偏好是非常强的，否则消费者完全可以去购买全新的奢侈品。当然，因喜欢中古文化而特意到二手奢侈品店消费的人除外。

3. 品牌偏好

根据市场调查可知，许多消费者对于二手奢侈品的品牌忠诚度有一定程度的分化——部分消费者似乎对某些品牌比较忠诚，往往会选择某一个品牌购买同一类型的商品；还有部分消费者似乎只对商品本身感兴趣，认为品牌并不重要。这种分化可能是源于消费动机的差异。追求二手奢侈品的高价值的消费者品牌忠诚度比较高；而出于炫富或者攀比心理进行消费的消费者，对于品牌的忠诚度比较低。总体而言，全球一线大牌的商品更受消费者欢迎，毕竟品牌高知名度意味着较好的商品设计与品质。

4. 其他偏好

我国消费者对于国外奢侈品品牌的偏好度明显高于国内品牌。消费者总是先入为主地认为欧美品牌的奢侈品比国内品牌的奢侈品更好。

当然，随着国内二手奢侈品行业的发展，消费者的消费心理也会逐渐改变。就近10年的行业发展历程来看，消费者心理有了以下转变。

1. **超前消费升温**

25~35岁的高学历消费人群的超前消费、预期消费意识强，明显的标志是他们积极参与信贷消费。目前，信贷消费对象和增长点主要有4个：购房及装修，购买汽车、奢侈品等高品质消费品，教育及旅游。信贷消费是对量入为出的传统消费方式的升级。这个消费群体对专业化、个性化的购物环境和服务表现出浓厚的兴趣，是消费潮流的创造者和引导者。

2. **国内消费观念向国际消费观念转变**

国内一些大城市的居民，开始追逐世界各地的时尚潮流。国际一流水平的消费环境和豪华的服务设施、琳琅满目的待售商品，与物质短缺时代的商业景致形成鲜明的对比，现代都市化的休闲购物成为个性化消费的亮丽风景线。此外，随着国际交流日益频繁、信息传递速度加快，越来越多的大城市居民乐于接受国际流行的时尚、款式和消费方式。这些变化均来自消费观念的变化，人们越来越关注商品附加的服务和文化价值。

3. 保守型的理性消费观念被冲动型的感性消费观念冲击

消费者的冲动型特质，是消费者的一种无顾虑的、自发性的购买倾向，是消费者的内在不可控因素。这是消费者自身的内在因素，具有个体差异性，也是导致冲动消费的重要因素。消费者在面临具有象征意义的商品时，认为拥有该商品可以使现实中的自己更接近理想中的自己。当消费者产生这种认知后，就会产生冲动消费行为。

4. 趋同的消费观念逐步被个性化的消费观念取代

当消费观念被文化需求重新整合之后，消费者不再满足于千篇一律的消费品，而是希望可以展示自己的生活风格及风格背后独到的价值观念。人们希望提升自己的文化素养和品位，乐于展示自己的价值选择和思想。

5. 带有偏见的消费观念逐步向宽容的消费观念转变

在中国，"奢侈"历来被当作贬义词，带有铺张浪费、奢靡腐败等含义，一度被视为个人生活腐化的表现。但其实，奢侈品的本质只是"精品"——工匠以精益求精的态度制造出来的精美商品。随着大批欧美精品品牌陆续进入中国，中国与世界的消费差距正在逐渐缩小，中国人更加包容新的消费观念。奢侈品也被赋予了新的含义，象征一种生活的美学。

中国二手奢侈品行业中的价格影响因素

尽管中国二手奢侈品行业的发展时间不长，也存在大量亟待解决的痛点，但近年来中国二手奢侈品市场中的成交价格总体呈现上升趋势。一方面，由于国民收入不断增加，购买力的增加使得二手奢侈品客单价有所上升；另一方面，随着国民消费观念的升级，人们追求时尚的愿望越来越强烈，而大部分国民很难在短时间内拥有大量财富，因此将目光从一手奢侈品转向二手奢侈品。消费端的需求量增加提升了供给端的议价能力。

普遍来看，国内二手奢侈品企业（特别是电商平台）对二手商品的定价颇为"随心所欲"。比如，媒体曾报道过，国内某知名二手奢侈品电商平台出售的一款二手古驰中号竹节酒神包标价竟然比官网给出的新品定价还高650元人民币！国内多家知名二手奢侈品电商平台中也存在二手商品的标价高于官网定价的情况。

实际上，二手奢侈品企业对部分卖家的自定价格"置之不理"，或者"默认"卖家抬高"市场参考价""市场建议价"的行为并非无缘无故。一个较为合理的解释是：二手奢侈品企业会向售卖闲置奢侈品的卖家收取一定比例的服务费。普遍来看，采用 to C

端寄卖模式的企业会向卖家收取金额为商品最终成交价15%~30%的服务费。这就意味着，在一定价格区间内，卖家自主定的价格越高、交易价格越高，企业的收入就越高。

二手奢侈品企业作为提供交易渠道的一方，似乎并没有夺取卖家的定价话语权。很多企业会对寄卖的商品给出建议价格，如果是卖家自主发布、售卖的"非寄卖"二手商品，平台不能指导卖家定价。实际上，二手奢侈品的估价与商品品牌、款式、热门程度相关，具体估价标准仍是行业内一个"不能说的秘密"。

从实际运营来看，奢侈品品牌中仅为数不多的品牌的商品具有保值、升值的空间，大多数二手奢侈品的售价为新品售价的1/3~1/2。在C2C交易模式中存在卖家虚抬价格的现象，买家能够通过比价避免购买价格虚高的商品；但如果是在B2C的交易模式中，平台将二手商品的价格抬高，有可能会误导部分三、四线城市的买家。因为这部分用户所在的城市里没有品牌专柜，他们也较少从线上购买高价商品，对奢侈品的了解更是匮乏，因此无法比对商品价格。由此，标价乱象就会成为一个困扰消费者的问题。

"新品官方价""市场参考价""成交建议价"……种种文字游戏般的标价名目，令消费者无所适从。二手奢侈品的成交价格到底受哪些因素影响？

1. 直接成本

奢侈品因为拥有优质的原材料、出色的设计、精湛的做工等，自身价值就已经远超普通商品，价格较为昂贵。所以，二手奢侈品市场中的商品价格也远超普通商品。若是价格很低，低于奢侈品的常规制作成本,那商品很有可能存在质量问题。比如,一位平台管理者曾经对媒体表示,"有的消费者花了5000元人民币买一块劳力士手表,然后说平台卖假货。但用5000元人民币可以买到一块劳力士手表吗?这就是典型的知假买假"。对于劳力士这种级别的品牌而言,5000元人民币连覆盖原材料成本与人工成本都不够,消费者如何能只花5000元人民币就买到一块劳力士手表呢?

2. 运营成本

对于二手奢侈品行业来说,成本是一个重要的影响因素,包括人员薪资、办公场地租赁费、线下门店租金、推广费用、上缴税金等。商品定价以成本为最低值,只有商品价格高于成本,企业才能补偿生产上的耗费,从而获得一定利润。当然,并不排除在一段时期内个别商品价格低于成本价的情况,亏本大甩卖等情况也是存在的。在市场环境恶劣的情况下,作为短期权宜之计,企业可以把售价降到比变动成本价稍高一点卖出。但在实际工作中,商品的价格是根据成本、利润来制定的。

成本可分解为固定成本和变动成本。商品的价格有时是由总成本决定的,有时又仅由变动成本决定。成本有时分为社会平均成本和企业个别成本。就社会同类商品市场价格而言,其主要受社会平均成本影响,在竞争充分的情况下,企业个别成本高于或低于社会平均成本,对商品价格的影响不大。

我国的奢侈品行业销售渠道主要有线下实体店、线上电商、跨境电商和海外代购等。总体来看,由于各类渠道常有促销活动,渠道的让利空间是客观存在的,这给二手奢侈品企业带来了成本变动空间。

3. 供需关系

当一种商品本身的价格不变,而和它相关的其他商品的价格发生变化时,人们对这种商品的需求量会发生变化。在二手奢侈品行业,如一个热门款的包,想购买它的人很多,就会推动它的价格上涨,当价格超过一定界限时,就会导致一部分消费者将目光转向其他品牌的包。

这就是商品与其替代品之间的价格变动关系。由于它们可以相互替代以满足消费者的某种需求,故一种商品的价格与它的替代品需求量呈同向变化关系,即一个商品价格提高,将会导致消费者对其替代品的需求量增加。由此也会限制一个商品价格的无限提高——除非,这个商品是孤品,且人人想要,在狂热的抢购中,这个商品的价格有可能上涨为天价,它会成为一个"收藏品"。

4. 消费者因素

商业中的交易双方,永远处于一种动态的不平衡关系中。对于二手奢侈品企业来说,商品定价得从消费者的角度来考虑,主要有三个相关因素。一是消费者的收入。一般来说,在其他条件不变的情况下,消费者的收入越高,对商品的需求量越多,对精美消费品的购买欲望及购买能力也会越强,越能接受更高价格的商品。二是消费者的偏好。当消费者对某种商品的偏好增强时,其对该商品的需求量就会增加。相反,当其偏好减弱时,对该商品的需求量就会减少。三是消费者对商品价格的预期。当消费者预期某种商品的价格在将来会上升时,就会增加对这种商品的需求量,甚至支付更多钱来购买它,而当消费者预期某商品的价格在未来会下降时,则会减少对该商品的现期需求量,甚至停止消费。

5. 经济周期

中国二手奢侈品行业的运营具有周期性特征。比如在春节、中秋节、情人节等节日之前,二手奢侈品会突然变得紧俏,因为很多消费者都想购买二手奢侈品作为礼物送人以维护人际关系;但当这些节日过后,二手奢侈品企业又会面临大量的奢侈品涌来(收货),且几乎都是二手新品(原本就是二手商品的奢侈品已经不太具备再次进入市场流通的可能性)。二手奢侈品的价格会随二手奢侈品行业的经济周期而变动。

6. 附加价值提升

在奢侈品消费领域,很少有人愿意提及"性价比"。因为有太多附加价值影响了奢侈品价值的衡量标准。比如原材料获取的难易度、商品设计的美学、手艺工匠的时间成本等。因此,对很多二手奢侈品消费者而言,商品的实用价值显得不那么重要,与商品相关的手工技艺、创新理念和设计美学等附加价值,才是他们关心的。而这种考量,脱离了商品本身的价值,使商品获得了不同程度的溢价。

7. 其他因素

大量的奢侈品消费都是在境外发生的,因而汇率和外贸政策,如免税政策等,都会影响奢侈品新品的价格,而奢侈品新品的价格必然会传导至二手奢侈品市场。

在互联网高度发达的时代，足不出户享受科技带来的购物便利已经是人们习以为常的事情了。各类线上和线下二手奢侈品交易平台层出不穷。但与普通商品不同的是，二手奢侈品虽然是二手商品，但依然是奢侈品，客单价依然不低（相对于普通商品而言）。

二手奢侈品的特性（如磨损、新旧程度），导致在线交易会给消费者带来很多困扰。因此，有实力的企业都会开设线下店，而线下店的运营成本比线上高，也可以从侧面反映这个企业的资金实力；且开设线下店是为了让消费者获得良好的购物体验，"看得见、摸得到"的当面交易，也会给消费者带来更多的信赖感。

纵观国内各大二手奢侈品企业，只有聚奢网真正做到了"线上电商平台+线下50城全直营体验店"的布局，为国内二手奢侈品行业树立了运营标杆，堪当行业领军者的大任。

中国二手奢侈品行业的经营模式

从全球来看，欧美国家二手奢侈品市场已相对成熟。相关数据显示，在法国，43%的网购者会定期抢购二手单品；在德国和英国，分别有55%、59%的女性网购者在网上搜索"古着"。究其原因，一方面是这些发达国家经济崛起较早，奠定了坚实的市场基础；另一方面是这些国家提倡环保，并且通过多年的运营解决了二手市场中最为棘手的信任问题。

国外二手奢侈品平台交易数据显示，二手奢侈品消费中，服装消费额排名第一，占消费额的36%；手包消费额排名第二，占消费额的21%；珠宝、配饰消费额排名第三，占消费额的14%。我国二手奢侈品行业目前尚处于早期发展阶段，消费量级较小，但消费者对于二手奢侈品的接受度正在逐步提升。二手奢侈品市场热度持续升高，随着消费者消费意识的升级和信用体制的完善，二手奢侈品市场将成为新的蓝海。

"共享经济"已成为当前我国经济发展的新趋势、新理念和新引擎。我国市场上出现的众多优质二手奢侈品的共享与流通，促进了循环经济的发展。

中国二手奢侈品市场是在最近十年才慢慢发展起来的，行业中大致存在以下运营模式。

1. 传统门店模式

传统的线下门店运营模式，中间环节较多，一般流程为：出货者（个人）→流动回收商→大回收商/平台→多级分拣商→终端回收商（门店）→买货者（个人）。其中，流动回收商多是无证经营、无人管理的流动收购人员，没有固定工作场所和必要的工作设施，他们直接将收购的二手商品转卖给大回收商/平台（也可以理解为他们是平台的非雇佣业务员）；大回收商/平台是合法注册经营的二手商品收购站，如拍卖行、典当行等；终端回收商是指物资回收企业，或二手奢侈品终端门店。这一系列环节，不但使商品的周转效率低，而且层层加码，使商品的最终销售价格偏高。

2. "互联网+"模式

随着移动互联网的发展，二手奢侈品电商可以直接连接出货者（个人）与买货者（个人），取代流动回收商、多级分拣商与终端回收商（门店），自己成为一个大回收商/平台，并且在发展到一定规模后，通过城市布点实现自营分拣，降低成本。此外，在积累大量用户数据后，二手奢侈品电商可以运用大数据系统，分析用户习惯，为买卖双方提供增值服务，甚至建立社群，来解决高价值商品的用户黏性问题。电商是目前初创企业发展的主要方向，具体模式可分为两类。

（1）C2C寄售模式。

C2C模式，是指出货者通过在网站上注册，开设个人页面售卖商品，平台起到中介作用，撮合买货者和出货者直接交易，并从中抽取佣金。交易流程大致为：买货者付款→出货者发货至平台→平台鉴定→统一发货→买货者验收→平台扣除佣金后将货款支付给出货者。

这种模式的优势为：一是此模式中平台可嵌入评论等功能，并获取买卖双方的个人信息，作为后期社群运营的基础；二是平台仅作为信息中介，承担的责任与风险较小。这种模式的劣势为：一是价格标准的制定由出货者来完成，并且出货者需要投入较多的时间精力，及时回复买货者的信息、追踪订单等，商品的出售效率较低；二是买货者可能对商品真伪与质量缺乏信心，又缺乏专业的鉴定技能，平台的信誉及实力往往成了交易成功的决定性因素。

（2）C2B2C 买断模式。

C2B2C 是指二手奢侈品电商平台先买入二手商品，经处理后以较高的价格重新卖出。在这种模式下，出货者将商品直接出售给电商平台，平台对商品进行护理后用图片和文字详细描述商品的真实状态，以自身名义出售。电商平台承担销售、寄送、售后服务等全部工作。

这种模式的优势为：一是以平台为保证，买货者对货品真伪与质量较有信心（相较于 C2C 模式）；二是出货者不需要为销售商品投入时间和精力，买货者也可在平台工作时间内随时与平台的客服进行直接沟通，销售效率较高；三是面对平台，出货者的议价能力较弱，故平台在定价上更有优势。这种模式的劣势为：一是平台有较大的去库存压力，对资金储备的要求较高，且一旦现金流吃紧,平台往往倾向于以较低的价格尽快清除库存,与出货者利益有潜在冲突;二是平台承担的责任与风险较大,如因平台鉴定师失误而出售假货、抢盗货等,平台得担负一定的法律责任。

3. 销售模式

中国二手奢侈品行业的销售模式分为自营模式和经销模式,其中,自营模式又分为直营模式和管理商模式。各种销售模式各有特点:直营模式下,企业的管控能力强,但门店的拓展能力会受到渠道资源和管理能力的制约;管理商及经销模式下,企业可利用管理商或经销商的渠道资源快速开设终端门店,同时,管理商还可弥补企业管理能力不足的缺陷。但这种模式下企业对各地经销商的管控能力较弱,容易遇到各种合作风险。

为了及时占有稀缺的销售渠道,二手奢侈品企业应灵活使用各种模式拓展销售终端渠道,根据当地实际情况结合合作伙伴的行业经验、渠道资源及资金实力等合理选择合作模式,实现企业与合作伙伴的双赢。另外,随着电商平台的发展,也有一些奢侈品企业和其代理经销商通过自建和合作等方式,进行奢侈品网络销售。

4. 盈利模式

二手奢侈品企业现有的盈利模式主要有两种:一种是从成交价中抽取15%~30%的服务费;另一种是将商品直接售出盈利。抽成模式很简单,企业作为交易的促成者,按照约定的比例从成交价中抽取佣金即可(往往是买货者将货款打给企业,企业抽取佣金后再将剩余货款打给出货方）；而后一种模式流程更简单，只是商品积压在企业手中，会给企业带来资金压力。

5. 关于行业创新

中国二手奢侈品行业仍处于起步期，发展迅速的同时也面临大量亟须解决的问题，从实际运营经验来看，有以下方面的创新举措值得我们重视。

（1）提高从业人员的专业水平。人才是事业发展的关键，当前国内专业的奢侈品设计与管理人才还相当缺乏，奢侈品管理专业在高校中处于试开设阶段，对于很多高校学子来说，这是一个非常陌生的专业。就近年赴法国、意大利留学的学子所选的专业来看，奢侈品管理专业是一个十分热门的专业。因此，政府、教育机构等要加快对奢侈品专业人才的培养，二手奢侈品企业也要通过自身渠道提升从业人员的专业水平。

（2）严厉打击仿冒商品。针对国内长期猖獗的奢侈品仿冒现象，政府相关部门应该加强调查取证，加大打击与处罚力度，以维护二手奢侈品企业的合法权益。企业除配合政府部门严厉打击假货之外，也可利用自身优势参与打假行动。一是提升从业人员的鉴定能力，让仿冒奢侈品无处藏身；二是向消费者做出承诺，比如"假一罚十"，来吸引消费者的关注、获得消费者的信赖，从而在一定程度上让那些出售假奢侈品的企业被淘汰出行业。

（3）线上数字化营销与线下实体体验店相结合，形成交易闭环。二手奢侈品的消费人群以中低收入的年轻人为主。这些消费者乐于在社交媒体上分享购物体验，亦在社交媒体上获取购物信息，他们对个性化的需求很高，同时具有更为强烈的品牌道德感。因此，企业可以通过线上数字化营销及社群搭建，将消费者聚集，提高消费者黏性。同时，企业在线下开设实体体验店，一方面，可以使消费者在购买商品前真实地触摸商品，增强信任感；另一方面，实体店可以为消费者提供商品品鉴等增值服务，提高消费者满意度。

（4）构建数据库系统，提高鉴定效率及客货匹配度。目前，奢侈品鉴定已是各大二手奢侈品平台的一大标配功能，平台通过鉴定奢侈品真伪形成数据库、构建自身数据库系统。企业利用大数据可以提高鉴定效率及准确度，同时也能更好地为消费者提供精准匹配服务，能快速、高效地找到消费者想要购买的商品，或者为商品找到潜在的消费者，提高销售效率。

（5）加速全球化布局，扩大企业自身优势。因为物流成本不同、税率不同、汇率不同等原因，同一奢侈品在不同国家的销售价格会略有差异，因此二手奢侈品在定价上也存在地区性差异。国外和国内二手奢侈品平台都在加速全球化布局，在多个国家开设实体店铺。这样一能提高品牌声誉、塑造全球化企业的形象；二能通过全球渠道开发货源、提高企业可售卖的商品的丰富度；三能满足不同国家买卖者的交易需求并从中获得更高的利润。

中国二手奢侈品行业中的直播带货

中国的 Y 世代以及 Z 世代正在助力奢侈品市场的发展，并对品牌推进数字化进程产生巨大影响。这些人群是中国奢侈品消费市场的中坚力量。他们更追求时尚，也更偏好小众设计款和联名款商品。Y 世代将成为快速增长的奢侈品线上消费者中的核心人群。

在电商领域，中国的奢侈品销售额的线上渗透率从 2019 年的 13% 左右增长到 2020 年的 23%，线上渠道整体销售额增长了约 150%。奢侈品时装品类的线上渗透率从 2019 年的 5% 左右增长到 2020 年的 7% 左右。

从另一个角度看，受经济压力大和跨国消费受限等因素影响，不少中国消费者从新品买家转变成二手奢侈品买家。国内二手奢侈品市场开始变得火热。有数据显示，2015—2019 年，国内二手奢侈品包存量总价值超过一万亿元人民币，但进入二手奢侈品市场的包数量仅为新品市场的 3%~5%，与日本、欧美等发展成熟的二手奢侈品市场相比存在巨大的增长空间。

如今，二手奢侈品交易与直播元年碰撞，竟意外擦出了火花。

在直播盛行的时代，二手奢侈品与直播带货的搭配，看起来并不新鲜，却带来了二手奢侈品的销量逆势增长，二手奢侈品市场也迎来了直播带货的新机遇。

据报道，2020年2月底，以二手奢侈品直播卖货起家的某平台宣布完成数千万美元的A轮融资。据悉，该平台已在全国近10个城市建立了数十个直播间，有自营主播近60个，约50%的主播月销售额超过百万元人民币。

2020年3月初，某线下二手奢侈品集合店在小红书首次直播带货，长达6小时的直播的最终销售额为60多万元人民币，甚至连单价高达28.8万元的包也能被卖出。如今，每周在小红书直播已经是该集合店业务的一部分。

某国内知名奢侈品电商也开启直播业务，将线下流量引入线上后，购买二手奢侈品的用户数量有明显上升趋势，在"3·8超级直播日"活动中，一场日本中古商品带货直播的单场销售额高达150万元人民币。

这些数据都说明：发力直播带货已经成为国内二手奢侈品行业的发展趋势。尽管各大奢侈品品牌也开始直播，想要通过这种方式卖货，但想要在时间很短的直播中，卖出价格为几万、几十万元人民币的奢侈品，并不是一件容易的事。相比之下，同样是奢侈品，二手奢侈品显然更有价格优势。在经济较为拮据且想要使用名牌商品时，购买二手奢侈品便成了消费者最好的选择。

中国二手奢侈品市场正在经历第二次革命——第一次革命是将二手奢侈品从线下移到线上，它解决了线下门店难以匹配到消费者的问题；第二次革命是通过直播的方式将销售场景又尽量还原至线下，通过主播的口述与展示，尽量为消费者打造一个身临其境的消费环境。

在2020年的直播带货风潮中，有媒体及行业人士认为最受益的可能就是二手奢侈品行业。二手奢侈品原本处于一个尴尬的状态——能买新品的消费者去买了新品，而不追求品牌Logo的消费者则买了性价比更高的小众乃至大众品牌商品。

那在直播间购买二手奢侈品的到底是哪些人？他们的消费心态是怎样的？

普遍而言，二手奢侈品行业内对直播带货的目标消费者的认知和现实情况是有偏差的。事实上，这批消费者中只有一小部分人是下沉消费者，而大多数是可以买得起奢侈品新品的，所以二手奢侈品行业并不是一个需要打价格战的领域。下沉消费者可能买不起大牌的商品，传统平台可以通过打折的方式为这批消费者提供价格较低的商品，满足他们对大牌商品的需求，但二手奢侈品的想象空间远不止于此。

一般而言，消费者购买的奢侈品只会越来越贵，而二手奢侈品真正的价值是让消费者提前消费。比如，一个刚毕业的大学生可能只能买普通品牌的包，在工作一段时间之后才买得起普拉达的包，再有钱之后可以买更贵的；而二手奢侈品平台让以前只能买得起平价包的消费者再多加一点钱就可以买一个二手的普拉达包，而且会有主播向消费者全方位展示这个包的细节，提供一种面对面沟通的线下购物体验感。

曾有主播总结过，真正在直播间产生购物行为的有两类人，"一种是对于奢侈品很向往，但是对官方专柜的价格有点无法接受的人，二手奢侈品的性价比很吸引他们；还有一种人并不怎么在乎商品价格（高低），他们本身就是常年去专柜买奢侈品的人，只要二手奢侈品的成色好，他们也会买"。

直播带货推动了二手奢侈品的销量增长，也提高了二手奢侈品的流通效率，但这种新的销售渠道并没有解决行业痛点，阻碍二手奢侈品市场发展的问题依旧存在。

1. 商品定价混乱

直播带货往往采取抽成模式来盈利，即商品成功卖出之后，直播企业会按照约定的比例收取佣金。这意味着只有定价越高、交易价格越高，直播企业的收入才会越高，因此就出现了二手包的价格比新包还贵的现象。

据媒体报道，曾有消费者反映，自己在某平台上购买的小牛皮迷你包售价为2908元人民币，而该款包在另一电商平台上的新品售价仅为2799元人民币。长期来看，这种价格乱象严重打击了消费者的购物欲望及信心，对二手奢侈品行业的发展产生了不利影响。

2. 商品成色评定标准不一

既然是二手奢侈品，在被使用的过程中就不可避免地、或多或少地会留下一些磨损的痕迹。二手奢侈品定价受到多个因素的影响，包括商品的破损、新旧、五金氧化程度和稀缺性等，甚至商品的受欢迎程度也会影响售价。

有消费者很生气地表示她在观看直播时，冲动地买了主播说的"没有瑕疵、难得一见的完美包"，到手后发现包上的钻都快掉光了，且不少磨损的地方也没有在直播中被展示，或被忽略了。直播带货往往没有售后服务，商品的质量问题在企业与消费者之间被无限拉扯，且企业往往拒绝退款，最终消费者只能自认倒霉。

3. 假货泛滥

根据某二手奢侈品电商平台的数据，在其2019年鉴定的商品中，商品综合正品率为33.6%，也就是说有近70%的商品是假货。中国旧货业协会也给出了"市场中流通的二手奢侈品中仅有不到40%的为正品"的数据。假货泛滥、真货难寻是中国二手奢侈品市场的现状。

作为制造大国，中国的制造技术在全球范围内领先，况且不少奢侈品品牌的部分生产线就在中国。当这些代工企业掌握了原材料来源，即可凭借熟悉的加工工艺再生产出全新的奢侈品——它是正品吗？好像是，毕竟原材料与加工工艺都是与正品一样的；它是假货吗？当然，毕竟它没有得到奢侈品品牌的官方授权以及质量监管。更令人无奈的是行业内缺乏相关的法律、法规，导致造假、售假成本低，并且国内也缺乏奢侈品鉴定的权威机构，企业鉴定水平参差不齐……以上原因，导致了中国二手奢侈品行业假货横行。

最令人不齿的是，有些企业及主播在直播中展示的是正品，消费者收到的却是假货，也有消费者拿到的是翻新（但工艺拙劣）的正品……种种乱象，令行业蒙羞。

4. 缺少客服

通常情况下，如果有充足的预算，消费者会选择全新的商品，当预算不足以购买全新商品时，他们只能退而求其次选择二手商品。但二手奢侈品作为非标品，面临着新旧评级难、瑕疵判定难、定价难等非常具体的问题。二手奢侈品企业要努力以标准化的形式售卖非标的二手奢侈品，通过与外部机构的合作给消费者注入"强心剂"，从而为消费者提供更全面、贴心的服务。企业唯有针对消费者的痛点"对症下药"、不断完善自身的运营，才能不断进步，在二手奢侈品市场中脱颖而出。

中国二手奢侈品行业与典当模式

有史学家认为典当业起源于南朝的质库，距今有1500多年的历史。

典当业在唐宋时期高速发展，各地官府和民间富商纷纷开办质库。唐《杂令》规定："诸公私以财物出举者，任依私契，官不为理。每月取利，不得过六分；积日虽多，不得过一倍。"同时还规定："不得因旧本更令生利，又不得回利为本。"在宋代，质库渐渐被官府和民间的当铺所取代。

典当业在北宋后期实现了长足的发展，人们通常以"当"字指代典当行。典当行逐步演变成综合性的金融机关，行业内形成了行会组织。清朝时，典当行遍布全国，行业内形成了"民当""官当"和"皇当"三足鼎立的局面。民国时期，典当业开始衰落，现代商业银行开始萌芽。即便如此，典当业还是在夹缝中求得生存，部分典当行也同时经营某些与银行相关的业务。

新中国成立后，"当铺"被取缔。1978年改革开放之后，国民私营经济迅猛发展，民企急需一个能够在短期内快速融资的平台，于是典当业又重新出现了。

我国典当业发展现状如下。

1. 行业更符合中小企业融资需求，市场巨大

我国中小企业发展迅速，融资需求很大，但资金充足的银行却将还贷能力差的中小企业拒之门外。市场与需求难以有效对接，导致中小企业难以持续健康发展，而典当行"方便、灵活、快捷"的融资业务十分匹配中小企业的融资需求，典当行可以在短时间内为急需资金的中小企业快速地提供融资服务。典当行融资的业务手续简单、快捷，只要当物来源合法、有一定的价值，企业就可以进行典当融资。

2. 行业资产总额上升，业务结构保持稳定

截至2017年12月底，全国共有典当行8483家，分支机构950家，注册资本1722.2亿元人民币，从业人员4.9万人。企业资产总额为1668亿元人民币，同比上升1.3%；负债合计123.2亿元人民币，同比上升8.7%；所有者权益合计1544.8亿元人民币，资产负债率为7.4%。在实体经济增速放缓的背景下，典当业依然保持着较快的发展速度，反映出企业对小额、短期、快速融资的需求旺盛。

3. 行业的创新能力将快速发展

如同银行理财产品的发展以及股票市场的发展一样，行业需要不断推出更多的产品来吸引消费者，最大限度地开发社会可用资源。这些不断更新的产品推动了金融市场的发展。所以，典当业必须不断推出新产品，不能仅仅依靠目前的地产、机动车、股票以及民品业务。

典当业在快速发展的同时，也面临着行业痛点。

1. 非法集资现象频现，行业进入风险暴露期

近年来，多地曝出多起典当行非法集资事件，典当行老板跑路事件频发，部分典当行的不规范经营扰乱了典当市场秩序，使典当业进入风险暴露期。典当行非法集资不仅给相关利益者造成严重损失，而且给社会稳定带来巨大隐患。部分典当机构反映，当前典当业融资市场较为混乱，典当行信用和债务情况缺乏查询渠道，加上准入和退出等机制欠缺、相关法律长期空白、监管主体缺位和机制不完善，导致其长期游离在灰色地带。因此，政府须明确相关法律边界、健全监管机制体系、完善准入和退出制度。如果不尽快予以正确引导，可能会发生更大的民间借贷危机。

2. 行业资产质量恶化，尚未得到有效控制

受资产质量恶化影响，虽然企业市场贷款需求较高，但典当行放贷意愿不强，为规避风险，典当行有钱不放，行业资金周转率、典当资金运用率等指标持续偏离合理运行区间。

3. 行业业务范围较小，趋同化策略导致恶性竞争

虽然《典当管理办法》规定的典当经营业务范围较广，但是实际上大部分典当行经营业务范围较小。为了追求高额利润，大部分典当行都将业务集中在房产、股票和机动车典当上，珠宝首饰、古玩字画、手表典当等传统业务萎缩严重。趋同化的经营策略导致本就不大的市场中出现恶性竞争。

4. 企业发展水平参差不齐，面临重新洗牌

业内经营状况良好的企业与经营状况不佳的企业差距继续加大。经营状况良好的企业管理较为规范、资金流动性好、抗风险

能力较强；经营状况不佳的企业亏损严重，个别企业注册资金损失严重，企业经营接近或已经停止。

综上所述，我国典当业在波折中前行，取得了长足的发展。现代典当行的业务范围在逐步扩大，除了继续经营传统的黄（铂）金、珠宝玉器、摄影器材以及名贵手表等质押业务，还经营一些创新的债券、股权、本票、汇票、银行定期存单、汽车和电子商品质押以及房产和财产权利等抵押业务，而近年来出现的一个亮点，也是本书探讨的重点，就是奢侈品的典当业务。

在当下的中国二手奢侈品行业中，典当是奢侈品回收的一大主流方式，甚至很多二手奢侈品企业就是从典当行起步，再将此业务剥离出来，单独成立一个企业进行运营。对于二手奢侈品行业而言，典当行有其特征和独有的运营模式，具体体现在以下几个方面。

1. 融资简单便捷、门槛低

与银行等其他融资机构相比，典当行融资更加简单、便捷。银行放贷时会审核贷款者的学历背景、工作环境、收入情况以及信誉度，而典当行却不一样，借贷人拿一件奢侈品当作典当物就可以融得相应的资金，大大降低了融资的复杂程度。在技术进步的加持下，典当行可以通过鉴定仪器等多种现代化工具检验典当品的真伪，无须经过冗长、复杂的检验程序，借贷人即可快速获得资金。典当行"以物换钱"的融资功能，能够直接满足广大消费者"以物换钱"的融资需求。

2. 利息更高、风险更低

在典当的业务性方面，典当机构向当户发放当金的数额通常小于银行等金融机构的贷款数额，并且当金的还款期限往往较短，其息费也较高。同时，典当行发放当金的风险通常低于其他金融机构，因为它还掌管着一个价值比当金数额高得多的典当品，即使最差的结果出现，也就是当户无法拿资金来赎回典当品，典当行仍可将此典当品予以转售或拍卖，从而获得一定收益，以弥补当金的损失。综合算下来，典当行做的是稳赚不赔的生意。

3. 业务多样、连锁经营

典当行经营的传统业务有字画、珠宝和玉器典当等。如今，越来越多的典当行开始专营奢侈品典当业务。随着中国消费者成为全球奢侈品第一大消费人群，全国各大中城市都拥有一批购买力惊人的奢侈品新品消费者，也有一大批购买力尚可的二手奢侈品消费者。典当行可创新连锁经营模式，将二手奢侈品的典当业务推向全国。

随着典当行的经营发展，企业运用市场化的运作手段，通过新增分支机构，以资产为纽带，以拓展市场为目标，以连锁集约为模式，实行统一规划和人员培训，开展异地连锁典当业务，强化了专业经营能力，提升了典当业的整体业务水平。

第二节　二手奢侈品企业运营策略

中国二手奢侈品企业的品牌力塑造

品牌力是一个品牌的知名度、美誉度和诚信度的有机统一，是指消费者对某个品牌形成的认知对其购买决策的影响程度。品牌力基本上是由品牌商品、品牌文化、品牌传播和品牌延伸力这四个要素协同作用而形成的。

一个品牌想在竞争中脱颖而出、在消费者的心中占有一席之地，就要有强大的商品力，塑造有助于强化品牌个性的品牌文化精神，实施有效的品牌传播策略。

品牌力是一个心理学概念。它强调在大众消费品市场中，对消费者需求的正确把握和观念的强大影响力是品牌成功的基础。一个品牌的成长，起源于具体商品的成功。在这一阶段，品牌是依附在商品上的。适应消费者需求的商品赢得市场青睐，也使品牌为大众所熟知。渐渐地，消费者将他们对商品功效和品质等特点的认同集中到品牌上，形成品牌认知。当成功商品催生出成功品牌之后，品牌的力量就显现出来了。经营者再将品牌力恰当地应用到其他类别的商品中去，品牌就与原来的商品相对独立开了，品牌的概念反过来对其他商品的销售产生了巨大的推动作用。

中国二手奢侈品行业仍处于起步期，看好其发展前景的资本与人才越来越多，鱼龙混杂的资本与团队加入此行业，而二手奢侈品行业自身发展过程中有一些亟待解决的痛点，再加上相关政策亟待完善，使得国内二手奢侈品行业乱象丛生。企业怎样才能在竞争中脱颖而出？打造并提升品牌力就是一条捷径，也是企业发展的必经之路。

对于二手奢侈品企业而言，打造并提升品牌力有以下好处。

1. 品牌力可以帮助企业塑造良好的形象

品牌力与企业形象息息相关，拥有知名品牌往往就是企业形象良好的证明。良好的企业形象是企业一项重要的无形资产，也是帮助企业在市场竞争中取胜的有力武器。品牌力有助于塑造良好的企业形象，良好的企业形象有助于品牌力的实施，两者相互促进、相互保障。

2. 品牌力有助于提高企业经济效益

企业可以利用品牌无形资产的优势，在投入阶段降低成本，如进行低价采购、低成本筹资等。毕竟，拥有良好品牌力的企业，往往会获得消费者的支持以及投资人的青睐。企业在销售阶段利用品牌力来提高商品单价和销量，从而增加销售额和利润总额。这种品牌力是企业应当在经营过程中很好地利用的有价值资源，其作用并不逊于有形资产。

对于消费者而言，有品牌力的企业不仅能在商品质量上给予保证，还能满足消费者在消费时的心理需求，使之在心理上得到更好的满足。品牌力代表着一贯的承诺，与一定的商品质量、服务水准、品牌信誉相连，有利于吸引相对稳定的、忠诚的消费者群，也意味着持久、恒定的利润。

3. 品牌力可以提高员工的向心力

品牌力是企业文化的一部分，能增强企业凝聚力。一个有知名品牌的企业在组织内部管理中更容易统一员工意志、协调员工行动。企业员工的团队精神和对企业的忠诚度也可通过品牌力而培养、提高。强大的品牌力还可增强员工精神上的满足感和归属感，从而更能调动员工的工作积极性、提高员工的劳动生产率。

4. 品牌力能增强企业的市场竞争力

商品参与市场竞争有三个层次。第一层是价格竞争；第二层是质量竞争；第三层是品牌竞争。高品牌力意味着商品有高附加值、高利润、高市场占有率，也意味着商品有高质量、高品位。企业和投资人都应将品牌力视为企业最有价值的资产之一。拥有市场比拥有企业更重要，而拥有市场的最佳途径之一就是拥有占据市场主导地位的品牌。由此可见，品牌力已经成为企业增强市场竞争力的关键因素。

既然品牌力如此重要，那企业该如何提升品牌力呢？无论是在哪个行业，企业都必须注意四个要素：信息源、目标受众、传播路径、干扰源。

企业要将行业价值精准提炼，如二手奢侈品，最大的价值在于能使消费者用相对较低的价格（提前）享受更好的精致生活。企业通过目标消费者喜闻乐见的、与其生活相关的方式将这一价值表现出来，就完成了信息源的创造。

企业要了解目标受众（潜在消费者）的行为、心理模式，将信息传播渠道进一步完善，使其符合目标受众的信息接收方式。根据目标受众的思维模式和信息接收方式，企业要选择恰当的信息传播路径，比如，年轻人喜欢现场音乐会、街舞、极限运动等，或者喜欢有西方格调的品酒会、交际舞会等，那企业的传播路径就得依附于这些活动，使目标受众易于被信息所覆盖、所吸引。但想要提高品牌传播的有效性，仅有这些还不够，企业还要应对品牌传播的信息干扰源。

任何一个行业几乎都存在内部竞争，企业需要考虑的问题是如何应对竞争对手的信息干扰，使自己的信息能够快速有效地传达到目标受众那里。为防止信息干扰，企业要将行业价值和企业形象紧密结合，树立行业标杆，提出一个超越同行的品牌理念，而这个品牌理念要包含行业价值、企业价值观和超越同行的自身定位；同时，企业要将行业重新细分，在新的细分领域内快速打响企业的名号，将自己所具备的特色作为品牌宣传的重点，从而在根本上避开干扰，塑造独特而清晰的品牌形象。

二手奢侈品企业要深入了解行业规律、了解目标受众的思维模式、选择恰当的信息传播路径，这样才能制定出合理的品牌发展策略，持续提升品牌力，为企业的发展提供强大助力。

中国二手奢侈品企业要关注的九大管理战略

企业战略规划过程是依据企业外部环境的状况及其变化来制定和实施战略，并根据对实施过程与结果的评价和反馈来调整、制定新战略的过程。合理的战略规划必须是可执行的，它包括两项基本内容：企业的发展方向和企业的资源配置策略。随着竞争环境快速变化，企业战略规划从曾经的五年规划、十年规划，逐渐变成需要企业管理者拥有的一种常态意识，企业需要随着技术的进步、经营模式的发展而与时俱进地对企业战略规划进行调整。

一般而言，企业战略规划的具体内容包括以下七个方面。

（1）通过内部人员访谈、外部专家访谈、竞争对手调查、内部问卷调查、案头资料分析、专题研讨会等形式和手段对企业内、外部状况进行全面的把握和系统的分析。

（2）用战略诊断报告会的形式明确企业的战略问题。

（3）确立企业的愿景和使命、明确企业的战略意图，搭建企业战略框架，使企业明晰未来的发展方向，并且帮助企业内部人员对未来发展形成一致的认识。

（4）确定企业的业务范围和业务组合战略，即确定企业具体做哪些业务，明确各类业务的战略主旨，以及对这些业务如何进行管理和资源配置。

（5）制定企业的各业务的发展战略及目标，以及具体的战略举措。

（6）制订详细的战略实施计划和监督控制方法。

（7）制定战略执行的保障措施，明确组织结构调整、集团管控的方案以及人力资源、财务、市场营销等部门的规划。

尽管中国的二手奢侈品行业仍处于起步期，大部分企业仍处于工作室、个体户状态，但面对一个即将爆发的巨大蓝海市场，谁能更有远见地在当下就对企业战略做好规划，谁就能在未来的市场中更快地脱颖而出。就实际运营而言，中国二手奢侈品企业应当重点关注的九大管理战略如下。

1. 文化战略

文化是一个很容易被二手奢侈品企业忽略但却非常重要的领域。任何一个奢侈品品牌都具有深厚的文化底蕴，商品就是其品牌文化的呈现载体。为何消费者一看就知道哪个包是哪个品牌的，这就是文化所呈现在商品上的特点导致的。

令很多二手奢侈品企业时常感到困惑的一个问题，就是为何奢侈品品牌能将（一手）商品卖得那么贵（有相当高的品牌溢价），而自己却只能将二手奢侈品当作不值钱的"白菜"卖？更令人尴尬的是，每当消费者问起"这个奢侈品品牌有什么历史故事？这一款商品有怎样的故事？"几乎所有的二手奢侈品企业管理者都无言以对。

企业售卖的二手奢侈品拥有文化底蕴，难道企业自身就不需要企业文化吗？所谓企业文化，就是指企业成员主流价值观念的总和，是企业在长期的生存和发展过程中所形成的、为企业多数成员所认同的基本概念、价值标准和行为规范。不同的企业，必然有不同的企业文化，这是企业最重要的核心竞争力之一。说得更简单一点，每当别人问起"这是一家怎样的企业"时，答案就来自他人对其企业文化的认知。

虽然对企业管理而言，组织机构制定健全的规章制度可以起到很好的作用，能解决大部分管理问题，但是作为一种软性管理因素，企业文化对于成功的企业管理而言也是必不可少的。二手奢侈品企业要重视对员工价值观念的引导，通过一系列专门的、具体的措施与方法，改造员工不符合企业要求的思想、行为，建立起企业员工共同的核心价值观、共同的信念和行为规范，将全体员工的思想、行为引导到企业所希望的方向上去。

2. 发展战略

发展战略是关于企业发展的战略，企业在不断发展壮大的过程中，既有业务的增加，也涉及质的变化。企业发展战略就是关于企业发展的整体性、长期性、基本性的谋略，它因时而异、因地而异、因人而异、因事而异，内容主要涉及企业中长期"干什么""靠什么"和"怎么干"。即使只专注于二手奢侈品市场，但奢侈品品牌每季度不断推出新品，企业在每个渠道回收及售卖的二手奢侈品的价格不同，每座城市的消费者对奢侈品的消费偏好不同，使二手奢侈品企业的经营需具体问题具体分析。

一般而言，确定企业发展战略要经过战略调查、战略提出、战略咨询、战略决策四个步骤。由于企业发展战略对企业发展具有重大意义，为了企业的长远利益，建议企业在确定发展战略时充分地、广泛地听取各部门意见，尤其是反对意见。

与技术、管理、营销等需要不断创新一样，企业发展战略也需要不断创新，企业应研究、制定新的发展战略以应对外部环境和内部环境的重大变化。我们当下所处的时代是变化速度空前加快的时代，中国企业融入了复杂的国际市场，且二手奢侈品市场本来就是一个国际化的市场，它不仅仅涉及商贸层面，还涉及国际经济与不同文化的交流，这就使二手奢侈品企业的发展战略创新显得格外重要。

3. 人力资源战略

人力资源战略是指在经济学与人本思想指导下，通过招聘、甄选、培训、奖惩等对企业内外部相关人力资源进行有效运用，满足企业当前及未来发展的需要，保证企业实现目标和成员良好发展的一系列活动。"21 世纪最贵的是人才""以人为本"已经成为当今企业的共识，人力资源的重要性也已被各企事业单位和组织所认可。

随着二手奢侈品企业规模不断扩大，企业决策层希望把更多的精力投入市场营销和战略制定，日益繁重而又不可缺少的人力资源管理工作则交给企业内部的专门机构来处理。人事管理正在向人力资源管理转变，预示着继知识经济时代后，人力资源管理时代即将到来。

人力资源管理的基本原则是绩效和能力原则,二手奢侈品企业应该根据每个员工的贡献来给予员工回报,同时依据每个员工的能力来用人,提拔和奖励有能力、贡献大的员工。另外,企业在某些情况下可以请专业公司、外聘人员来做一些事情,这样不仅可以分享一些好的经验,也能降低人员成本。

4. 营销战略

营销战略是企业以消费者需求为出发点,根据经验获得消费者需求量以及购买力信息、商界的期望值,有计划地组织各项经营活动;是针对目标市场所采用的一系列可量化、可控的旨在提高销售额及企业声誉的活动;是商品、价格、渠道、促销、公关策略的整合。

营销战略计划的内容十分丰富,制定和选择最佳的市场营销组合,是战略计划的核心内容。从著名的4P营销策略组合理论——4P即商品(Product)、定价(Price)、渠道(Place)、促销(Promotion),到当下盛行的4C理论——4C即消费者(Customer)、成本(Cost)、便利(Convenience)和沟通(Communication),一个企业想要实现业绩最佳化,就必须严格服从营销战略的部署。

二手奢侈品企业在运用市场营销战略时,管理者应根据各战略的特点,结合营销的需要,突出营销组合中某一个或两个因素,兼顾其他的因素。企业在营销战略中突出什么策略、兼顾什么策略,要根据企业内外部环境做出抉择,企业需要关注四个要点。一是市场环境分析;二是消费者心理分析;三是商品优势分析;四是营销方式和平台选择——这些也是营销战略的核心内容。企业以此为核心,制定市场细分策略、目标市场策略、市场定位策略、市场进入方法策略和市场进入时间策略等。

5. 消费者关系战略

消费者关系管理(Customer Relationship Management,CRM)是指企业为提高核心竞争力,利用相应的信息技术以及互联网技术助力企业与消费者在销售和服务上的交互,从而提升企业管理效率、向消费者提供创新式的个性化服务的过程。其最终目标是吸引新消费者、保留老消费者以及将已有消费者转为忠实消费者,增加企业的市场份额。它是一种新的管理方法,强调企业和消费者建立长久的、和谐的、忠诚的共生、共赢关系,以实现企业的长期稳定发展。

企业生存的根本在于有消费者与之进行交易,通过这种交易,企业获得了利润。中国的二手奢侈品企业虽然可以利用原有业务积累起来的消费者群开展业务,但随着市场竞争加剧和消费者偏好改变,消费者将有更多的选择。若没有良好、和谐的消费者关系,企业将丧失消费者资源,将会越来越没有生意可做。所以企业必须引入消费者关系管理方法,以实现对老消费者的维护和对新消费者的开发。

企业在进行消费者关系管理时,要特别注重对重点消费者的维护。重点消费者作为企业消费者中的特殊群体,对企业的重要性不言而喻——第一,重点消费者是企业收入与利润的主要来源。"80/20法则"指出,一个企业消费者群中顶部20%的消费者带来了企业80%以上的利润;"1∶5法则"说明吸引一位新消费者的成本是保留一位旧消费者所花费成本的5倍。第二，企业对重点消费者的管理就是对未来投资的管理。重点消费者是能够产生企业利润的资产，那么他们就必须像其他资产一样得到管理。第三，企业对重点消费者进行管理是实现企业目标的手段。资源的有限性决定了企业在使用资源时必须知道如何取舍、懂得何为机会成本。企业既要关注销售增长，也要考虑投入产出比，要将有限的资源投入在产出效率更高的重点消费者身上。

综上所述，二手奢侈品企业对于重点消费者必须实施"一对一营销"，也被称作（私人）"关系营销""忠诚营销"，旨在通过个性化的营销、沟通，提高消费者对企业的忠诚度。其核心理念是以"消费者占有度"为中心，强调消费者关系及消费者忠诚对企业业绩提升有巨大推动作用。在"一对一营销"理念下，保持良好的消费者关系显得至关重要，由此引出两项重要的销售策略：企业面向消费者开展交叉销售（Cross Selling）和向上销售（Up Selling）。前者是指向消费者销售多种相关的商品和服务。比如，消费者购买了一个品牌的包，那对于这个品牌的服饰与鞋子，消费者是否也可以了解一下？后者是指向消费者提供更贵、更高级的商品与服务。比如，消费者购买了一个品牌的包，那是否还可以看看更高级的品牌的包呢？

消费者管理是一个系统工程，中国的二手奢侈品企业虽然已经意识到它的重要性，且对重点消费者的重视度不断提高，但是很多企业对消费者管理的认识比较片面，对重点消费者的管理仅仅停留在人际关系的建立上，并没有真正理解消费者管理的实质和精髓。企业的管理水平粗放、数据质量没有保障、分析能力欠缺，目标用户与企业的自身资源不匹配，企业缺少对重点消费者的分析和系统管理，必然会导致消费者管理失败。

6. 技术开发战略

技术开发战略是企业总体战略的一部分，是指企业积累、开发、利用技术资源和技术能力，保持和提高核心竞争力。制定技术战略的目的不是技术本身，而是通过技术提高企业的资源转化价值，使企业在市场竞争中持续保持优势。技术战略的效果最后要体现在企业的商品和服务中，因此它不仅涉及技术引进和技术开发的过程，还涉及资源、能力和市场机遇方面的技术问题。

在全球化背景下，二手奢侈品行业的技术发展更加迅速，技术资源的重要性和转移性增强，技术战略在企业战略中的地位显著提高，任何类型的二手奢侈品企业都不能忽视技术战略。为了获得更好的二手奢侈品货源渠道，企业该如何在全球各大时尚城市布局？对这些城市之间的信息、货品等，企业该如何进行同步共享？对任何一件二手奢侈品的收货与出货的数据，企业该如何保留及同步？企业对不同城市之间的货品该如何匹配？二手奢侈品生意的背后，必须有强大的技术系统做支撑。

技术开发战略方案的内容包括技术资源和技术能力的获取方式。企业是从外部购买还是在内部开发技术？企业如何组合利用技术资源与技术能力？企业如何实现新技术商业化？企业如何实现技术防御与升级迭代？种种问题，需要二手奢侈品企业逐一解答。

7. 业务组合战略

业务组合战略即企业的各种业务的组合战略。所谓最佳业务组合，就是指企业内的业务组合最具优势去开拓最有吸引力的市场。

当某一业务在其所在的企业中的价值大于其他业务时，此业务就应该成为企业的主营业务。

比如，在二手奢侈品行业，如果一个企业具有广泛的收货渠道（如拥有大量B端企业资源），但却缺乏卖货的能力（没有用户基础），那它就应该专注于做收货业务，而弱化卖货业务（或者不卖货给C端用户，而直接卖货给B端企业），不应该为了所谓的"企业要全面布局"而非要开拓C端用户市场。

业务多元化战略是企业战略的一种主要形式，它关注企业的市场范围以及企业参与哪些行业的竞争。成功的多元化能使企业的收入来自不同的业务，从而降低企业获利的不确定性。但由于企业在实施多元化战略时会产生开发和监管成本，因此多元化战略也会导致企业因业务铺得太广而陷入困境。理想的业务组合能平衡多元化的成本和收益，公司管理层应负责确定并执行这种理想的业务组合。

比如，在二手奢侈品行业，企业在收货之后，往往会对二手奢侈品进行简单地养护，以恢复商品更好的品相，从而在销售时获得更高收益。对于养护环节，企业是自己建公司、组团队全程操办，还是直接外包给专业的第三方机构，这需要企业管理层根据自身实际情况进行决策。

8. 区域开发战略

区域开发战略是指二手奢侈品企业根据内外部环境，以及所面对的不同区域市场情况，确定开发方式、重点开发区域和非重点开发区域的开发策略与开发措施。区域开发战略的制定实际上是企业根据区域发展条件、进一步发展的要求和发展目标所做的高层次、全局性的宏观规划，是企业对区域整体发展做出的重大的、具有决定性意义的谋划。它的核心是确定企业在一定时期内的某一区域中的基本发展目标和实现这一目标的途径。

对于二手奢侈品企业来说，该优先进入哪些城市？北京、上海与广州是奢侈品新品消费的重镇，但是对于二手奢侈品消费来说，它们是好市场吗？即使是好市场，企业当下有足够的资本、人才及合适的拓客渠道吗？成都、西安、南京、杭州等城市的经济发展水平不及一线城市，但它们的消费者的奢侈品消费力也很强，企业该如何去开拓这些城市的市场？这一系列问题，都需要企业管理者仔细思考。

一般来说，区域开发战略的实施步骤如下。

（1）通过广泛的内外部专家访谈、标杆区域调查及专题研讨会等，对区域内部软硬资源状况进行全面和系统地分析。

（2）对区域外部环境，包括相关政策、政府经济规划等，进行综合研究与分析。

（3）通过系统性分析，对区域进行科学定位并制定出区域主导产业发展规划，明确区域发展模式。

（4）确定区域发展的具体措施与步骤。

（5）对企业发展进行追踪评估。

（6）利用相关资源促进企业对区域外部资源的引进与利用，助推企业品牌力提升。

9. 竞争战略

企业竞争战略要解决的核心问题是如何通过确定消费者需求、竞争者商品与本企业商品的关系，来获得本企业商品在市场中的特殊地位并巩固这一地位。企业的竞争战略规划有很多种，不同的企业可以根据自身的特点和优势制定相应的竞争战略规划。无论哪一种竞争战略规划，最终的目的都是使企业商品在同类商品的竞争中脱颖而出，形成竞争优势，占领市场。

从范围和层次上来看，竞争战略规划可分为三类。一是通用战略，即低成本战略，即企业利用扩大生产规模或先进的科学技术降低生产成本，形成较强的价格优势，占领市场；二是综合战略，是指企业利用自身优势或者协同其他企业，采用跨国或多角度联合战略，结合企业之间的资源，以集团的形式共同承担竞争压力；三是专门战略，是指企业结合上述战略，利用自身的特点和优势，采取具有针对性的短期战略。面对激烈的市场竞争，企业要依据行业和自身水平，制定出有针对性并适合企业发展的竞争战略。

蓝海市场终会转变为红海市场，二手奢侈品企业如何才能从同行中脱颖而出？能否成功的关键在于企业是否基于其最有优势的资源而制定相应的竞争战略，并最终由此获得了足够的竞争力。

中国二手奢侈品企业商品与服务的开发策略

奢侈品是一种特殊商品。从物质属性上看，它是精美的商品；同时，它又具有文化属性，且在消费者消费过程中，奢侈品品牌还为消费者提供贴心的服务。所以，关于奢侈品的生意门道，值得企业好好学习。

如果二手奢侈品企业为了满足更多人的需求、追求更高的销售额和利润，而模糊了奢侈品独一无二的品牌形象，甚至忽视了奢侈品的文化属性，那么将降低企业价值、失去竞争优势。具有稀缺性是商品成为奢侈品的一个关键因素。若供大于求，市场竞争就会激烈，商品价格自然就会走低；供小于求，商品价格就会高于成本和自身价值，成为高端商品；只有供远远小于求，商品才能成为被消费者竞相购买的奢侈品。

二手奢侈品消费的客群有哪些呢？我们可以按以下4种方式进行细分。

1. 根据年龄细分

根据市场研究，30岁、45岁是奢侈品客群的2个年龄划分点。

年龄在 30 岁以下的年轻人群，是奢侈品消费的活跃人群，他们对新鲜事物的接受程度较高，易接受二手奢侈品，同时，他们社交活动相对较多，因此对奢侈品的需求量也相对较大；30~45 岁的人群是奢侈品消费的中坚人群，他们普遍都具备了一定的经济基础与社会地位，但人生还处于上升阶段，购买奢侈品主要是为了自我享用与社交；年龄在 45 岁以上的人群，在消费力达到一定程度的情况下，购买奢侈品的目的是自我犒赏以及收藏。

2. 根据教育水平细分

根据德勤会计师事务所与腾讯联合发布的《奢侈品网络消费白皮书》，奢侈品消费者中，专科及本科学历消费者占比约为 60%，说明专科及本科消费者是奢侈品及二手奢侈品消费的主力人群。这可能是因为，普遍而言，受教育程度越高的人，其整体收入水平也越高。

3. 根据消费心理细分

保值是二手奢侈品可以进行销售的最重要的驱动因素之一，例如，奢侈品包，作为日常用品，本身就被持续地使用和损耗，然而其高价格属性及独特的文化价值，使其使用者在使用它时会格外小心，因此它的折旧周期远长于同类商品。当它被用于二手流通时，因为损耗较小，它的价值依旧会很高，有较大的流通价值，也拥有较强的保值能力。一些限量版、特殊纪念版的奢侈品的再次流通价值远高于普通商品。

根据马斯洛需求理论可知，购买二手奢侈品是部分消费者提升自身需求层次的方法，有人是为了炫耀，有人是为了社交，还有人是为了自我犒赏。二手奢侈品满足了不同人群的不同需求，满足了消费者对于美的追求。还有一批有实力消费一手奢侈品的消费者，因有着新的消费理念或追求更高的性价比，而选择购买二手奢侈品。

4. 根据地域细分

所谓"一方水土养一方人"，不同的地域造就了不同个性的人，而他们在面对同一件奢侈品时，也会表现出不一样的消费偏好。所以，二手奢侈品企业应该对不同地域的消费者实施不一样的商品营销策略。

此外，我们还可以通过不同的消费价位划分4类不同的消费群体。

1. 刚步入职场的年轻人

这个人群购买的奢侈品单价基本在10000元人民币以下。尽管刚步入职场，没有充足的资产或存款，但是他们对新鲜事物接受度相对较高，比较容易接受二手交易。同时，因为没有固定资产投资压力，他们更愿意对自身进行投资，如使用奢侈品以获得周边人的关注，从而提高自我认同感。他们愿意把钱花费在新鲜事物上。

该人群购买的主要二手奢侈品为钱包、手袋、戒指、项链、皮带等。二手奢侈品企业提供的良好的消费者体验，容易使这些消费者形成消费习惯。他们可能会持续购买二手奢侈品，同时将之前购置的二手奢侈品进行二次流转，这有助于形成良好的消费循环。

2. 有一定消费能力且具有判断力的成熟上班族

这个人群购买的奢侈品单价基本为10000~50000元人民币。他们具有一定的经济能力，对商品价值有一定的判断力，知道自己需求什么样的商品。同时，他们对部分品牌有一定的偏好。但是，他们的资产配置、家庭生活压力较大，因此，性价比高的二手奢侈品对他们而言是不错的选择。他们往往已拥有部分奢侈品，是潜在的上游消费者（出货者），会将自己不太喜欢、不常使用的奢侈品进行置换、销售。他们选择的二手奢侈品单价相对较高，品类主要是包袋、手表、首饰等。

3. 具有较高收入的富裕人群

这个人群购买的奢侈品单价基本在50000元人民币以上。他们年龄偏大，有较高的收入，寻求的二手奢侈品往往是很难买到的大牌经典款、限量款商品。他们有特定的购买目标，往往对某类奢侈品非常有研究，但是受制于一些条件无法购置到心仪的奢侈品，所以在二手奢侈品市场中寻找能满足自己需求的商品。该群体选择的奢侈品单价较高，以高端大牌商品为主。

4. 收入丰厚、自我意识强的藏家型买家

这个人群购买的奢侈品单价有时会达到100000元人民币以上，常见的奢侈品对于他们而言已经失去了吸引力。对于出于营销需要而制造出的限量款、珍藏版商品，他们也不屑一顾。真正能打动他们的，是各大奢侈品品牌推出的能呈现其最高制作工艺水准的"艺术品"。这些商品或已停产，或因数量稀少尚未流向市场便被藏家购买了，所以他们只能在二手奢侈品市场中寻找，他们并

不在意价格。

综上所述，不同类型的消费者有不一样的消费偏好，二手奢侈品企业需要对具体客群进行具体分析，从而设计出对应的商品与服务策略。在引领及迎合消费者消费的过程中，有三个营销策略可供企业参考。

1. 情景营销

所谓情景营销，是指通过营造某种氛围引起消费者的情感共鸣，从而与消费者进行沟通的营销方式。二手奢侈品企业的所有员工在入职前都必须进行训练，并对所经营的各种奢侈品品牌的悠久历史、文化内涵和品牌故事熟记于心。面对消费者，销售人员应通过生动的语言描述有趣且能够打动人心的美好故事，充分激发消费者的向往之情，刺激其购买商品。

2. 强化奢侈品的独特性和唯一性

强化商品的独特性和唯一性（前提是该商品必须拥有这些特性），就是利用消费者的购买心理，人为营造出一种商品供不应求、物超所值的心理感觉，从而突出商品的稀缺性与高贵感。

二手奢侈品企业的销售人员通过强化所经手的每一款奢侈品的独特性，让消费者产生"每一款奢侈品都很独特且限量供应、过时不候"的心理，使消费者在看到心仪的奢侈品时为了避免遗憾而毫不犹豫地快速做出购买决定。很多二手奢侈品销售人员利用这种新的营销思维保持着良好的销售业绩。

3. 口碑营销

这是一种通过消费者口碑进行商品信息传播、提高品牌声誉的营销方式。这种模式对于品牌的宣传具有不可估量的积极作用。比如，一家二手奢侈品门店的销售人员能为每一位消费者提供茶点以及小礼物，敞亮而风格优雅的店铺完美地呈现所有款式的商品，这些良好的购物体验，一定会给消费者留下强烈的好感。当消费者身边有朋友问起"哪一家二手奢侈品门店最好"时，这家门店往往会获得消费者的优先推荐，从而在市场竞争中脱颖而出。

中国二手奢侈品企业的门店选址策略

随着中国二手奢侈品行业的发展,越来越多的创业者投入了二手奢侈品交易市场。二手奢侈品的回收及寄卖是完整的系统工程,涉及储备资金、加盟或自创、门店选址、寻找货品来源、商品维修养护、商品宣传推广、消费者服务、货品物流等环节。

在这些环节中,门店选址尤其重要。门店选址的秘诀包括以下七个。

1. 好的购物环境很重要

二手奢侈品的消费是具有目的性的消费,目标消费者明确,也相对稳定,主要是具有较高的收入水平且对高端奢侈品品牌有所认知的人群,少量却有较强消费能力的消费者是企业主要的服务对象,能提供舒适、私密以及个性化的服务是高端奢侈品品牌生命得以延续的主要原因。基于这个基础,门店的私密性高和周边环境的舒适度高是非常重要的。如今,各大奢侈品品牌越来越倾向于建立大面积的购物商铺,而高级的奢侈品品牌都要求门店必须被设置在商场一层。同理,二手奢侈品门店选址标准也得尽量向奢侈品品牌看齐,企业要尽量开大店且对门店进行精装修。

2. 避免相邻店铺的竞争

好的商业地段有很多店铺聚集，在这样的竞争性环境中，企业有众多竞争对手，企业要对同行进行分析，知己知彼才能百战不殆。若自己的经营技术高超、商品独具特色、服务体系完善，自然就有足够的底气打败竞争对手，就不怕"面对面、门挨门"。事实上，中国各大中城市中都存在"门店扎堆"的现象，能够长久存活下来的门店，都有自己的"独门经营秘籍"，能吸引全城消费者前来，形成了一个二手奢侈品交易小市场。

3. 店中店值得尝试

若将门店开设在中高档商场内，门店的投资相对较少，还可借用商场的客流，特别是高端商场里的店，更能够获得商场共享的资源。在商场内的门店选址要重点考虑"三口"，即靠近商场的大门口，靠近电梯、滚梯口，靠近停车场通道口。这些位置做其他生意不算好位置，租金不会太高，但对于二手奢侈品门店来说，算是物美价廉（毕竟二手奢侈品交易是消费者的特定交易，消费者会专程前来）。多位行业人士反馈，自奢侈品皮具护理行业兴起之初，商场店中店的成功率远高于街边的独立门店。

4. 写字楼里商机多

将二手奢侈品门店开在写字楼里的成功案例也不胜枚举，成败关键在于能否选择合适的写字楼。写字楼里的企业的整体结构，对门店生意有一定的影响，甚至决定了其选址成败。例如，文化传媒类、IT技术开发类、教育辅导类公司聚集的写字楼，其职员普遍而言收入并不高，并非二手奢侈品的主要消费者。所以，企业应该选择金融机构类公司聚集的写字楼，这些公司的职员收入高，对自身形象也比较在意。

5. 交通道路需便利

二手奢侈品的目标消费者通常拥有较高的购买能力。他们通常使用私家车出行。因此，门店既要让消费者能方便地抵达，也要避免周边有过度发达的公共交通网络带来大量的复杂人群，破坏门店周边环境的私密性。道路通畅、易达很重要，配备充足的停车位也是二手奢侈品门店应该做到的。只有这样，门店才能让目标消费者享受高品质的服务。

6. 物业权责需明晰

中国商业地产的开发商往往套用住宅市场的模式，建成一个新项目之后，希望能迅速回笼资金，故采用分割出售的方式，将物业权分散。这种情况往往会降低项目的管理档次，使运营出现问题，甚至会造成运营方与物业方的矛盾，严重干扰门店的正常运营。即使有些开发商不着急回笼资金，可以保持项目自持以及统一的管理，但是由于我国的商业地产行业起步较晚，管理者普遍缺乏经验和专业团队，很多项目的实际管理水平无法满足二手奢侈品门店的要求。所以，二手奢侈品企业在进行商业街区选择时，要特别留意该区域建筑物业权与管理权的所属，并留意周边门店的实际运营情况。

7. 区域商业需繁荣

中国奢侈品消费者的消费额很高，却呈现出明显的心态不成熟、地区分化严重等特征。因此，二手奢侈品门店在选址时，要特别留意所在城市的CBD，并在此区域中选择合适的地址。

二手奢侈品门店在选址上有十分严格的限制条件。一个地点即便拥有良好的区域位置、交通条件、商圈氛围，甚至建筑风格、装潢档次及配套设施都很好，也未必适合开店——毕竟，二手奢侈品门店的运营，除了选址，还有货源、服务等方面的考量。正是由于诸多条件的限制，即使在成都、南京、杭州等强二线城市，消费者耳熟能详的二手奢侈品门店，也只有那么几家而已。

开设二手奢侈品门店并不容易。数据显示，即使是在欧美、日本这样成熟的二手奢侈品消费市场，其多数门店也并非处于盈利状态，很多门店都在开设一段时间后倒闭了。随着中国经济的高速发展，国民对奢侈品的消费趋于理性化，国民对于高端奢侈品的认识也越来越客观。找到好货源与提供好服务，成了二手奢侈品门店竞争力中的核心因素。

第三章

二手奢侈品行业发展思考与前瞻

2020年出现的行业拐点：中国二手奢侈品市场渐临爆发式增长点

贝恩咨询与天猫奢品联合发布的报告显示，2020年全球奢侈品市场销售额萎缩了23%。然而在中国，有四大引擎支持了奢侈品消费市场的回暖，分别是消费回流、新世代消费者崛起、数字化发展以及海南离岛免税购物。

2020年，中国奢侈品市场经历年初的疲软之后，实现全年48%的增长率，达到近3460亿元人民币的市场规模，占全球的市场份额几乎翻了一番，从2020年的约11%增长到2020年的20%。这种增长很有可能持续。中国奢侈品市场有望在2025年，占据全球奢侈品市场中的最大份额。

2020年，中国成为全球唯一的经济正向增长的主要经济体。根据世界银行等多家机构的预测，中国将于2028年超过美国，成为全球第一大经济体。

投行杰富瑞在2020年下半年发布的研究报告中直言，中国是全球奢侈品行业发展的中坚力量，中国消费者在本土市场中的奢侈品消费量在其全球奢侈品消费量中的占比达到80%，创历史新高。

中国奢侈品新品市场迎来了大爆发，间接推动了二手奢侈品行业的发展。中国的奢侈品消费市场是否会一直高速发展？

2020年中国奢侈品消费大爆发有四个原因。

1. 消费回流

自2015年以来，随着进口关税下调、政府对市场加强管控以及境内外价差缩小，越来越多的中国消费者选择在境内购买奢侈品。2020年中国境内市场消费者的奢侈品消费额在中国消费者全球奢侈品消费额中的占比达到70%~75%，消费回流比例创历史新高。中国奢侈品市场总体消费额增长迅猛，各个品类的增速表现不一，2020年，皮具箱包和珠宝的销售额增速高达70%~80%，成衣和鞋履销售额增速为40%~50%，而腕表销售额则增长了20%。

2. 新世代消费者崛起

中国的Y世代以及Z世代消费者正助力奢侈品市场的发展，并对品牌推进数字化进程产生巨大影响。这些人群是中国奢侈品消费市场的中坚力量。他们追求时尚，偏好小众设计款和联名款商品。他们将成为快速增长的奢侈品线上消费群体中的核心人群。

3. 数字化发展

在电商领域，中国的奢侈品销售额的线上渗透率从2019年的13%左右增长到2020年的23%，整体线上渠道销售额增长约150%。奢侈品时装品类的线上销售额基数较小，2020年1—10月已经增长了超过100%，线上渗透率从2019年的5%左右增长到2020年的7%左右。

4. 海南离岛免税购物

海南为消费者提供免税购物服务已经有10多年，但免税购物在2020年实现了爆发式增长。海南免税商品销售额在2020年1—10月与2019年同期相比飙升了98%，达到210亿元人民币。大多数奢侈品品牌认为，2021年，中国的奢侈品市场销售额将继续以大约30%的速度增长。

有专家表示，中国奢侈品消费持续发展是整体零售环境、社会经济氛围以及奢侈品品牌战略布局综合作用下的必然结果。实际上，中国消费者对奢侈品的狂热态度早已存在。作为全球奢侈品行业的主要增长引擎，从增长贡献率来看，2019年中国消费者对全球个人奢侈品市场持续性增长的贡献率达到90%。

2020年之前，全球奢侈品品牌的战略重心就已经向中国倾斜，从商品到渠道的布局都日渐完善，主要的奢侈品品牌大都在中国开设了电商业务，过去几年这些品牌在中国市场的投入为其如今的销售额激增打下了基础。

那么，2020年中国奢侈品新品市场的繁荣，对二手奢侈品市场的发展会产生怎样的推动作用？

在上述四个原因中，"消费回流"与"海南离岛免税购物"都彰显了强大的国家政策引导力。目前，消费者在国内购买奢侈品可以通过以下渠道：含税专卖店/专柜、免税/退税店、代购商、海淘电商等。免税店作为第二大购买渠道，可以参考韩国的发展历程。20世纪60年代以来，韩国一直专注于推广免税店。经过60多年的发展，韩国的免税行业在世界上占有非常重要的地位，催生了世界第二大免税零售商乐天。但韩国人卖的免税商品大部分是中国人买的，韩国免税店70%以上的销售额是中国人贡献的。

因此，"消费回流"成了核心问题。2011年以来，我国相关部门密集出台了离岛免税、入境免税等政策。这些政策受到了开放渠道、增加配额、增加次数等的刺激，至2019年，国内免税店销售额达到545亿元人民币，近10年复合增长率超过25%。在2020年6月出台的《海南自由贸易港建设总体方案》助力下，我国的免税市场规模进一步扩大。免税显而易见的好处就是商品价格下调，因为免税和含税商品有30%的价差。但是，与潜在的"消费回流"相比，这500多亿元人民币还远未触及"天花板"，毕竟中国消费者每年在境外消费的奢侈品的价值高达6000亿元人民币。除了其他渠道，至少还有数千亿元人民币的回流空间。因此，免税店的高速发展将是未来一段时间内的常态。

回顾2016年兴起的分享经济，相比出行分享、知识变现，二手交易显得"低调"了些。个体闲置商品（特别是高价值、流通性好的二手奢侈品）交易所衍生的"闲置经济"，并非人们普遍认为的新兴模式——使用而不占有的分享，而是更加传统的交易模式。二手交易已经进入了行业突破的前夜——

一是相对可信的流通渠道已经建立，二手交易场所不再是线下的跳蚤市场，移动二手电商平台已经实现了三个突破：闭环交易体系已构建、社交关系链凸显、商业模式更加多元化和复杂化。

二是人均购买力提升，网络购物的红海加持和消费升级等因素共同作用，二手交易的潜在供给爆发，多个热门交易品类均有望达到千亿元人民币的规模。

三是分享经济的理念渗透、年轻一代二手交易主力军的崛起，以及绿色消费的政策助力，促进二手消费理念被越来越多人接受。

三个因素预示着属于二手交易的新黄金时代已经到来。国内互联网巨头纷纷布局，二手交易领域内的初创企业猛增，准"独角兽"企业崛起，二手交易俨然成为行业和资本的一场盛宴。

从消费心理来看，二手交易逐渐成为主流的理性消费模式。据美国的调研数据，76%的美国人认为线上交换和二手交易有利于省钱；72%的美国人认为二手交易有利于建立人际关系。在法国，民调机构的数据显示，接近半数（49%）的法国人只要有机会就会购买二手商品，25岁以下的年轻人、月收入低于1500欧元的上班族和农村居民都是热衷于二手交易的人群。面对家中未曾使用的闲置商品，77%的法国人表示希望能给予它"第二次生命"；只有2%的人会丢弃它。

从政策层面来看，在分享经济的市场培育和绿色消费的政策扶持下，社会消费理念有望升级。二手交易本身是一种提高资源利用效率的交易方式，体现着节约、绿色的现代消费观念。国家也出台相关政策，促进二手交易的发展，二手交易有望形成新的风潮。

分享经济风潮席卷多个行业，促进了市场培育工作，加强了人们对于"闲置就是浪费"等分享经济理念的认同。对于闲置的二手商品，通过二手交易使其实现价值最大化，可以减少资源浪费、避免过度消费，促进消费模式从"扔掉型"转变为"再利用型"，助力中国消费者形成成熟、理性的消费观。

从实际数据来看，19~30岁的白领、学生是二手交易的主力军。调研数据显示，32岁以下的买家和卖家为二手交易的主力军，占比超过80%。平台上一键转卖的商品价格大概是原价的40%。用户进行二手交易的主要原因是二手商品具有高性价比。

中国消费者的奢侈品新品消费量增加，为二手奢侈品市场积累了海量的货品，从而打下了行业发展的基础；得益于年轻一代消费者消费观念的转变，以及国家相关政策的扶持，二手奢侈品市场将会迎来高速发展期。尽管二手交易还面临着信任难、成交难、配套服务缺失及盈利难等问题，但我们无法忽视二手交易市场的巨大发展潜力。

二手奢侈品企业不是品牌的"威胁",而是品牌的"朋友"

2019年11月,波士顿咨询集团发布了2份报告,均涉及"二手奢侈品"主题。一份是意大利奢侈品行业协会发布的《全球奢侈品行业消费者洞察报告》,该报告调研了10个国家的12000名奢侈品消费者;另一份是对法国二手奢侈品交易平台Vestiaire的1005名消费者进行的调研报告——《Vestiaire消费者调研报告》。

这2份报告显示:随着线上渠道的发展,曾经被认为小众、档次低的二手奢侈品市场,已经获得新生,奢侈品品牌能够通过参与和鼓励二手交易获得更多好处,包括完善品牌形象和吸引新消费者。

这2份报告,揭露了全球奢侈品行业在中国发展的2种面貌。一是全球奢侈品新品消费市场在全球经济动荡的大背景下,依然实现了正增长,中国不但稳固住了"最佳VIP"的地位,且在全球各大主要消费市场消费额都有所下滑的大势中,中国市场却强劲爆发;二是中国新品奢侈品市场的持续火爆,带动了二手奢侈品行业在中国迅速发展。

一、中国消费者对全球奢侈品（新品）市场的贡献

《真实奢侈品全球消费者观察》报告指出，中国奢侈品消费者数量已经占了全球奢侈品消费者数量的32%，预计到2024年会上升到40%。报告指出，全球奢侈品70%的增长将来源于中国消费者。

报告中特别提到中国的Y世代消费者，预计到2024年，全球奢侈品50%的市场份额由Y世代创造，报告预测全球奢侈品130%的消费增长额将来源于中国消费者。

需要特别指出的是，2017年，在线上购买奢侈品的全球用户中，有55%的用户利用移动端设备在线上购买商品，报告预测这个比例到2024年将达到80%~90%；而在中国，这个比例高达77%。由此可见，互联网对中国商业及社会生活的渗透，已经深入到方方面面，这有利于二手奢侈品企业通过线上平台来拓展市场。

波士顿咨询公司的合伙人兼常务董事Sarah Willersdorf向媒体透露，"如果一个品牌没有自己的中国官方网站，他们就必须开拓第三方电商网站和社交媒体平台。奢侈品在天猫上尚未成为被人熟知的品类，但现在这个平台已经建立了与一些奢侈品品牌的合作关系，我预计天猫在这个领域的探索将会更深入。"

中国电商平台的兴起拉动了中国的线上消费，但是对于奢侈品市场而言，中国奢侈品消费者依旧更青睐线下购买渠道。根据腾讯发布的数据，选择在线下购买奢侈品的中国消费者数量占奢侈品消费者总数的88%。此外，相比线下体验，大部分奢侈品消费者更愿意事先通过线上平台挑选喜欢的商品，再去实体店进行

购买。

奢侈品行业在高速发展的同时，也面临着一些挑战。对于西方奢侈品品牌而言，众多的中国本土品牌涌现是其面对的一个挑战，这些品牌将成为竞争者。此外，对于品牌而言，能选对地点建立店面，同时保证租金合理，也很困难。很多曾经以一、二、三线来划分中国城市的公司，都在考虑按地理距离把这些城市聚集在一起，因为这些城市彼此离得很近，而中国迅速扩大的城区面积以及越来越便捷的交通设施，更是拉近了城市之间的距离。

现在，中国的奥特莱斯商场越来越多了，而且建立的地点都很靠近城市中心。一个有趣的商业现象是，很多西方品牌在中国的地位都比在他们自己国家要高得多。这或许是因为在中国存在大量的低质量品牌，而一旦外国品牌进来，人们往往会觉得它的品质是高于本国品牌的。随着中国的奢侈品门店和奥特莱斯商场数量增加，许多西方品牌的地位或许会发生变化。

在中国，假货横行仍是不容西方品牌忽视的大挑战。我们希望随着科技的发展，能有先进的技术帮助行业阻挡假货。比如，区块链技术将被用来解决商品被仿冒的问题。

利好的政策加上国内外价差缩小，进一步刺激了中国奢侈品本土销售额的增长，2019年，中国奢侈品市场整体销售额增长了26%。中国消费者对全球个人奢侈品市场持续性增长的贡献率达到90%。作为全球奢侈品行业的主要增长引擎，中国奢侈品市场在2019年延续了过去几年的发展势头，市场整体销售额达300亿欧元，占据全球个人奢侈品销售总额的35%。

2019年，全球奢侈品市场整体销售额增长了4%，达1.3万亿欧元。其中，作为核心部分的个人奢侈品市场销售额也增长了4%，达2810亿欧元。

贝恩公司全球合伙人布鲁诺·兰内斯（Bruno Lannes）表示："全球奢侈品市场销售额在2019年保持了温和增长，符合贝恩此前提出的'新常态'趋势，增长动力主要来自亚洲尤其是中国消费者。如今，奢侈品消费者越来越主动，不断改写行业规则，品牌亟须找到一种全新的商业模式来满足消费者在奢侈品购买、使用和信息沟通方面的需求。"

二、二手奢侈品市场迅速发展

《全球奢侈品行业消费者洞察报告》指出，全球二手奢侈品市场规模在2018年达到250亿美元，并以12%的年均复合增长率增长，到2021年达到360亿美元，在全球个人奢侈品消费市场中的占比从2018年的7%提高到9%（对于某些渗透率高的品牌来说，这一比例可以高达15%~20%）。

就渠道而言，二手奢侈品市场的增长动力主要来自线上渠道，小型、独立、以寄售模式为主的二手奢侈品线下门店依然是市场中的主流。

就品类而言，包袋凭借其方便线上网购、易于使用、供货量大等优势成为最受消费者欢迎的品类；钟表、珠宝紧随其后；服装和鞋因为无法在线上被试穿，交易量较少。

就地区而言，美国的二手奢侈品市场最为兴盛——50%的奢侈品消费者（过去12个月内购买过一件奢侈品的人）进行过二手奢侈品交易。欧洲和中国的二手奢侈品市场也在迅速发展。

就年龄层而言，越年轻的消费者对二手奢侈品市场的参与度越高，54%的Z世代和48%的Y世代消费者进行过二手奢侈品交易；而X世代（生于1965—1980年）和婴儿潮一代（生于1946—1964年）消费者的这一数据分别是38%和35%。

二手奢侈品市场的主要增长引擎包括以下几个。

一是二手奢侈品有着"消费者可承受的价格"。

"消费者可承受的价格"一直是二手奢侈品市场发展的根源，对于二手奢侈品市场的买家和卖家而言，购买二手奢侈品能降低其总拥有成本（Total Cost of Ownership，TCO，资产购进成本及其整个服务周期中发生的成本之和），并提高其整体可支配收入，而这部分收入也将被其用于继续购买二手奢侈品或者购买一手奢侈品。《Vestiaire消费者调研报告》显示，96%的受调查者表示，他们购买二手奢侈品是因为其性价比高。

二是行业专业度和集中度的不断提升。

相较于传统的线下小型寄售门店，线上平台能够为买家提供更多的商品，并保证商品是真实的。同时，线上平台能够为卖家提供更完善的服务，如上门取货、鉴货、寄存、代销等。

此外，越来越多的线上平台也走向线下，通过开设线下门店进行扩张，比如，美国的二手奢侈品网站The RealReal和Rebag建立了线下门店；欧洲的二手奢侈品网站Vestiaire在高端百货和大型购物中心开设了快闪店。

线上平台的专业化不仅吸引了二手交易市场的买家和卖家，也吸引了资本涌入。The RealReal在2018年募集资金超过2.8亿美元，并在2019年6月登陆美国纳斯达克，市值将近20亿美元。资金涌入头部线上平台，进一步抬高了行业的准入门槛，进一步提升了市场的集中度。

三是消费理念的改变。

目前，奢侈品市场的主力消费者是Y世代和Z世代，相较其他消费者而言，他们更关心消费的可持续性，注重理性消费。

《全球奢侈品行业消费者洞察报告》显示，59%的一手和二手奢侈品市场消费者表示商品是否"具有可持续性"影响了他们的购买行为；17%的二手奢侈品市场消费者认为购买二手商品是"符合可持续发展理念"的购买行为。《Vestiaire消费者调研报告》指出，超过70%的受调查者表示他们致力于"道德消费"；13%的受调查者表示消费的可持续性对他们而言非常重要。在致力于"道德消费"的受调查者中，57%的消费者表示，购买行为对环境的影响是他们的首要考量因素。

四是丰富的商品。

二手奢侈品市场迅速发展的另一个原因，就是为消费者提供了越来越丰富的商品。除了古董和常规二手奢侈品，有两类商品的消费额在二手奢侈品市场中迅速增长。一类是限量商品或标志性商品，这些商品在一手奢侈品市场中很难被消费者买到，因此通常会在二手奢侈品市场中形成溢价，转售价常常会高于发行价，成交价与消费者对商品的需求度和商品稀缺程度高度相关。另一类商品是各种联名系列商品。时尚界的跨界联名活动越来越受到年轻消费者欢迎，也促进了更多奢侈品品牌与艺术家、设计师开展合作。报告显示，大约90%的受调查者对联名商品有兴趣；

50%的受调查者已经购买了限量款或者联名款商品。这种购买行为在中国年轻一代消费人群中更为常见。此外，62%的受调查者表示，通过购买限量商品或联名款商品，他们发现二手市场比一手市场更有趣。

三、二手奢侈品市场的发展阻碍

在全球二手奢侈品市场中，美国和日本的市场发展迅速且较为完善。近年来，随着中国经济高速发展，中国消费者对奢侈品的需求与日俱增，奢侈品不断涌入中国市场，大量的奢侈品被闲置。但总体来说，中国的二手奢侈品交易市场目前还处在起步阶段。根据数据，2016年中国奢侈品流通总额约为500亿美元，而二手奢侈品市场销售额大约为15亿美元；日本二手奢侈品市场销售额却超过50亿美元。

根据《中国二手奢侈品报告》，目前在中国消费者手中可以二次流通的奢侈品价值总额约为3000亿元人民币，且仍然在高速增长，但二手奢侈品市场的交易额不到其2%。从这些数据中可以看出，中国的二手奢侈品交易有着巨大的市场潜力。但是，二手奢侈品市场存在假货泛滥、行业标准缺失、第三方鉴定不被认可、监管缺失等问题。

随着二手交易和闲置买卖的兴起，二手奢侈品交易和鉴定逐渐进入消费者的生活中。奢侈品鉴定的需求日渐增多，淘宝、小红书、闲鱼、58转转等平台上不断有消费者贴出购买的商品的细节图"求鉴定"，奢侈品鉴定平台和鉴定师培训机构也随之兴起。

事实上，各大奢侈品品牌几乎都不设立鉴定部门，奢侈品鉴定行业中目前也没有正规的执业资格考核。甚至可以说，国内目前尚无奢侈品鉴定行业标准，行业监管也处于真空状态，奢侈品鉴定领域内缺乏权威的第三方机构。值得关注的是，近年来时常有消费者反映，一些山寨的奢侈品鉴定平台欺骗消费者、侵害消费者的权益。消费者买到假货后鉴定无门、维权无力，让不法企业钻了空子。

据相关媒体报道，如今，奢侈品代购者售假并邀鉴定机构出示"经鉴定为真品"的证明，在代购圈已成为一个潜规则。一些不法代购者会与高仿奢侈品鉴定平台联手设套，售假后遇到质疑就推荐消费者去高仿鉴定平台或网站进行商品鉴定，光明正大地欺骗消费者。

奢侈品回收行业和鉴定行业也风波不断。2018年6月底，业内爆发了一起奢侈品回收行家在公众号撰文讲述某鉴定平台"坑害同行和消费者"的事件。撰稿者建立了受害者微信群，从微信对话截图里可以看出，奢侈品回收者和鉴定者在微信群里"大打出手"。"我现在只能对自己摸到、看到、研究过的商品进行判断，对于其他平台的鉴定结果，我完全不信。"在二手奢侈品领域从业10年的某企业管理者向媒体透露，奢侈品鉴定平台"水很深"，"有的平台不做商品回收，只做商品鉴定。业内人士普遍认为这是平台对自己鉴定技术没有信心的表现，因为没有信心，所以平台不敢花钱回收二手奢侈品。更有一些企业，当进入二手奢侈品销售行业感觉走不通、卖不出货以后，就改做培训、投机圈钱"。

中国检验认证集团和中国电子商务协会奢侈品鉴定中心是

"国字头"的鉴定机构，但中国检验认证集团在消费者中知名度不高，中国电子商务协会奢侈品鉴定中心目前不接受个人的鉴定委托。二手奢侈品领域内缺乏权威的鉴定机构，无论是对于购买二手奢侈品的消费者，还是对于二手奢侈品行业的健康发展，都造成了严重的困扰。

鉴定专家的缺失，在某种程度上助长了二手奢侈品行业中假货的横行。据优奢易拍联合对外经济贸易大学奢侈品研究中心、中国商业联合会奢侈品专业委员会共同发布的《中国二手奢侈品市场发展研究报告》，2020年优奢易拍的商品鉴定数量是2019年的1.5倍，鉴定数据暴露出假货泛滥的问题，经其鉴定，商品的综合正品率为32.9%，同比下降0.7个百分点。从鉴定数据来看，约68%的仿品做工明显不符合品牌工艺水平，属于"一眼假"范畴；约32%的仿品为高仿，做工可达到一般消费者难以分辨的水平。此外，售假企业常以"专柜实拍视频""专柜支持验货"等骗术诱导消费者购买商品。值得注意的是，社交平台已成为奢侈品售假的重灾区。该报告提到，参与鉴定的商品中近半数来自社交平台。

由于品牌方不提供鉴定服务、普通消费者缺乏鉴定能力、交易场所逐渐转移到线上、社交支付功能完善，导致销售假货的渠道更多、成本更低、消费者维权更难。我国的二手奢侈品市场仍有较大的发展潜力，但是平台混卖真假商品，使商品来源难以被追溯，制约了行业的发展。

无论是对于包还是珠宝，各奢侈品品牌几乎都没有设置鉴定部门，而一些海外代购者声称"接受验货"，也会推荐消费者到二手交易商那里鉴定或寄卖商品。由此，二手奢侈品行业的一些企业就化身"奢侈品鉴定专家"了。某从业9年的二手奢侈品企业管理者透露，其经手的商品从名表到品牌戒指，数不胜数，这说明奢侈品鉴定服务很有市场也很有前景，但不同于传统的珠宝鉴定，目前奢侈品鉴定行业并没有相应的职业资格考核。"唯有靠经验，还有对品牌的了解程度来进行鉴别。"该企业管理者表示，做奢侈品鉴定要熟悉和掌握每个品牌的历史知识、文化沿袭和品牌系列包款辨识方法及制作工艺，唯有如此，才能对商品的真假了然于胸。

一位鉴定师表示："鉴定师要有长期的正品使用经验和购买渠道，大部分奢侈品品牌每年都会在商品制作技术上进行革新，鉴定师必须不停地积累经验，才能发现商品在细节上的差别。鉴定师的养成不可能一蹴而就。"

想从事二手奢侈品的鉴定和交易，没有足够的从业经验是根本不行的。无论是奢侈品鉴定估价、养护维修、回收寄卖，还是奢侈品销售，都需要从业者有丰富的专业知识，从而满足用户的需求、解决用户的问题。二手奢侈品平台入行门槛偏高，对从业人员的要求相对严格。想让二手奢侈品鉴定真正走上正轨，需要有足够数量的高水平专业人员来支持。

二手商品的退换货漏洞，也是奢侈品交易难以避免的"坑"。出售二手奢侈品时企业需标注商品的新旧等级，不少企业为了尽快售出商品，往往会隐瞒商品有瑕疵的事实，并没有按照二手奢侈品新旧等级评级标准对商品品相进行标注，消费者收到不符合评级标准的商品自然会感觉受到欺骗，从而申请退货。

除因为买到仿品而退货外，消费者最主要的退货原因是商品的介绍信息中描述的品相情况与消费者收到的实物不符。一位匿名用户投诉写道，她在某直播间购买了一款古驰包袋，直播间的主播介绍该商品为"成色九五新，接近九九新"，并未提到包有破损处。但该用户收货后，发现商品内侧破损，这一情况与主播的描述不符，于是她发起退款。然而，她在与客服沟通时却被告知，"企业只能给包补色，不能退款"。

如今，社交平台逐渐成为二手奢侈品销售的主阵地。能与消费者产生良好互动的"直播带货"被视为二手奢侈品销售的"特效药"。但新的销售渠道并没有解决行业的痛点，售后服务缺失、退货难、假货多等问题仍然存在。"主播直播卖货时说的'没有瑕疵、几乎全新'是虚假宣传""九五新的包到手后发现是翻新款""想要退货，企业以'不支持七天无理由退货'为由推脱"……网友对于在直播间购买二手奢侈品的经历，也是抱怨不断。在黑猫投诉平台，一位用户表示，其在某主播的直播间购买了一只标价为10800元人民币的包，他前往所在地的二手奢侈品寄售店对该包进行鉴定后，得知此包非正品。

北京市专家管理办公室奢侈品鉴定评估专家张琛认为，二手奢侈品直播带货的衰败已成定局，"虽然直播带货形式作为对传统的二手奢侈品售卖方式的补充是有一定价值的，但它无法成为二手奢侈品行业的主流销售方式"。

不少消费者在接受媒体采访时透露，他们以前在直播间看到二手奢侈品被超低价售卖很是心动，但自从主播直播间售假事件频频被爆出后，他们对主播失去了信任。"想购买二手奢侈品，还是到实体店买更为放心。"

有电商行业从业者指出，平台入局直播市场，只能视作开拓渠道，随着流量被瓜分，直播的故事只会越来越难讲。随着市场不断成熟、用户不断成长，直播间的"饥饿营销"效果必将减弱。

四、二手奢侈品企业是助力奢侈品品牌发展的"朋友"

过去，奢侈品品牌可能会将二手奢侈品市场视为威胁。一方面，上文所阐述的二手奢侈品行业发展过程中的种种弊病给消费者带来了恶劣的消费体验，这会损害奢侈品品牌的信誉、动摇奢侈品品牌发展的根基；另一方面，百年奢侈品品牌之所以能发展至今，除了因其商品品质卓越，还因其重视历史传承、品牌文化、消费者服务等。但二手交易往往会刨除这些能令奢侈品产生高溢价的精神层面的因素，而纯粹回归到物理层面的商品交易，这会深深影响奢侈品品牌的信誉与发展根基。

如今，二手奢侈品市场可能对奢侈品行业和奢侈品品牌方产生更大的价值，主要体现在以下四个方面。

第一，二手奢侈品市场是一个"消费者招募站"。

二手奢侈品市场可以被视作奢侈品行业的"消费者招募站"，很多奢侈品"小白"消费者能够通过购买二手奢侈品进入奢侈品市场，进而进一步接触奢侈品品牌。同时，购买二手奢侈品也能帮助新品市场消费者降低TCO，提高其可支配收入，从而促进整个行业的可持续发展。

报告显示，71%的二手奢侈品消费者倾向于购买他们在新品市场买不起的商品。因此，二手奢侈品市场是奢侈品品牌与潜在消费者建立联系，并在他们心中塑造品牌形象的强大途径。此外，二手奢侈品市场上关于商品和品牌的讨论也会对新品市场中的品牌和消费者有所影响，品牌可以通过二手奢侈品市场知道消费者喜欢什么并进行针对性宣传。

随着二手奢侈品消费者的消费心态越来越成熟以及购买力增加，他们在选择商品时，往往会选择以前购买过的商品和品牌。《Vestiaire消费者调研报告》显示，62%的受调查者表示其第一次在新品市场中购买的品牌是他们在Vestiaire平台上购买过的商品的品牌，几乎所有人都表示会考虑再次购买该品牌的商品。尽管有43%的人表示他们可能会坚持使用二手奢侈品，但其余57%的人表示他们会选择购买奢侈品新品。

在传统的认知中，二手奢侈品市场的崛起会对奢侈品新品销售产生剧烈影响。品牌方担心消费者不仅将二手奢侈品的转售价格作为购买新品时的考量因素，还会在寄卖平台上以相对优惠的价格购入商品，这会对奢侈品品牌的业绩造成严重的威胁。然而，面对这样的消费趋势，奢侈品品牌与其抵制，不如与二手奢侈品企业合作，实现双赢。例如，在2020年10月，古驰便宣布与全球最大的二手奢侈品转售平台The RealReal合作，加入转售市场的竞争。

2021年3月，法国奢侈品集团开云集团宣布购入法国知名二手奢侈品平台Vestiaire 5%的股份。开云集团董事长兼首席执行官Franois-Henri Pinault表示，在年轻消费者中，消费二手奢侈品的人越来越多是一个真实存在的趋势。

商品均价在百万元人民币以上的奢华腕表品牌里查德米尔（Richard Mille）则在二手奢侈品市场中进行了更深入的探索。2020年11月，里查德米尔推出官方的二手商品购买渠道，品牌首家原厂二手表店The Value of Time开在新加坡乌节路的义安城购物中心里，之后品牌方又紧锣密鼓找人合伙在英国伦敦设立原厂认证的二手表店。这家店里有很多二手的里查德米尔牌的手表，包括一些稀有、热门以及停产的款式。

由此可见，二手奢侈品市场成了新品市场的"蓄客池"，将一大批暂时还不具备足够购买力的消费者提前锁定，一旦其经济条件允许，即可升级为新品消费者。此外，若某一奢侈品在二手市场有很好的销售表现（供不应求），则会反向促使更多二手奢侈品消费者进入新品市场，从而提升奢侈品品牌的业绩。

第二，二手奢侈品市场的卖家是新品市场的买家。

从实际运营情况来看，二手奢侈品市场中的卖家与买家往往是两批人。二手奢侈品市场中的卖家通常会通过转售来回收自己在购买商品时花费的部分资金，然后再去购买全新的奢侈品。报告显示，有32%的二手奢侈品卖家表示，他们转售奢侈品的主要目的是获得资金购买全新奢侈品。

事实上，大多数二手奢侈品市场中的卖家很少在二手奢侈品市场中购买商品。例如，Vestiaire平台上70%的商品由很少购买二手商品的一手商品买家提供，这些买家在平台上的交易行为多是售卖，他们的购买金额仅占平台上全部交易额的3%。此外，二手奢侈品市场中的卖家通过降低其TCO增加了其在一手市场中的购买力，从而使奢侈品品牌方受益。

对于二手奢侈品市场中的卖家来说，拥有数量过多但几乎不使用的二手奢侈品是一种"幸福的烦恼"，而二手交易市场的存在，正好为他们"去库存"提供了一个很好的渠道。通过在二手奢侈品市场出货，他们既能将大量的二手奢侈品变现，又能延续这些二手奢侈品的使用寿命，还能携更多的资金重回一手奢侈品消费市场。

第三，二手奢侈品市场提高了奢侈品行业发展的可持续性。

二手奢侈品市场延长了奢侈品的使用寿命。二手奢侈品大多都具有高质量的特征，62%的商品未被使用或几乎未被磨损（磨损3~10次），这些商品品相、质量良好，具有很高的再次使用价值，进入二手市场将有助于循环经济发展。知名设计师Stella McCartney曾表示："如果每一秒钟都有大量快时尚商品被焚化或填埋，那么我就愈加坚定对时尚行业循环经济的信念。"

支持可持续发展的奢侈品品牌可以以参与更具责任感的商业模式为荣，也将从这种行为中受益。如上文所述，古驰正式进军奢侈品转售市场，首次与The RealReal合作，除了振奋较为低迷的市场，还可借此来落实环保理念，运用二手转售来达成古驰在可持续发展领域设定的目标。双方将合作推出一家网上商店，出售来自古驰品牌的或委托人提供的二手古驰商品，包括男装、女装、包袋和鞋履。用户每在The RealReal网站上购买或寄售一件二手古驰衣物，The RealReal将通过非营利性组织种植一棵树，进一步推动品牌在环保方面做出更多努力。

The RealReal在一份声明中表示，奢侈品较长的使用寿命原本就使其可以支持循环经济的发展。通过加入The RealReal，古驰可以进一步延长其商品的使用寿命。

古驰作为 The RealReal 平台上最受欢迎的品牌之一，也是 The RealReal 迄今为止最大的奢侈品品牌合作伙伴。二手古驰商品的需求量增长强劲（2020 年增长了 19%）。对于寄售人来说，二手古驰商品价格不菲，古驰服装的转售价比在 The RealReal 平台上售出的其他品牌服装的转售价高 2.3 倍。

The RealReal 的创始人朱莉·温赖特表示："古驰不仅为时尚行业，也为所有公司提高了标准，通过不断创新使其业务更具可持续性。我们在全球范围内专注奢侈品转售业务，希望鼓励消费者支持循环经济，与我们一同减少时尚行业的碳排放量。"

《全球奢侈品行业消费者洞察报告》称，奢侈品品牌能够通过参与和鼓励二手交易获得好处，包括完善品牌形象和吸引新消费者。相反，销毁库存之类的行为则容易遭到新一代消费者抵制。一家英国的奢侈品企业曾销毁上一年未售出的商品，消费者发现后对品牌口诛笔伐，并表示不会再购买该品牌的商品，该品牌迅速发布公告称以后不会再有此类行为。

由此可见，奢侈品品牌参与二手奢侈品市场交易，是向外界宣扬自身支持可持续发展的好方法。这样不但顺应了可持续发展的潮流，更赢得了消费者的认可和尊重。

第四，二手奢侈品市场中消费者的消费理念呼应了奢侈品品牌践行的绿色发展理念。

据统计，全球纺织服装行业的碳排放量占据全球碳排放量的 10%，纺织服装行业是全球第二大水消耗与水污染行业，并且，在这个行业的生产原料中，仅有 1% 的纤维得到回收，85% 的废旧纺织品被填埋或燃烧处理，纺织服装企业每年大约囤积9200万吨纺织品废料……作为仅次于石油行业的第二大污染行业，纺织服装行业对环境的破坏令人震惊。

在日益响亮的可持续发展的呼声中，纺织服装行业正在改变服装制造、消费和处理的方式。让行业在发展过程中承担更多的社会责任，是中国纺织工业联合会社会责任办公室主任阎岩工作的核心。阎岩表示："我们系统地梳理了中国纺织服装行业自2005年至今的实践和成果，并基于国际实践和趋势，对其未来的机遇进行了阐述和展望，相信能为全球纺织服装行业探索循环发展之道提供参考。"

同时，在国际善待动物组织（PETA）以及知名意见领袖的督促下，90%的头部奢侈品品牌都已宣布停止使用动物皮制作服装。

2019年5月，普拉达宣布将从2020年春夏女装系列开始不再制作动物皮草。国际零皮草联盟主席Joh Vinding表示："随着越来越多奢侈品品牌的加入，消费者对于动物皮草的态度也发生了变化。"

国际善待动物组织则通过社交媒体回应道："虽然普拉达已经迈出了第一步，但我们希望普拉达能够除普通动物皮外，也不再使用鸵鸟皮、鳄鱼皮、蜥蜴皮、蛇皮等。"据悉，国际善待动物组织美国关联机构已经入股普拉达，以在股东大会上提议禁用特种皮草。

随着消费者越来越关注奢侈时尚对社会和环境的影响，停用动物皮已经成为奢侈品品牌表明态度、提升自身形象的一种方式，而古驰作为目前最受欢迎的奢侈品品牌之一，其不断深入动物保护领域的举措实际上也是对其他品牌的进一步压制。

2017年10月,古驰全球首席执行官Marco Bizzarri宣布品牌加入国际零皮草联盟,"时至今日,你们还觉得动物皮草是潮流吗?我不这样认为,这也是古驰不再使用动物皮制作服装的原因"。

古驰在做出停用动物皮这一决定后,还把之前已经生产但尚未出售的动物皮制品进行拍卖,所得款项捐给动物权益组织HIS和LAV,并向联合国儿童基金会捐助100万欧元,旨在向业界强调其意识转变的决心。

在奢侈品行业,企业必须不断创新,才能长期走在业绩增长的轨道上。在古驰不断的印象强化之下,消费者开始有更多理由购买古驰的商品,不仅仅是为了美,也为了深刻的品牌内涵。有报告显示,在年轻消费者眼中,奢侈品本身的重要性在逐渐降低,他们更重视品牌所承载的文化内涵。

综上所述,奢侈品消费者的消费观念已经发生了重大改变,而这些观念的改变,又将反作用于奢侈品行业的发展。无论是通过二手交易而延长二手奢侈品的使用寿命,还是希望奢侈品品牌在生产制作过程中更符合道德要求及可持续发展要求,消费者都不再只是一股简单的消费力量。奢侈品品牌顺应潮流、响应消费者的诉求、积极投身二手交易市场,将会进一步彰显品牌自身的价值观,从而得到更多消费者的拥护与支持。

五、奢侈品品牌支持二手奢侈品市场的策略

既然奢侈品品牌支持和鼓励二手奢侈品市场能够获得更多收

益,那么品牌该以怎样的方式参与其中?结合聚奢网管理者多年的行业观察与切身体验,我们建议奢侈品品牌从以下四个方面参与二手奢侈品市场。

第一,提供转售服务(或与现有二手转售平台战略合作),直接帮助买家更可持续地消费并支持循环经济。

由于未形成成熟的法律体系与市场标准,二手奢侈品市场的价格乱象层出不穷。对于普通消费者而言,二手奢侈品电商平台未必值得信赖,而线下二手奢侈品门店多为"熟人市场",如此看来,消费者都是在冒着信息不对称的风险进行交易,总体成交率还有很大成长空间,需要时间沉淀和更多的营销支持来破冰。

对比第三方机构或C2C来做信用背书,奢侈品品牌若能以官方身份试水二手市场,能够更妥善地处理商品成色与真伪鉴定等问题,对消费者来说无疑是个好消息,同时也更能彰显奢侈品品牌在争夺二手市场份额时的绝对优势。

波士顿咨询集团与奢侈品转售平台 Vestaire Collective 在共同研究2020年的二手市场时发现,二手衣物在消费者衣物中的比重持续上升,占21%。预计到2023年,该比例将增至27%。既然二手商品已越来越受到消费者的追捧,成为一种符合潮流的消费品类,那么,奢侈品品牌就更应该以官方身份介入这一市场,以维护市场秩序、消费者利益,以及品牌自身的信誉与形象。

第二,积极开展跨界合作,举办公众活动,将品牌文化推向更广泛的消费受众。

比如,尚美巴黎就在2017年4月与故宫博物院携手,共同策划了"尚之以琼华——始于18世纪的珍宝艺术展",向观众展现尚美巴黎设计师的创作才华及企业历经两个多世纪长盛不衰的经营秘诀。

本次展览通过介绍尚美巴黎的世纪传承与经典作品，以及尚美巴黎与同时期各大艺术流派之间的相互影响，展现这一品牌独特的创作风格、表现手法及丰富的历史底蕴。珠宝呈现了18世纪以来出现的各种艺术风格：古典主义、自然主义、装饰艺术、简约主义、超现实主义等。

"历经社会变革与时尚演进、王朝兴衰与危机战乱，尚美巴黎的精湛技艺世代相传，人们在观赏这些精美的珠宝艺术品时，应为其中卓越的工匠精神所打动。"故宫博物院宫廷部主任王跃工称赞道，"让我们惊叹的除了器物的华美和技术的精湛，更是东西方文明在对美的认知上惊人的相似和相互的倾慕与学习。美作为人类共同的追求，是永远共通、共鸣、共进的。"

这一场展览不仅汇聚了设计精湛的珠宝艺术作品，更展现了浓厚的珠宝美学，是一场难得的、与消费者直接对话的坦诚交流，令观者更加认同品牌的文化内涵，从而提升了品牌的知名度与美誉度。

第三，携手各方机构，加强对奢侈品假货的打击。A货、高仿、尾单……"假货"大概是奢侈品消费者最无法忍受的词之一，同时也是目前二手奢侈品市场面临的最大的挑战之一。二手市场上的信息渠道五花八门，在信息不对称的状况下很容易混入假货、仿货，导致二手交易市场混乱。

无论是C2C还是B2C，抑或是C2B2C渠道，都无法保障商品的"绝对真实"。商品在交易过程中亦存在被篡改（局部造假、局部拼接等）或者没有保修等风险，这就导致部分消费者对二手奢侈品交易望而却步。一般情况下，不具备专业技能与知识储备的买家很难自行判断二手奢侈品的真假，只能通过卖家的信用来评估，由此就给一些卖家创造了"浑水摸鱼"的机会。

除了能被专业人士鉴定出来的假货，还有一种更具隐蔽性的"局部假货"。某消费者在网络上反映，她就遭遇了这种坑害——出于对某二手奢侈品门店的信任，她将一个略有划痕及污渍的名牌包拿去做护理。若干天之后，当她再取回包时，发现包的品相确实焕然一新了，但她总觉得包的某一块皮颜色不对。拿给专业的朋友鉴定后，她才恍然大悟：原来，这家门店将她这只包的某一块皮剪了下来，更换了一块假的皮补上去！一般的消费者并不一定会察觉自己的包被"动了手脚"，此包也不能算"假货"，且经过护理了，又离开了门店，消费者再返回门店理论时，门店已无须承担任何责任！试想一下，当此门店集齐了"拼接"一只包所需的所有皮料后，就可堂而皇之地推出一只"真正"的名牌包了！如此恶劣的行为，不但令消费者寒心，更是对二手奢侈品行业的抹黑！

若奢侈品品牌能以官方身份介入二手奢侈品交易，凭借自身的信誉以及对品牌信誉的珍视及维护，不但能坚决打击假货市场，还能树立起消费者对二手奢侈品交易的信心。长远而看，这对于二手奢侈品行业的健康发展和奢侈品品牌自身的发展，都是一件好事。

第四，与二手奢侈品转售平台合作、与潜在消费者进行沟通，可以获得对品牌商品与定位的反馈。在商业社会中，品牌方对于自身文化基因及品牌故事的提炼，经过媒体传播、展览活动等途径传播出去之后，与消费者接收到的信息及其对品牌的评价，往往并不相同，甚至还会有很大的出入。为了保持品牌形象的高度统一，奢侈品品牌应该采取多种渠道及姿态，与社会各界的消费者进行广泛且深入地沟通，从而确保消费者对品牌形象有清晰、稳定的认识。

奢侈品品牌在与消费者进行沟通时，如果不用心对待消费者，则会为品牌带来非议，从而影响消费者对品牌商品与定位的反馈。恶性反馈会逐步降低消费者对品牌的好感，最终对品牌的长远发展产生不利影响。

随着二手奢侈品交易市场规模的扩大，在逐步形成完善的标准与规则后，二手奢侈品市场将会是奢侈品品牌值得尝试的"第二渠道"。从行业发展的长远目标来看，无论是新品市场，还是二手奢侈品市场，都是在以奢侈品为载体，为消费者带来更多的美好生活新体验！

迷恋、偏见、物欲，奢侈品与消费的本质

——对话聚奢网创始人曹玉智

访谈嘉宾：曹玉智（南京聚奢网络科技有限公司创始人）

采访记者：欧家锦（奢侈品财经作家、《奢侈品在中国》的作者）

1979年3月，知名设计师皮尔·卡丹在北京民族文化宫举办了一场时装秀。正是这场秀，推开了新中国的"时尚之门"。40多年过去了，中国经济的发展举世瞩目，中国消费者成了全球奢侈品行业中最大的购买人群，中国消费者强大的购买力惊艳世界。但奢侈品在中国的发展，亦伴随着诸多争议。

对于全球奢侈品行业来说，中国已成为最大的代工基地，中国消费者已成为最大的购买人群，但中国品牌在哪儿？一个由亿万消费者参与消费而形成的巨大市场，其背后真的只是人们的物欲与焦虑吗？奢侈品消费的本质到底是什么？人们该如何正视奢侈品在中国的发展史？为了解答这些问题，奢侈品财经作家欧家锦，特邀南京聚奢网络科技有限公司创始人曹玉智，展开了一场关于奢侈品的深入探讨。

提问者：欧家锦，下文简称为欧。

回答者：曹玉智，下文简称为曹。

欧：每个人心中或许都有对于奢侈品的独特定义。你认为奢侈品的定义是什么？

曹："奢侈"一词在中文语境中，充满贬义色彩——大意是指挥霍、浪费钱财，过分追求享受。奢侈品原指只有大户人家才能消费得起的商品；而今，奢侈品以普拉达、宝珀、劳斯莱斯等品牌为代表，涉及葡萄酒及烈酒、时装及皮革制品、香水及化妆品、钟表及珠宝、豪车游艇及私人飞机、精品零售及高级酒店等领域，这些来自法、意、英、美等西方国家的商品，被中国消费者统称为奢侈品。

其实，奢侈品只是一个特定历史时期中的概念。改革开放之初，皮尔·卡丹在北京的民族文化宫举办了一场时装秀，正式揭开了西方品牌进入中国的序幕。

售价高达数千元人民币的服装与鞋履、数万元人民币的箱包与腕表，其价格之高令人咂舌——1979年，我国城镇居民年人均可支配收入为387元人民币，1990年为1510元人民币，2000年为6280元人民币。对于那时的中国人而言，昂贵的外国商品确实堪称奢侈品。在1995年之前，人们购买这些商品只能通过外汇兑换券来结算，这促成了某些拥有特权的人的炫耀性消费。在改革开放的前20年，对于仍在追求吃饱穿暖的中国人而言，这些从国外进口的高价商品，确实太"奢侈"了！

不过，随着中国经济发展突飞猛进，国民收入大幅增加——

2005年，我国城镇居民年人均可支配收入为10493元人民币，2010年为19109元人民币，2015年为21966元人民币，对于这时的中国人而言，售价为数千元人民币的服装和鞋履，似乎并非遥不可及。不过，那些月入数万乃至数十万元人民币的"先富起来的一部分人"依旧是这些高价商品的主力消费者。

奢侈品的实质，是"精品"——奢侈品企业以精益求精的态度，为消费者提供精美商品与精致服务。

法国有一个行业组织，叫"法国精品行业联合会"，它成立于1954年，创立的初衷是传播法国手工艺、推动法国精品的对外贸易。成立至今，联合会已有80多个法国本土精品企业成员，包括大众熟悉的宝诗龙、马爹利等。联合会对于品牌的筛选有严格的标准，尤其注重其商品的手工艺及文化传承。

欧：奢侈品给人印象最深的感觉就是贵，你如何看待这个问题？

曹：这个问题时常被人提到，也困扰着许多消费者。奢侈品为什么贵？我从工艺精湛、客群精准、供需失衡三个方面来说明。

先说工艺精湛。比如，一个奢侈品包，它的制作从提供皮料的动物的养殖就开始了。每一个皮具工匠，都是动物学大师。皮具工匠非常清楚地知道，提供这种皮料的动物生长在什么样的环境里、它的皮有什么特质、它背部或肚子的皮怎样处理最合适。这样的匠心跟技艺，不是某些小皮具城的商家能拥有的。

又如瑞士的机械表，它能将数百个零件整合在一个小小的表盘上，这对材料的运用、设计的创意、工艺的精湛、功能的创新都提出了相当苛刻的要求。任何一块功能繁多的机械表，都是制造者在天体学、物理学、材料学、工艺美学等方面集大成的杰作。

数十位大师花费大量时间和精力，为你呈现一件独一无二的艺术品，除去原材料成本，你还得为大师的珍贵人生时光买单。所以，奢侈品价格昂贵，是有道理的。

再说客群精准。比如，一只令你不屑一顾的石英表，或许正是某些仍在佩戴电子表的消费者垂涎欲滴的奢侈品。想想学生时代的你，只能佩戴价值数十元的电子表，那时的你是否渴望拥有一枚售价为上千元人民币的石英表？同理，你梦寐以求的机械表，或许只是另一部分人的日常消费品。如果你月薪刚过万，却想要购买一块价格为5万元人民币的机械表，那确实会感到压力很大；但对于那些月入10万元人民币甚至10万元人民币以上的人而言，购买价格为5万元人民币的机械表则毫无压力。

有很多人说："奢侈品唯一的缺点就是贵。"其实，如果你觉得它贵，往往是因为你不是它的目标消费者。

最后说供需失衡。当一个商品被好几个消费者争抢，品牌方就获得了很大的谈判优势。为何在全球经济下行大势之下，头部品牌的奢侈品依然敢涨价？答案很简单，因为有消费者需要它们，"得不到的永远在骚动，被偏爱的都有恃无恐"。

欧：很多人觉得人们使用奢侈品是为了炫耀、满足虚荣心，你怎么看？

曹：我从自我犒赏、人以群分、被看见——效率最高的社交方式三个方面来说明。

先说自我犒赏。贫穷不但限制了人的想象力，还限制了人对美好生活的向往。随着个人收入的提升，其对美好生活的向往也会被激发。奢侈品既是精美的商品，又蕴含着浓厚的文化底蕴，无论是在物质层面，还是在精神层面，都能给人带来美好的体验。所以，很多人消费奢侈品，其实是为了自我犒赏。

再说人以群分。任何一个商品，都有其特定的潜在消费客群；而不同的收入群体，或者具有不同的消费偏好的消费者，也有着不一样的消费习惯。所以，不可否认有些人是出于炫耀的目的而消费奢侈品，但并非所有人都如此。

最后，我重点说说被看见——效率最高的社交方式。奢侈品是社会人际交往中（特别是陌生状态下）成本最低、效率最高的自我宣传工具——除非，你已经不需要靠任何外物，就能让别人时刻看见你。

举个例子：倘若你是个楼盘销售员，同时有两个消费者走进售楼处，一位身穿普通T恤、牛仔裤及帆布鞋；另一位西装革履，且不经意间露出的腕表价值不菲。你会先接待哪一位？很有可能你会先接待后者。为什么？因为他看起来更有购房的实力，得优先接待；而他则借助奢侈品获得了更优质的服务，提升了他的办事效率。

一味地强调内涵而忽视外表，也是一种偏见。你用什么品牌、用哪个款式、如何搭配各种单品，都展现了你的财富水平、品位、生活方式。若你的交际对象也懂这些，那么只需进行简单地交流，你们就会很快产生默契，实现良好的社交效果。

欧：奢侈品假货为何屡禁不止？

曹：综合来看，奢侈品假货泛滥有四个重要原因。一是奢侈品品牌官方不提供验货服务，当官方都无法担任"裁判"，行业中难免乱象丛生；二是在巨大的经济利益面前，造假者发挥各种令人惊叹的手段进行奢侈品仿制，仿制品以假乱真，令人防不胜防；三是有为数不少的消费者知假买假，庞大的市场需求给企业带来了巨大的造假动力；四是有关部门监管不力、执法不严，使造假者钻了空子。上述四个原因令假货泛滥成了一个困扰品牌方、消费者、执法者的商业困境。

欧：相较于中国悠久的历史，奢侈品品牌进入中国市场的时间非常短，是否是这个原因导致了中国人对奢侈品有诸多误解？

曹：你在《奢侈品在中国》一书中将奢侈品进入中国的历史划分为四个阶段，我觉得是挺合理的。

1979—1991年，混沌初开，国人时尚意识觉醒。时装设计师皮尔·卡丹于1979年举办了新中国第一个时装展，揭开了新中国的时尚序幕。

1992—2003年，追随潮流，中国市场逐渐升温。全球奢侈品头部品牌来到中国，带动了众多奢侈品品牌进入中国。

2004—2012年，黄金十年，国人消费惊艳业界。中国兑现入世承诺，于2004年颁布《外商投资商业领域管理办法》，向外资企业开放市场，促进了国际奢侈品品牌对中国市场的大力投资。

2013—2019年，全球瞩目，行业进入"中国时代"。"全球奢侈品及时尚行业的黄金十年"结束，而中国消费者扮演了"行业拯救者"的角色。

2020年12月,贝恩咨询与天猫奢品联合发布的报告显示,2020年全球奢侈品市场销售额萎缩23%,而中国奢侈品市场销售额在经历年初的疲软态势之后,实现全年48%的增长率,达到近3460亿元人民币的市场规模。与此同时,中国内地市场份额占全球的市场份额几乎翻了一番,从2019年的约11%增长到2020年的20%。这种增长速度很有可能持续,中国有望在2025年占据全球奢侈品市场的最大份额。我相信,随着中国人对奢侈品的消费量日益增多,大家对奢侈品的理解会更深刻及多元化。

欧:在中国,消费奢侈品的主要是哪些人呢?

曹:我划分了四大类消费者,分别是藏家型、核心型、边缘型、"口嗨"型。

藏家型消费者消费的商品主要是"重奢",即珠宝跟腕表,还有限量款的包等。这种人"神龙见首不见尾",在奢侈品行业中有着举足轻重的地位,很多品牌甚至会在新款商品上市之前提前让他们进行选购。藏家型消费者是各大品牌VIP名单上最靠前的那一批人。

所谓核心型消费者,就是指高收入人群,如月收入在10万元人民币以上的,他们是奢侈品的最大购买群体。购买奢侈品并不会给他们带来压力,奢侈品在他们手中回归了其最初的定位,就是精品——一件精致的日常用品。

边缘型消费者主要指白领以及学生等,这些人渴望拥有奢侈品、渴望拥有美好生活,但是他们的积蓄不够,虽然攒一攒钱可以买奢侈品,但市场一有点儿风吹草动(比如商品涨价)他们便游离出去了。这个群体也为行业营业额的增长贡献了不小的力量,他们中的一部分人或许会成为未来的奢侈品消费主力军。

所谓"口嗨"型消费者,是指自身没钱,但是出于虚荣等心理,又很关注奢侈品的人。他们也为奢侈品行业贡献了价值——毕竟有些人买奢侈品就是为了炫耀,如果没有"口嗨"型消费者关注的目光,买了奢侈品的人就仿佛在"锦衣夜行",那多无趣啊!当然,某些"口嗨"型消费者可能会转变为真正的消费者。

欧:哪些城市的人热衷于消费奢侈品?

曹:这是一个很有意思的问题。中国太大了,中国的城市里既有经济发达的北上广深,也有经济欠发达的低线城市。奢侈品在中国的前两大消费城市,上海和北京,我就不用多说了,相信大家都很了解了。在我的观察中,有四个非典型奢侈品消费城市,分别是成都、西安、大连与广州。

首先说成都。它被誉为"中国奢侈品消费第三城"。据说,古驰开在成都太古里的门店是其全球门店中营业额最高的。

为什么成都人的奢侈品购买力这么强呢?大概有四个原因。第一,成都是我国西南地区的门户城市之一,国家在成都投入了大量资源,各地的公司开辟西南市场时也会把总部设在成都,所以成都的经济十分繁荣。第二,成都市场不仅是当地市场,还对四川省乃至整个西南地区的市场有吸附效应,且成都又是闻名全国的旅游城市,所以成都市场面对的是整个西南地区的消费者,乃至全中国的消费者。第三,很多奢侈品品牌把成都当作一块试验田。品牌的很多营销行为如果先在北上广试水，一旦失败，试错成本非常高；而在其他城市试水，效果又不明显。成都是较好的连接一、二线市场的枢纽。成都这座城市暗藏着澎湃的发展动力。

其次说西安。它被誉为"中国奢侈品消费第四城"。在2019年的中国城市GDP排行榜中，西安排在第22名，而它所在的陕西省，在全国省份GDP排行榜中只排到第14名，那么西安何以成为"中国奢侈品消费第四城"？

西安的情况跟成都差不多，但是有一个比较特别的点，我觉得有必要提出来。在过去的10年中，大规模的"造城运动"，造就了一大批西安"拆二代"，他们强大的消费力需要被释放，于是，奢侈品备受他们青睐。

再次说大连。可能这几年人们一提起东北，就想到经济下滑，但我想说，在"重奢"消费方面，也就是在珠宝、腕表、名包消费方面，大连的消费力可以排进全国前10名！

为什么大连的"重奢"市场如此繁荣呢？原因在于大连汇聚了东三省的消费力。在2008年以前，奢侈品业界中流传着一句话："得东北者得天下"；而现在北京SKP的强悍业绩，据说有大约40%都是东北人贡献的。

最后说广州。广州的GDP排全国第4名，但是它的奢侈品消费额连全国前10名都排不进去，为什么会这样呢？我想大概有4个原因。一是广州人没有消费奢侈品的习惯，广州人讲究吃、讲究买房子，对穿着却不怎么在意，这是一种地域文化；二是广州外贸发达，广州人如果要买奢侈品，随时可以请国外的朋友、生意合作伙伴、亲戚等在国外买了带回来；三是广州靠中国香港、中国澳门太近了，这两地的奢侈品门店分流了广州当地门店的消费者；四是广州的奢侈品假货很多，对于一些广州人来说，如果非要"撑面子"，可以买高仿奢侈品来代替正品。

欧：低线城市中也有很多奢侈品的（潜在）消费者吧？

曹：对！"小镇青年"逐步成为奢侈品的买家，我曾说过一句玩笑话："奢侈品品牌除了有北上广的诗与远方，还有县城的甲方。"

据天猫 Luxury Pavilion 发布的数据，参与 2019 年"6·18"活动的奢侈品品牌数比 2018 年多了一倍，奢侈品整体成交额和成交人数增长率均超过 130%。在奢侈品消费中，三线及以下城市成交额增长率超过 55%，略高于一、二线城市。值得一提的是，25 岁以下的奢侈品消费者人数增长了近 50%。

要客研究院发布的《中国奢侈品电商报告 2019》显示，三、四、五、六线城市奢侈品销量同比增速已经超过一二线城市，其中六线城市增速更是超过了 100%。

相较于一、二线城市，三、四、五、六线城市具有更大的增量空间和市场增速。低线城市的奢侈品消费额不仅增长快，在市场中的占比也已经有了显著提高。在天猫 Luxury Pavilion 上，超过一半的销售额由三、四、五、六线城市用户贡献。以圣罗兰为例，品牌与天猫合作后，仅三、四线城市消费者就贡献了其 48% 的线上销量。

欧：对比各国奢侈品行业的发展历程，你认为中国二手奢侈品行业的发展前景如何？

曹：我们可以回顾一下日本二手奢侈品行业的发展历程。在1970年前，普拉达、古驰等，只是一个个小品牌。那1970年以后，究竟是什么让这些品牌的知名度飞速提升的呢？

答案是日本经济的崛起。日本非常幸运地抓住了20世纪50年代的第三次科技革命的契机，经济迅速发展。1968年，日本成为全球第二大经济体。

有了钱的日本国民开启了"买买买"的旅程，以购买奢侈品来彰显自己的财富、身份和地位。各大奢侈品品牌走出欧洲、走出美国，来到了日本，迈出了全球化的第一步。

虽然1990年后，日本泡沫经济破裂，经济持续下行，但日本国民的奢侈品消费力依然强劲，直到2008年才被中国超过。那时候，美国和日本交替成为全球奢侈品第一大消费国，到2013年，中国超过了美国和日本，成为全球奢侈品第一大消费国！

所以，西方奢侈品品牌现代化的历史并不长，大多数品牌是在短短的几十年内实现崛起并发展得如日中天的。这能否给我们中国的企业带来一些信心？

有了过去积累下来的海量奢侈品作为货源，加上日本经济发展停滞不前，越来越多的日本国民将手中的奢侈品卖出去变现，日本二手奢侈品市场逐渐形成。

中国经济在未来20年甚至更长的时间内，依然会不断发展；过往多年积累下来的海量奢侈品，会逐步进入二手奢侈品市场，从而推动这一行业的发展，而比起日本，中国的二手奢侈品市场有更大的发展空间。我非常看好中国二手奢侈品行业的发展前景！

聚奢网：中国二手奢侈品行业的先行者与领军者

聚奢网，以"改变消费者对二手奢侈品的消费理念，让更多的人拥有奢侈品"为使命，践行"互联网+"战略，开创"线上体验、线下成交"的融合商业模式，业务涵盖奢侈品交易、认证、维护、销售培训等，拥有完整的全业务生态链。

在行业中沉淀15年之久，聚奢网拥有行业中的顶级资源，拥有在业内颇具规模的"回收+销售"网络体系，累计服务用户上百万人次。聚奢网先后荣获"3·15诚信企业""中国品牌之星100强"等称号。

聚奢网自主研发建立网络交易与管理平台，同时进行线下布局，覆盖超过50座全国一、二线城市，打造了"超100+优选奢侈品"交易体验中心。

未来，聚奢网将继续保持开拓进取的精神，以服务消费者和创造价值为初心，不断创新、砥砺奋进，力争打造业界一流的奢侈品互联网综合服务平台。

发展历程

2006年，聚奢网前身——南京佛阳子黄金珠宝有限公司（以下简称为"佛阳子公司"）成立，总部位于江苏省省会南京。创始人为曹玉智先生。

佛阳子公司是一家集贵金属、服饰、箱包、名表等奢侈品的回收、销售业务为一体的公司。"立足南京，辐射全国，走向世界"是佛阳子公司的远大愿景。

"实力、专业、高效"是佛阳子人的一贯追求；"公正、诚信、安全"是佛阳子人的服务承诺。正是这样的价值体系，奠定了公司的文化基础，这些文化基础传承到了如今的聚奢网。

佛阳子公司成立伊始，业务范围主要涉及贵金属、奢侈品回收销售，以及金银制品定制等，并逐步成立了奢侈品会所、珠宝首饰销售连锁机构、回收中心、定制中心、加盟中心与销售中心等。这些业务板块都为后来公司在二手奢侈品业务上的发展打下了坚实的基础。

2008年，面对无经验、无标准体系和经营手册、无管理构架及发展规划的局面，曹玉智先生带领团队成员日夜奋战，于当年年底完成了佛阳子二手奢侈品连锁体系的基础构架和各项运营标准的制定，确立了"二手奢侈品供货商"的角色定位，以互联网为核心工具，立足南京，布局全国，分别在南京、北京、上海、杭州、天津、深圳等地设立分公司直营店，完成佛阳子公司市场布局的基本体系建设。

2010年，佛阳子公司在国内首创二手奢侈品鉴定培训业务和二手奢侈品连锁加盟业务，同时在长春、郑州、昆明、厦门、温州等十几个城市设立加盟连锁店，为佛阳子公司连锁体系快速发展奠定良好的基础，至此，佛阳子公司二手奢侈品全生态业务体系构建完成，公司业务开始快速发展。

2013年，随着互联网信息技术发展日新月异，公司积极吸引人才，通过技术驱动业务创新，使公司在技术研发和应用方面始终走在行业前列，并通过不断加大研发投入、与高校科研机构合作等方式，使公司ERP后台管理系统和网上商城相继上线。

在此过程中，公司申请了多项发明专利，拥有了多项软件著作权。依靠技术创新推动，公司全面升级，成为在行业内领先的电子商务技术公司。

2015年，聚奢网注册成立。同年，公司的线下实体店突破50家，覆盖城市突破30座。

2016年，聚奢网荣获"江苏最具成长性互联网+企业"称号，成为江苏省苏商发展促进会理事单位；荣获"中国品牌之星100强""中国互联网电商10强品牌"等荣誉称号。董事长曹玉智受到中央电视台《对话中国品牌》栏目组邀请并录制专访节目，节目播出后引起强烈反响。

公司完成"聚奢"标准化体系和整体形象建设，推进"聚奢"品牌战略升级，全面提升聚奢网直营店和特许连锁终端店的店铺质量。

2017年，聚奢网在江苏众创板挂牌，交易代码为691333。

2018年，聚奢网总部搬迁至全新独栋现代化办公大楼，坐落于南京市徐庄软件园。企业建成国内首家二手奢侈品贸易交流基地，与苏宁集团建立战略合作伙伴关系，直营门店数量突破100家，员工总人数突破500人。

2019年，聚奢网获得"江苏省互联网平台经济'百千万'工程重点企业"荣誉称号，企业管理系统3.0版本上线。

2020年，"福样子"品牌创立，致力于提供专业的奢侈品C端综合服务。同时，企业引入业内专业人才，成功组建由十多名主播组成的短视频直播团队。聚奢网南京东方福莱德旗舰店、上海金茂旗舰店相继设立，集二手奢侈品鉴定、回收、寄卖、养护于一体的全新综合商业体验馆模式正式开始实行。

展望未来，聚奢网将继续擎起二手奢侈品行业发展大旗，承接"改变消费者对二手奢侈品的消费理念，让更多的人拥有奢侈品"的企业使命，牢记"对员工负责""让消费者满意"的初心，立足高远，继续引领中国二手奢侈品行业远航！

业务板块

1. 回收、寄卖板块

不同卖家对交易方式的要求有很大差异，为此，聚奢网面向不同卖家推出不同的交易方式：回收和寄卖。

回收：商品鉴定无误后，卖家按照约定好的价格，立即和聚奢网签订回收协议，现场转账，快速便捷。

寄卖：渴望将商品高价卖出又不急需回笼资金的卖家，只需和聚奢网商定合适的寄卖价格，同意寄卖服务条款并签订商品寄卖协议。商品通过鉴定审核后，由聚奢网专业人员完成寄卖商品的拍摄、信息编辑、上架和交易撮合工作。成交后，企业将扣除佣金后的货款一次性支付给卖家。

聚奢网客服为消费者提供全年无休的售前、售中和售后咨询服务，帮助消费者解决一切在售卖和交易过程中遇到的问题，保证每个消费者都能获得最满意的交易体验。

2. 电商板块

聚奢网自主研发网络商城（www.jushewang.com）、聚奢网App、聚奢网微信商城小程序等网络服务平台，通过全渠道推广方式对品牌进行推广。目前聚奢网App用户已经达到1000万人。

聚奢网抖音直播板块紧跟时代前沿，主播24小时在线，上线以来服务数十万名消费者，受到行业关注。

3. 培训板块

奢侈品鉴定师一直是稀缺的专业人才。随着市场和企业的需求不断增长，无论是出于成为鉴定师，还是出于经营二手奢侈品店的目的，学习奢侈品鉴定的人越来越多。

聚奢网商学院与北京大学、商务部国际贸易经济合作研究院、中国旧货业协会等机构建立战略联盟，与中检集团江苏公司、中国轻工业联合会、中国奢侈品行业协会等联合办学，培养奢侈品鉴定人才。

聚奢网商学院已完成全国战略布局，在国内各大城市设立学习中心，学员可就近入学。商学院至今已举办100余期精英训练营，累计为行业培养、输送人才1000余名，学员遍布近百个城市，学员满意度高达99%。大部分学员选择自主创业。

4. 加盟板块

二手奢侈品行业是一块巨大的"蛋糕"，许多企业因为受到各种门槛限制，选择加盟二手奢侈品品牌。随着行业深入发展，粗放式经营的单店个体户会被逐渐淘汰，平台化和连锁化是重要趋势。聚奢网是国内二手奢侈品行业中率先开展专业的高端二手奢侈品门店加盟的企业，保持巨大的领先优势，企业有望成为行业"独角兽"。目前，聚奢网在全国已有十几个省级加盟商，创造了独特的加盟模式。

2020年，聚奢网成立"福样子"子品牌，作为二手奢侈品加盟业务的主营品牌，以"互利共赢、诚信合作"为品牌理念，以打造二手奢侈品行业互动平台为出发点，携手广大从业者，分享成功经验、经营心得，促进行业繁荣发展。

5. 养护板块

聚奢网是国内率先提供奢侈品维修保养服务的专业机构。企业以全品类奢侈品维修、养护为辅助业务，拥有由多名国内外一线品牌的服务专家组成的专业顾问团队，引进先进的管理技术，成为奢侈品全品类一站式养护服务的开创者。

优势资源

1. 奢侈品鉴定评估技术中心

聚奢网奢侈品鉴定评估技术中心是目前国内领先的奢侈品鉴定评估机构，拥有专业的技术检测设备、完善的检测流程。

目前，该中心汇集数十名专业的国内外资深鉴定师，包括美国GIA鉴定师、日本奢协专家与国内资深鉴定专家，部分成员为国家皮革制品质量监督检验中心、中国钟表协会收藏研究委员会等机构的高级工程师。

聚奢网奢侈品鉴定评估技术中心遵循严苛的标准和严谨的服务流程,通过仪器设备和人工检验结合的方式,确保每一件商品均为正品。

2. 远程鉴定估价系统

聚奢网通过研发,设计了一套多层级协同的奢侈品鉴定系统,针对不同品牌、不同类型商品的特征,经过"系统提交→联动鉴定→分析反馈"流程,5分钟内得出鉴定结果,准确率达到99.8%。

商品报价是确定商品回收价的重要依据,也直接影响企业的最终销售利润。每个估价师对同一商品的估价略有差别,为了尽可能保证估价合理,聚奢网研发了一套基于估价师从业年限、技能等级等要素的算法,采用多名估价师同时报价、独立报价、剔除极限报价等方式,保证回收价的合理性。

3. 商品保障体系

聚奢网严格保障鉴定和审核质量,确保商品质量和成色符合商品描述。

聚奢网自建专业的仓储基地,恒温恒湿,确保每一件商品都能够得到最好的维护和安全保障,每一件商品都会经过消毒处理。

聚奢网提供专业的邮递服务,尽可能地保证商品无磨损、安全流通。

4. 管理方法

管理是企业发展的动力。随着公司的高速发展，市场对企业各项管理的要求也越来越高。为避免组织规模增大所带来的行政效率低下、决策迟缓等问题，企业定期对各项管理制度、流程进行总结、调整及优化，确保各项管理制度与企业的发展匹配。企业借助信息科技革命，采用新型的管理工具和资源管理系统来优化各项业务流程，使业务流程的效率不断提升，同时降低业务执行成本，凸显规模效应。

5. 品牌力量

聚奢网一贯重视品牌塑造和推广工作。企业成立伊始，就注册了"聚奢"®与"聚奢网"®商标，并在CCTV-1、CCTV-2、CCTV-7、CCTV-12等频道不断进行广告投放。

全国各地的直营店和加盟店采用统一规范的VI体系，具有很好的品牌辨识度。经过十多年的推广和运营，聚奢网已经在国内具备了广泛的影响力，"诚信、正品、互利"的品牌形象已获得广大消费者的认可。从平台的复购率来看，消费者的忠诚度日益增强。

企业文化

1. 价值观

聚奢网秉持"以人为本、共享共赢、创新进取、包容开放"的企业精神，以"改变消费者对二手奢侈品的消费理念，让更多的人拥有奢侈品"为企业使命,以"成为国内领先、世界知名的二手奢侈品综合服务平台"为企业愿景,让企业文化体现在企业运营的每个细节中。

2. 诚信经营

聚奢网严格遵守国家相关法律、法规。在实际经营过程中,企业采取的相关措施实现了良好的效果。

同时,针对行业内假货泛滥的现状,聚奢网依靠严格的鉴定系统,杜绝了自营商品中出现假货的现象;对于非自营、在平台寄售的商品,企业也严格按照标准化的鉴定流程辨别真伪,确保整个平台无假货。

3. 以人为本

聚奢网推行"以人为本",把尊重员工、关爱员工作为企业发展的运营准则,把培养员工、提高员工能力作为企业发展的根本途径,遵循尊重知识、尊重人才、尊重创造的工作方针,全方位地激发员工的创造力与热情,在加快企业自身发展的同时,加速员工个人的发展,实现员工发展和企业发展和谐统一。

4. 支持公益事业

在日常经营过程中,聚奢网坚持"支持公益事业、明确责任担当、企业反哺社会"的发展思路,高度重视企业所承担的社会责任,并履行相关义务。这是体现企业品牌价值的重要维度。

企业通过组织员工做义工、爱心捐赠等方式,实现企业的社会价值。二手奢侈品行业本质上属于回收行业,属于"循环经济",延长了奢侈品的生命周期。聚奢网希望通过自身的商品形态、品牌理念,改变消费者对二手奢侈品的消费观念,推动经济、社会可持续发展。

附录一

西方奢侈品品牌在中国的发展历程

若为中国改革开放的第一个40年写几个关键词,其中一定会有"西方品牌中国化"——许多西方品牌加速了中国商业的发展进程,而中国市场也成就了它们在全球市场中的领军地位。

改革开放40年既是西方奢侈品品牌进入中国的历史,也是中国走向世界的历史,更是中国人憧憬、创造并享受美好生活的历史。

从"忽视中国"到"为中国而设计",在这40年里,西方奢侈品品牌发生了哪些改变?中国对它们而言意味着什么?想要回答这些问题,就要先梳理西方奢侈品品牌在中国的发展历程。

第一个时期：

1979—1991 年，混沌初开，国人时尚意识觉醒

1978 年末，十一届三中全会召开，确定了"改革开放"的政策。一个新的时代即将到来。

当时，中国的大街小巷中随处可见穿着军绿色或藏蓝色、款式单调的服装的老百姓，时尚距离中国人似乎还很遥远。美联社记者曾拍过这样的一张照片——身穿黑色毛料大衣、脖子上戴条围巾、双手插在衣兜里的法国服装设计师皮尔·卡丹（Pierre Cardin）走在长安街上，他身后那群穿着蓝色工作服的中国工人，以及一旁那位捂着皱巴巴的对襟棉袄的中国老农，都像看外星人一样看着他……

1979 年 3 月 19 日，皮尔·卡丹在北京民族文化宫举办了一场服装观摩会。在一个临时搭起的 T 形台上，8 名法国模特和 4 名日本模特，在流行音乐的伴奏下扭胯摆臀、迈起猫步。台下穿着蓝灰色中山装的中国观众神色严肃、屏住呼吸。当一个金发美女面对观众停下脚步，兴之所至敞开对襟衣裙时，台下的人竟像遇到一股巨浪打来一样，身子齐刷刷向后倒去。

这场服装观摩会，为中国带来了新的时尚气息。

与此同时，在中国的另一个大城市——上海，也上演了一番奇怪的景象。黄浦区商场的营业员发现，总有消费者挤到手表柜台前，询问能否买到雷达牌的手表，在得到否定的回答后，消费者失望离去，但之后又有更多人赶来询问。

后来营业员们才知道，就在前一天，有一款叫"雷达表"的外国手表的广告同时出现在了上海电视台的节目和《文汇报》上。

一场"惊世骇俗"的服装观摩会，一条备受关注的外商广告，以一种近乎黑色幽默的方式，令中国人民感受到了时尚消费的来临。

随后，法国人头马（Remy Martin）闯入了中国市场——"人头马一开，好事自然来"。刚进入中国时，人头马XO就是洋酒的代表，也是西方生活方式和高端品位的代名词。

人头马高昂的价格和"吉利"的广告口号，曾让一批快速富裕的国民心动不已，这个品牌成为炫耀性消费的最佳代表品牌，以至于在20世纪90年代的社会语境中，人们将这些富裕的国民消费几千元人民币一瓶的人头马XO作为铺张浪费案例的典型。

在国人的消费意识觉醒之际，另一个法国品牌悄然而至。

法国博内特里塞文奥勒有限公司，这家名字拗口的公司，却有着一个在中国家喻户晓的品牌——梦特娇（Montagut）。

提起梦特娇，相信1980年前出生的中国人都会有一种亲切感。作为改革开放后最早进入中国市场的国际服装品牌之一，梦特娇被国人作为必须消费的法国名牌。

1979年，梦特娇通过位于中国香港的总公司登陆中国，亮丝令其在中国市场发展迅速。亮丝，是梦特娇于20世纪60年代初推出的一款独有的厚布料，其构造和纱织组合与众不同，用亮丝面料制作的衣服穿起来非常舒服、非常凉爽。亮丝服装在当时的市场中绝无仅有，很快成为抢手货。

1984年4月30日，美国《时代》周刊刊发了一个专题——"中国的新面孔"，周刊封面上是一个在长城上手持可口可乐的中国小伙子。对于国际社会来说，此时的中国开始融入世界，有了崭新的面貌。

第一批由中国香港运往北京的3000箱瓶装可口可乐，成为1978年中国实行改革开放政策后，最先到达中国内地的外国消费品之一。在那个时候，可口可乐给人的印象是"特别贵"。当时，北冰洋汽水的价格是0.15元人民币/瓶，可口可乐的售价是它的3倍。不少人认为可口可乐代表了"西方生活方式"。

这些变化，既显示了中国的改革开放初显成效，也显示了经济全球化的迹象，更表明了以美国为代表的西方阵营对中国的开放持赞赏态度。

1985年5月，一位法国设计师来到北京，在代表中国艺术收藏及展览最高级别水平的场馆——中国美术馆,举办"圣罗兰品牌作品回顾展"。

"我的脑海中时常出现中国意象。一本古老的画册也许就能完全承载我对中国的想象……我完全不需要到那里,因为我的梦境里出现了一个完整的中国……"

圣罗兰先生的想象力成就了他的服装艺术,也为这个令他着迷的东方国家带来了时尚气息。

1986年,瑞士品牌巴利(Bally)迈着坚定的步伐来到中国。品牌的全球CEO透露,"自从进入中国市场后,中国就是巴利品牌全球最大的市场了。作为先行者,巴利在中国,甚至亚洲地区有着比较稳固的消费客群。"

不过,当时的巴利品牌管理者或许想不到,在巴利进入中国市场的30年之后,它会被一家中国企业收购,从一个纯正的瑞士品牌,变成一个由中国资本控股的品牌。

中国消费者的强大购买力,使得一大批西方奢侈品品牌加快了奔向中国的速度。

1989年3月,在王府井金鱼胡同8号,北京王府饭店(于2006年7月更名为"北京王府半岛酒店")正式开业,其涉外酒店的身份在某种程度上赋予了其足够的私密性,这不仅让西方奢侈品的"高贵"特点被突出,也使中国境内的奢侈品零售行业发生了本质变革。

除了在世界各地经营豪华酒店,半岛还经营着知名的购物场所——半岛酒店精品廊。此为中国首家高端购物商场,许多西方奢侈品品牌选择在此开店,作为其进入中国市场的首站。

王府饭店不仅刷新了王府井一带的建筑"海拔",还更新了一代中国人对于奢侈品消费的认识。

然而,并非所有西方奢侈品品牌在中国落地的进程都一帆风顺。

当中国人心中的奢侈品品牌还是皮尔·卡丹、鳄鱼(Crocodile)时,杰尼亚(Zegna)几乎成了"天外来客"——8000元人民币一套的杰尼亚西装,售价几乎等于一个中国普通工人四五年的全部收入(1991年,中国城镇居民年人均可支配收入为1700元人民币)。

然而,杰尼亚显然选对了在中国开店的时间。对于中国市场,杰尼亚就此拥有了让同行惊叹的敏感触觉,这让杰尼亚成为在中国销量最大的顶级男装品牌之一。

"当时大家都觉得我们疯了。"杰尼亚家族的第四代继承人、杰尼亚全球行政总裁坦言,"当初我们决定进入中国市场时,完全没有想到杰尼亚会成为在中国销量最大的顶级男装品牌之一。"

第二个时期：

1992—2003年，追随潮流，中国市场逐渐升温

"让一部分人先富起来。"这一句话，促使中国展开了经济发展的崭新历史宏图。

20世纪90年代初，一部分先富起来的中国人毫不犹豫地选择消费奢侈品，来表明自己新的经济与社会地位，这是一种非常自然的心理需求。即便是并不富有的人，也渴望拥有一两件奢侈品，因为从某种意义上说，奢侈品能给人希望、安全感与心灵抚慰。

一辆停放在天安门前的法拉利（Ferrari）引起了很大的轰动。

举世闻名的赛车和运动跑车品牌法拉利，原本只想在北京亚运村会展中心进行汽车展览，根本没想到能将汽车销售出去，毕竟当时中国内地还没有一辆法拉利跑车，因此他们认为当时的中国内地居民尚不具备购买实力。

没想到华达投资集团董事局主席、原北京首富李晓华先生，以13.888万美元的价格（按照当时的汇率来计算，约合75万元人民币）从容地把这辆法拉利348超级跑车留在了北京。1992年，中国城镇居民年人均可支配收入为2026元人民币。这个中国人花75万元人民币买一辆车？法拉利公司的管理者们震惊了。

法拉利公司特意在天坛举办了跑车的交接仪式。交车仪式经媒体报道，引起全球轰动。不仅如此，李晓华和那辆红色法拉利在天安门广场拍摄的巨幅照片还被悬挂在法国巴黎机场和里昂广场，照片下面写着"一个来自中国的挑战者"。一时间，李晓华成为那个时代的一个符号。

或许是受到了触动，一大批西方奢侈品品牌加快了奔向中国的速度。

具有德国风格的雨果博斯（Hugo boss）于1994年以特许经营的方式进入中

国市场。但其首家品牌专卖店直到2006年才正式亮相于上海外滩。一些竞争品牌在20世纪90年代就在中国有了独立经营的店面,相比之下,雨果博斯可谓"起了个大早,赶了个晚集。"

"这跟我们长期与特许经营商合作有关,这束缚了我们的发展。我们积极拿回所有权后,才能自主地扩大、改造品牌的店面,甚至将店搬到更大的地方,必要时用两三层楼来展示商品。"雨果博斯中国区总经理英晟楦如此说道。

对于一个奢侈品品牌来说,将区域市场交给经销商管理会出现许多问题,尤其是在品牌高端形象的维护与传递方面,因为在经销商模式下,从门店设计到店铺服务等环节都不在品牌方的直接管控范围内。因此,不少奢侈品品牌都只在进入新市场的初期同当地经销商合作,一旦时机成熟,就会将代理权收回,改为直营。

1993年,一个对奢侈品行业影响重大的事件发生了。

1993年12月30日清早,数十位外国驻华大使、大使夫人以及来华的外商蜂拥进北京的一家免税店,焦急地把他们看到的货架上的一切东西装进他们的购物包。

这次疯狂的购物并非为了迎接新年的到来,而是因为前一天晚上央行的一纸公告——中国人民银行宣布从1994年1月1日开始停止发行外汇兑换券(以下简称为外汇券)。尽管央行的通告非常清楚地说明现存的外汇券仍然可以暂时流通,但外汇券的拥有者还是觉得越快花完手中的外汇券心里越踏实。

对驻华大使及来华的外商产生切身影响的这则简明扼要的公告——《中国人民银行关于外汇兑换券停止流通和限期兑换的公告》,给奢侈品行业带来了巨大的影响。它意味着从1995年1月1日起,外汇券不再流通,所有奢侈品开始以人民币统一零售,中国市场中的奢侈品品牌发展迎来了真正意义上的春天。

作为时尚行业的资深从业者,LVMH集团大中华区总裁吴越把1993年定义为中国时尚行业"硬件环境"整治的关键一年。

"1993年之前,西方奢侈品品牌虽然进入了中国市场,但基本只出现在友谊商店和五星级酒店大堂的商铺中。刚从资源短缺中走出来的中国,零售行业的硬件还不具备足够高的质量,这对于希望开拓零售市场的西方奢侈品品牌来说,可谓'皮之不存,毛将安傅'。"

在外汇券时代,先富起来的那一批人对于奢侈品的消费无形中引领了一种社会潮流；而外汇券的终结使得奢侈品品牌在中国的发展突飞猛进——那时的中国整体仍处于物质匮乏状态，但已有一大批人感受到了时尚的气息。

1994年，意大利的"明星御用皮鞋匠"菲拉格慕（Salvatore Ferragamo）来到中国。

1996年，意大利殿堂级时尚品牌古驰（Gucci）让中国人体会了奢侈品的摩登感。古驰为业界带来的众多创新性（体现在材料与设计上）商品赢得了消费者的青睐。时任古驰CEO马克·李透露，"亚太地区是古驰集团商品销售额增长速度最快的地区，其中，中国占了很高的市场份额"。

受众群体庞大且发展迅速的中国市场，吸引了更多西方奢侈品品牌到来。

在众多品牌来到中国的同时，全球奢侈品巨头历峰集团在1998年拥有了被誉为"中国第一个现代奢侈品品牌"的"上海滩"的控股权。

这个源自中国香港、创建于1994年的奢侈品品牌，最有名的商品是改良式现代旗袍、唐装、马褂。在"东风西渐"的大势下，以"东方遇见西方"为设计主题的"上海滩"为20世纪的东方风情增添现代元素，设计与包装别有东方情调。

"上海滩"的创始人，是中国香港慈善家邓永锵。当时，众多的西方时尚人士都以拥有一件"上海滩"的经典上装——黑色丝绒面配鲜艳的真丝里衬的唐装，作为时尚的象征。

为了更好地推广中式的奢华生活方式，热情开朗的邓永锵于1995年在北京创建了"中国会"（China Club）——它与长安俱乐部、京城俱乐部及美洲俱乐部并称"京城四大会所"。

历峰集团将"上海滩"收入囊中，或许不仅是出于生意上的考量。这一收购事件在商业层面所折射出来的意义，或许是业界巨头对一个正在崛起的巨大市场的深度探索与超前布局。

1999年9月27—29日，在中国上海国际会议中心，以"中国：未来的50年"为主题的第五届"财富全球论坛"揭幕。

由于总能敏锐地察觉世界经济的动向，"财富全球论坛"被视为"把握世界经济走向最清晰和最直接的窗口"，与1954年推出的"全球500强排行榜"并称《财富》杂志的两张超级名片。

这一届的"财富全球论坛"指出了21世纪最大的命题之一："中国重新看世

界,以及世界重新看中国。"与此呼应的是,主办方事先制作了一个时长15秒的广告片,在美国各大电视台的节目里反复播放,其中有一句响亮的广告词:"欲独霸世界,先逐鹿中国!"

随之而来的,是新一批跃跃欲试的西方奢侈品品牌。在这个即将成为全球最大的奢侈品消费市场的地方,这些品牌将上演怎样的精彩故事?

江诗丹顿(Vacheron Constantin)于2000年在北京王府井大街新东安市场开设了它在中国的第一家专卖店。

历史悠久的江诗丹顿,有着跨越3个世纪的制表经验——它的故事,源自1755年,本着"最小批量,最优质量,最高卖价"的经营战略,如今,江诗丹顿在瑞士日内瓦的工厂钟表年产量不超过20000只。在进入中国市场6年之后,江诗丹顿在北京中华世纪坛举办了"江诗丹顿中国古董钟表巡展",这是该品牌在全球范围内首次举办规模如此大的古董钟表展示活动,陈列在中心位置的是15枚以中国元素为灵感设计或者专为当年的中国皇族特别定制的钟表。

同在2000年,湾流(Gulfstream)飞机飞入中国。作为生产豪华、大型飞机的著名厂商,湾流的到来,是否为时过早?

那一年,中国的经济是怎样的一番景象呢?据国家统计局数据,2000年,中国国内生产总值为10.03万亿元人民币,人均国内生产总值为7942元人民币;城镇居民年人均可支配收入为6280元人民币。

在这种情况下,售价为数百万甚至数千万美元的私人飞机,有多少中国人能消费得起?我们换个视角,根据一份榜单来进行分析。

在1999年,一位名为胡润的在上海工作的英国人,利用空闲时间,查阅了许多报纸、杂志及上市公司的公告、报表,制作了一个与国际接轨的财富排行榜。

胡润以实证调查的方式,架设起一座中国人对一个人群(富豪)独特的认知桥梁,甚至是世界对中国这一人群的认知桥梁。

在首次发布的1999年榜单中,中信集团创始人荣毅仁以80亿元人民币的身家位列榜首,而当年榜单(前50人)的入围门槛为5000万元人民币;到了2000年,荣毅仁以150亿元人民币的身家蝉联榜首,而榜单(前50人)的入围门槛则提升至3.5亿元人民币;至2001年,来自四川的刘永行、刘永好兄弟(新希望集团联合创始人)以83亿元人民币的身家位列榜首,榜单规模扩大至100人,入围门槛攀升至5亿元人民币！

令人咋舌的财富积累速度，不但证实了中国这一经济体的迅速崛起，更吸引着西方各大奢侈品品牌的关注！

2002年，源自英国的超豪华房车及GT车制造商宾利（Bentley）进入中国市场。

"造一辆快的车、好的车、同级别车中最出类拔萃的车。"秉承这一传承百年、追求卓越的造车理念，宾利汽车成为全球瞩目的高性能、超豪华运动旅行座驾的标杆。

宾利刚进入中国市场时，曾以价格之高引起轰动——一辆汽车售价为888万元人民币！这是个什么概念呢？据国家统计局统计，2002年，全国城镇居民年人均可支配收入仅为7702.8元人民币。这一辆车，撇开上税、保险、养车的费用不谈，仅售价就约等于一个城镇居民1153年的总收入！

高昂的售价并未阻挡住中国先富起来的那一批消费者的热情。在正式进入中国市场3年之后的2005年，宾利取得了售出近100辆汽车的佳绩！

时任宾利中国总经理郑飚透露，"在中国大陆售出的所有车型中，雅致系列车（品牌历史上最强有力、最快的旗舰车，停产后其地位由慕尚系列车替代）有近30辆，其中加长版汽车销量占系列车总销量的50%以上。这使中国大陆市场连续3年成为雅致系列RL加长版汽车全球销量冠军"。

2002年，斯沃琪（Swatch）集团中国区总裁陈素贞，本着为集团当时拥有的18个手表品牌找到中国消费者的目的，将集团中国区总部从中国香港迁至上海。

斯沃琪集团旗下有多个腕表品牌，其中较为知名的有：斯沃琪、宝玑（Breguet）、宝珀（Blancpain）、雅克德罗（Jaquet Droz）、格拉苏蒂原创（Glashütte Original）、欧米茄（Omega）、浪琴（Longines）、雷达、天梭（Tissot）、雪铁纳（Certina）、美度（Mido）、汉米尔顿（Hamilton）。

陈素贞在接受媒体采访时，这样解释"搬家"的原因："斯沃琪集团的一些业务在中国内地发展已有六七年的时间，但主要都是代理商在做，在内地只设了几个代表处。我们将斯沃琪中国总部搬到上海，一是希望能更近距离地了解中国消费者，二是希望更近距离地宣传我们的品牌。"随后的5年里，集团旗下的18个品牌全部进入中国市场。

到了2003年，中国人均GDP达到1000美元——据国家统计局数据，当年的人均GDP为10542元人民币，城镇居民年人均可支配收入为8472元人民币。研究表明，当人均GDP超过1000美元时，社会消费结构会出现全面升级，将由温饱型向发展型、享受型结构转变，曾经的奢侈品将变成未来的必需品。

消费结构的改变，使中国真正拉开了奢侈品消费的序幕，奢侈品消费进入快速增长阶段。

第三个时期：

2004—2012年，黄金10年，国人消费惊艳业界

2004年4月，商务部颁布《外商投资商业领域管理办法》，并于同年6月1日起正式实施。这意味着中国彻底对外资企业开放零售市场，允许外资企业在佣金代理、批发、零售、特许经营等商业领域进行独资经营，国际品牌不再受开设连锁专卖店的限制。

对于奢侈品行业来说，这是一个里程碑式的文件。一方面，它促进了外国奢侈品品牌对中国的大力度投资，外企独资的奢侈品专卖店如雨后春笋般出现；另一方面，它带来了外国奢侈品品牌的渠道改革风波，品牌方纷纷回收（一线）城市代理权，希望直接管理中国市场，由此导致第一批将奢侈品带入中国的代理商被迫出局。

同年，另一项政策的制定也促进了奢侈品行业的发展，那就是关税下调。

在中国加入世界贸易组织（WTO）之前，进口葡萄酒关税高达65%，加上高消费税和增值税，综合税率曾高达150%。从2004年1月1日起，葡萄酒的进口关税下调至14%，这对外国葡萄酒公司而言，无疑是一个好消息。

中国轻工业网数据显示，尽管中国消费者的进口葡萄酒消费量仅占其葡萄酒总消费量的14.7%，但是其增幅相当惊人——从2005年到2009年上升了393%。

一个新时代已经到来！

2004年5月，历峰集团在故宫太庙举办"钟表奇迹"高级钟表品牌展，再现高级钟表几个世纪以来的发展史，展示钟表制作的精湛工艺和精美作品，钟表大师、珐琅工艺师、雕刻大师和宝石镶嵌大师向观众展示其绝技。

这是历峰集团旗下的十大钟表品牌首次汇聚在中国，展示它们凝聚着高精尖技

术的精品杰作。这十个品牌包括名士（Baume & Mercier）、登喜路（Dunhill）、万国（IWC）、积家（Jaeger-LeCoultre）、万宝龙（Montblanc）、沛纳海（Panerai）、江诗丹顿等。

统计数据显示，2002年前，中国还只是历峰集团在亚洲地区除日本以外的第五大市场，而2004年中国却已跃居第三位，并将迅速成为第二大市场。

在这一年集体亮相于中国的，不仅有历峰集团旗下的钟表品牌，还有在全球汽车界居品牌金字塔顶端的豪车品牌——赛车和运动跑车品牌法拉利、豪华汽车品牌玛莎拉蒂（Maserati）、顶级跑车品牌兰博基尼（Lamborghini）、奢华汽车品牌世爵（Spyker）、超豪车品牌迈巴赫（Maybach）。

2005年9月16日，百达翡丽（Patek Philippe）门店落户于上海外滩18号——这是它继诞生地日内瓦、"国际时尚之都"巴黎之后的全球第三家门店。品牌的经典广告语闻名于世，"没人能拥有百达翡丽，只不过为下一代保管而已。"（You never actually own a Patek Philippe, You merely look after it for the next generation.）

作为"手表中的蓝血贵族"，创立于1839年、稳居"世界十大名表之首"之位的百达翡丽，以实际行动预言了中国奢侈品市场的光明未来。

同样于2005年在中国开启全新历史篇章的，除了百达翡丽，还有深受世界各国名流雅士青睐的顶级珠宝品牌梵克雅宝（Van Cleef & Arpels）、生活品位的倡导者万宝龙。

在大势所趋下，有华人代表成为西方奢侈品品牌的领导者。

2005年，郑津兰女士正式入职劳斯莱斯（Rolls-Royce）汽车公司，担任公司大中国区总经理。由此，她成为劳斯莱斯汽车公司百年历史上的第一位中国籍员工。

在郑津兰女士接手公司大中国区业务时，劳斯莱斯汽车在该区域内的年销售量仅为50辆。在她的领导下，至2010年，中国成为其仅次于美国、英国的全球第三大市场！

2011年，中国首次超越美国，成为劳斯莱斯汽车全球最大的单一市场，劳斯莱斯北京授权经销商在其全球授权经销商中销量排名第一！劳斯莱斯汽车在中国的销量同比增长67%，达到1000辆，劳斯莱斯品牌的"郑津兰时代"到来！

迅速发展的中国不断刷新全球各大奢侈品品牌对这一市场的认识。为了更好地开拓中国市场，奢侈品品牌提拔了更多华人担任公司高管，最终升任LVMH集团大中华区总裁的吴越先生就是其中的佼佼者。

对于"LVMH史上首位亚裔高管"这个光环，吴越有自己独特的见解："我很荣幸获得这样的称号，但我更感到有责任帮助我们集团，甚至激励我们行业，吸引和培养更多的亚裔高管、华人高管。这是个以人为本的感性行业，将出于欲望的'想要'转换为生活'必要'。既然亚洲的消费者举足轻重，亚裔的从业者理应担负重任来帮助这个行业与时俱进，更好地为消费者服务。在中国，特殊的挑战是人才，需要'十年种树'，而市场的发展速度远远超过行业人才的培养速度。年轻人，得加油！"

中国正在被世界改变，中国也改变了世界。很多正在中国发生的事，成了世界变动的一部分。

作为全球三大奢侈品集团之一，历峰集团的一举一动在某种程度上指明了这个行业的发展方向。

2006年，历峰集团在中国设立了外商独资企业——历峰商业有限公司，注册地在浦东，该公司随后被认定为跨国公司地区总部。

历峰集团成立于1988年，总部位于瑞士，由南非亿万富翁安顿·鲁伯特（Anton Rupert）创立，经历了父子两代人的努力才走到了今天。

集团拥有一系列国际知名品牌，业务领域主要包括以下四个方面：一是珠宝精品，相关品牌包括梵克雅宝等；二是高级钟表，相关品牌包括江诗丹顿、积家、沛纳海等；三是万宝龙精品；四是其他业务，相关品牌包括登喜路、兰姿（Lancel）、蔻依（Chloe），以及其他的精品品牌。

另一位瑞士钟表业的"王者"——劳力士（Rolex），则选择在北京东方广场开设其第一家中国专卖店。

受20世纪90年代中国香港影视的影响，劳力士在中国内地可谓"人未至，名已响"（中国香港电影中的富豪戴的几乎都是奢华的劳力士表）。但作为当今全球钟表界的翘楚，它的品牌历史、先进技术、佩戴体验等又怎是通过看电影便能感知的呢？

为了更好地推广品牌，与中国消费者进行全方位互动，劳力士在2009年10月，于北京金融街国际会议中心举办了为期一周的、自公司创立以来的首次品牌展览——"劳力士·冠冕永恒"展览，获得了观众的良好反馈。

这种良好反馈的背后，是日渐崛起的中国消费者的强大购买力。这种购买力也吸引了深受欧洲贵族喜爱的意大利奢侈品品牌普拉达（Prada）来到中国。

在全球迅速拓展业务的普拉达花了很多心思开拓中国市场，而中国也在某种意义上成为它的福地——2011年6月，普拉达公司成功在中国香港联交所主板上市；2017年10月，经普拉达修葺一新的、位于上海市陕西北路的百年老宅"荣宅"正式对外开放，这是一个融合历史与现代风情的多功能空间。"荣宅"的开放，翻开了普拉达在中国的全新篇章。

2007年，中国城镇居民年人均可支配收入达到13786元人民币（约合1813美元）。逐渐富裕的中国消费者推动了奢侈品市场的迅速发展。先富起来的一小批人，不再满足于消费日常的皮具、箱包、服饰、鞋履、珠宝、腕表、香水、化妆品等，而是过上了"漂洋过海"的诗意生活。

为了巩固其"世界奢华游艇业的领导者"地位，阿兹慕（Azimut）在2007年于上海设立办事处，旗下的43S游艇在当年4月举办的中国国际船艇展上首次亮相。时任董事Federico Martini透露，"上海代表处的正式设立，展示了公司对开拓中国市场的信心，以及成为这个市场领导者的渴望"。

在2007年，积极进入中国市场并提升品牌在中国市场的认知度及美誉度，开拓中国经销商网络的奢侈品品牌，除了阿兹慕，还有尚美巴黎（Chaumet，创立于1780年并被誉为"蓝血贵族"的法国珠宝及奢华腕表品牌）、海瑞温斯顿（Harry Winston，于1932年在纽约创立的"明星珠宝商"）、de Grace（创立于1895年的法国高级定制珠宝品牌）以及阿斯顿·马丁（Aston Martin，创立于1913年的英国奢华跑车品牌）等。

但在这一年，中国金融界发生了一件事，从某种意义上说，这件事比任何一个奢侈品品牌的到来都更能体现中国新富人群的崛起，那就是私人银行（Private Banking）的建立。

私人银行起源于16世纪的瑞士日内瓦，原本的业务是一种私密性很强的、专门为贵族和富人提供的金融服务，通常要求消费者的金融资产在100万美元以上。

2007年3月，中国银行与苏格兰皇家银行合作，在北京、上海两地设立私人银行部，这标志着中国本土私人银行业务正式起步。同年，招商银行、中信银行、交通银行等银行的私人银行部门相继成立。

私人银行的设立，正式将中国境内最有财富实力的消费者推向了世界——尽管私人银行的服务具有私密性，对消费者的任何信息都严格保密，但其设立本身就是一种信号，仿佛在向全球各大奢侈品品牌发出邀约："中国，是一个黄金之国！"

2008年，在西方奢侈品品牌进入中国市场的潮流中，法国奢侈品集团与蒋琼耳女士联合创立中国奢侈品品牌"上下"，致力于向全世界推广中国的精湛手工艺，传承中国的传统文化并推广中国的当代设计艺术，融合东西方文化的精髓，创造21世纪全新的生活美学。

作为"上下"首席执行官及艺术总监，蒋琼耳女士透露，"这是一个很美好的与爱有关的故事"。合作双方共同实现一个传承中国文化及中国传统手工艺的梦想，作品包括家具、服装、首饰等，以"家"为原点，演绎绚烂而平淡的东方雅致生活风格。

2008年，继伦敦与东京之后，全球第三家登喜路之家（Alfred Dunhill Home）在上海揭幕，为中国消费者提供贴心的零售服务，以及纯粹的英伦男士精致生活方式体验——理容、私人礼宾、高级餐厅和酒吧服务等。

2009年8月，一桩收购案吸引了多方目光。

上海中服进出口有限公司负责人与皮尔·卡丹公司大中华区代表在上海向媒体宣布：上海中服进出口有限公司整体收购皮尔·卡丹公司大中华区商标所有权。

在2个月前，温州商人孙小飞宣布以2亿欧元成功收购皮尔·卡丹品牌，并于7月注册成立温州诚隆股份有限公司，作为收购主体。

他为何要收购皮尔·卡丹这个品牌？除了出于生意层面的考量，更重要的是，皮尔·卡丹品牌是一个时代符号，更是曾经在中国人心目中排名第一的西方奢侈品服装品牌。

皮尔·卡丹到底会被谁收购？处于风暴之中的皮尔·卡丹公司及皮尔·卡丹先生一直保持沉默。2010年1月8日，一纸公告为闹得沸沸扬扬的收购案画上了句号——皮尔·卡丹公司宣布已经与温州诚隆股份有限公司签署协议，且皮尔·卡丹公司已经收到3700万欧元（约合3.7亿元人民币）的收购款，温州诚隆股份有限公司正式取得皮尔·卡丹品牌在其大中华区的皮具、针织服装、皮鞋等的部分商标的使用权。

从购买商品到收购品牌,中国消费者的强大购买力在某种程度上重塑了全球奢侈品行业的格局,而中国资本的崛起,将直接改变越来越多奢侈品品牌的发展轨迹。

麦肯锡发布的《2010崛起的中国奢侈品市场研究报告》显示,很多国家和地区的奢侈品市场发展停滞,甚至萎缩,但奢侈品行业却在中国蓬勃发展。虽然2009年全球经济衰退,但中国的奢侈品销售额还是增长了16%,仅稍低于前几年20%的增长水平,远高于许多其他重要的奢侈品市场。

在各大奢侈品品牌纷纷开设新店的潮流中,斯沃琪集团独具匠心地打造了一个艺术中心。2010年5月26日,斯沃琪和平饭店艺术中心正式开幕,其营运理念可谓别出心裁——它将零售与酒店服务功能融为一体,邀请全球的艺术家来这里生活并进行创作。

斯沃琪和平饭店艺术中心坐落于上海外滩,整幢大楼占地面积约为11300平方米,集团旗下的4个代表品牌——宝玑、宝珀、欧米茄和斯沃琪在酒店1层分别拥有各自的旗舰店。

斯沃琪和平饭店艺术中心大楼的2层是集团下属所有品牌的展示中心,而艺术中心的艺术精髓,体现在大楼的3和4层——艺术家可在网上申请入住,经斯沃琪集团国际艺术家委员会甄选后,部分艺术家将受邀免费入住和生活在此,进行长达6个月的艺术交流与创作。

斯沃琪和平饭店艺术中心成立的根源,是斯沃琪在中国实现了业绩增长。斯沃琪在其2007年的集团年报中称:"所有斯沃琪集团的品牌在2007年的销售额均实现了大幅增长,这证明了整个集团在中国市场扩大投入以及扩展零售网络策略的成功。"

斯沃琪和平饭店艺术中心承载了斯沃琪集团对中国市场的期待。正如其创办者之一、集团CEO尼克·海耶克(Nick Hayek)所说:"若我们能让艺术家的创作更多地启发我们的思想,世界会美好很多。"

在全球经济寒冬中,逆势发展的中国市场给了各大奢侈品品牌意外的惊喜。

各大奢侈品品牌不约而同地以设计"中国新年特别款商品"的举动向中国消费者示好。这些各式各样的包含中国文化元素的商品(以服装为主),所受评价褒贬不一,甚至很多中国消费者并不买账,但品牌的举动显示了其对中国市场的依赖,也将中国的传统文化借助品牌强大的零售网络传播到了世界各地。

2011年5月,"中国制造"以一种出其不意的方式呈现在世人面前。

普拉达公司IPO保荐人高盛的报告指出,普拉达旗下的11家企业,仅生产2成的制成品,其余商品均已外包生产。高盛将之视为质量风险因素,普拉达商品并非"纯意大利血统"的事实终于被摆上了台面。

帕特里齐奥·贝尔泰利(Patrizio Bertelli,品牌创始人的孙女婿)驳斥了"普拉达商品80%的工序在中国完成,仅最后的工序在意大利完成"的传言,他说:"普拉达商品的所有原材料皆源自意大利,公司只是将半成品发往中国,完成约20%的工序,所有商品都是在意大利完工的。"

然而,此番官方表态并未消除公众的疑虑。《纽约时报》就指出,许多奢侈品其实是"中国制造"。据调查,在2008年国际金融危机之后,越来越多的奢侈品公司将生产线移向中国,一手抓住中国的成本优势,一手撬动中国的庞大市场。但蹊跷的是,为什么"中国制造"的标签却堂而皇之地消失了?

尽管奢侈品品牌强调自己看重设计创意、品牌故事,但不少中国消费者仍对商品生产地十分在意。大部分中国奢侈品消费者还没对"中国制造"树立起足够的信心。

统计数据显示,虽然83%的中国消费者表示在中国制造的奢侈品不是廉价的象征,但86%的消费者表示会因为奢侈品标有"Made in China"的字样而不愿再购买。

一边是各大奢侈品品牌十分想撇清关系的"中国制造",另一边是它们想热情拥抱的中国市场。在这"冰"与"火"的纠缠中,中国正以无法被精准定义的身份推动甚至引领全球奢侈品行业的发展。

第四个时期：

2013—2019 年，全球瞩目，行业进入"中国时代"

"这是一个最好的时代，也是一个最坏的时代。"

2013 年 7 月，各大奢侈品集团与品牌陆续发布 2013 年上半年财报。各家财报显示，从前一年年底开始走下坡路的中国市场，在当年上半年依然萎靡不振，而其作为全球最大的奢侈品单一市场，给各品牌的业绩带来了较大影响。

全球第一大奢侈品集团——LVMH 集团的 2013 年上半年财报显示，集团上半年收入为 136.95 亿欧元，较 2012 年同期的 129.66 亿欧元增长了 6%；净利润为 15.77 亿欧元，下降了 6%。

LVMH 集团的主要竞争对手——开云（Kering）集团的财报显示，集团上半年净利润为 1.73 亿欧元，比起上年同期的 4.77 亿欧元，下滑了 64%。

以销售珠宝和腕表为主要业务的历峰集团的 2014 年上半年财报显示，该集团在中国市场的净收入下跌了 4%，利润率下降主要是受到其大中华区公司减少库存的影响。

贝恩咨询发布的《2014 年中国奢侈品市场研究》显示，2014 年，中国奢侈品市场销售额增长率是 -1%，2013 年这个数据是 2%，在 2012 年和 2011 年这一数据分别高达 7% 和 30%。

种种数据表明，作为全球奢侈品最重要的市场之一的中国市场，在历经多年的高速发展后，已步入"寒冬"。

业界将原因归结为经济增长放缓的总体形势——据国家统计局公布的数据，2014 年，中国国内生产总值（GDP）为 636463 亿元人民币，同比增长 7.4%，增速为 24 年来的最低值。但真实原因是这个吗？

与中国实体门店销售额锐减形成鲜明对比的是，奢侈品的境外消费与海外代购日益火爆。

要客研究院发布的研究报告显示，2014年，中国消费者在全球范围内的奢侈品消费总额达1060亿美元（约合6400亿元人民币），同比增长4%，这表明中国消费者在这一年购买了全球约46%的奢侈品；中国消费者的境外奢侈品消费额进一步增长，达810亿美元，同比增长超过9%，本土消费额明显下降，为250亿美元，同比下降11%。

简而言之，2014年中国消费者购买了全球约46%的奢侈品，但这些消费者76%的购买行为发生在境外，消费外流比例较往年进一步扩大。

便捷的出国手续、下调的航班价格、更好的旅游服务、更多的商品种类、更低的购买价格、持续贬值的欧元（购买力相对上升的人民币）、更多的海外代购渠道……种种因素持续引爆中国消费者的海外购物热情。

在这"寒流来袭"的市场大势中，也有一些奢侈品品牌逆势而上，积极进行了多种方式的探索，比如来自瑞士、创立于1735年的制表品牌——宝珀。

2013年11月2日，宝珀在其位于上海新天地的全球规模最大的旗舰店——新天地会所，举行品牌新晋文化大使的新闻发布会，宣布与著名财经作家、"蓝狮子"财经图书出版人吴晓波进行合作。

推动合作的宝珀中国区副总裁廖信嘉透露，"正是宝珀经典的气质与精英学者研究领域的契合，促成了此次充满智慧的合作。学者在研究中以小见大，可推演市场方向；品牌在发展中以史为鉴，尊重经济发展规律，反思全球市场与中国市场的现状，寻求突破与稳步发展。双方兼持着共同的信念牵手，承担对中国奢侈品腕表业的一份责任"。

在复杂的市场形势下，各大品牌纷纷调整策略。

普拉达、真力时（Zenith）等品牌纷纷表示要对中国地区降价。旗下拥有众多手表品牌的历峰集团，也传出在中国香港降价的消息。

纷纷下调商品价格的背后，是大部分奢侈品品牌在业绩上并不乐观的现实。欧元贬值、境外游的火热等让奢侈品销售在亚太地区，尤其是在中国内地与中国香港、中国澳门的表现欠佳。

但也如这些奢侈品品牌所愿，降价潮缩小了奢侈品境内外的差价，从而增强了消费者的消费意愿。

在下调商品价格的同时，各大奢侈品品牌也减缓了在中国开店的速度，甚至关闭了一些效益不佳的门店。普拉达关闭了2家位于中国香港的门店；古驰则叫停了在中国内地的开店计划——奢侈品门店经营在中国市场的节节败退，正是其过去无序扩张导致的结果。

业内人士预计，广泛扩张的时代已经过去，未来，在减少门店数量的同时，大店和旗舰店将成为奢侈品门店的主流，门店功能将更加多元化，有望形成"一城一店"的格局。

除了在中国市场采取降价措施以吸引中国消费者，各大奢侈品品牌纷纷开始在中国另寻增长点。它们发力的一个领域，就是电商行业。

2015年上半年，经历了长期资本寒冬的中国奢侈品电商平台相继宣布获得大额融资——走秀网获得C轮融资；珍品网获得A轮融资；寺库网获得E轮融资；魅力惠获得阿里巴巴的投资。

虽然资本利好，但货源问题依旧困扰着奢侈品电商平台。一直以来，奢侈品品牌因维护品牌形象、保护中国代理商的利益等原因，在电商方面发展缓慢——品牌自己不愿发展电商，也不愿意授权给电商平台。

对于奢侈品电商平台来说，无法得到授权就意味着难以获得高质量的商品，货源较为混乱，假货难以避免，这让奢侈品电商平台一度饱受质疑。为了吸引客流，奢侈品电商平台往往不能给商品设定太高的售价，加上需要花费很多的宣传费用，电商在利润上难以获得保障，在价格上也不如做海外代购的小企业（甚至个人）有优势。

僵持之下，各大奢侈品品牌在2015年下半年对电商平台的发力加大，曾经表示坚决不开设电商的品牌也纷纷在线上开店。

电商的格局尚未形成，资本收购的大戏就在2016年开演了。

2016年4月1日，山东如意科技集团（以下简称为如意集团）称，将收购法国SMCP时尚集团的控股股权。SMCP时尚集团旗下拥有Sandro、Maje和Claudie Pierlot三大时尚品牌。

这一纸公告，将如意集团与法国SMCP时尚集团推到了社会舆论的中心——它预示着中国正式从"购买奢侈品"进入"购买奢侈品品牌"的阶段。

如意集团是全球毛纺织行业以及服装业的领军商业集团之一，但其董事长邱亚夫面临着一个行业窘境——当"中国制造"的商品在全球市场横扫千军时，中国纺织业中却是一番萧条景象——综合成本上升、利润空间缩小、产能高度过剩、企业苟延残喘。

"中国产的一些衬衫只卖100多元人民币,而国外一些品牌的衬衫能卖到8000多元人民币。这是为什么?中国游客3分钟就能买光一家'加拿大鹅'（Canada Goose,羽绒服品牌）门店的商品,他们宁可花2万元人民币买外国羽绒服,也不愿意花2000元人民币购买一件质量非常好的国产羽绒服。"邱亚夫深感无奈,但也意识到解决这一问题的关键是品牌。

于是,如意集团踏上了品牌收购之路。

如意集团的第一笔国际品牌并购,发生在2010年,集团收购了处于亏损状态的日本最大的成衣运营商瑞纳（Renown）。

2017年3月,如意集团以1.17亿美元的价格收购了英国百年奢侈品品牌雅格狮丹（Aquascutum）。2018年2月,如意集团宣布已经完成对瑞士奢侈品品牌巴利（Bally）的收购;仅仅2个月后,集团就完成对中国香港的高级男装零售商利邦控股权的收购。

相对于"海外并购",邱亚夫更愿意用"强强联合、优势互补"来解释这种做法。"对于服装企业来说,时尚就是最大的'新动能'。通过收购,如意集团获得的不仅有优良的品牌资产,还有积淀数十年、上百年的管理经验,以及一大批国际管理人才,这是全球的稀有资源。这让我们汇聚起再次向时尚行业巅峰进军的'新动能'。"

邱亚夫对如意集团的未来寄予厚望。

彭博新闻社于2018年4月刊出《当心,中国版LVMH集团即将到来》一文,指出如意集团的快速扩张遵循中国企业一贯的并购模式,如意集团过去几年频繁收购奢侈品牌的行为显示了其希望通过资本运作取胜的决心。

与如意集团相似,以资本力量整合全球资源,并备受行业瞩目的,还有来自上海的复星集团。

复星集团于2011年入股希腊珠宝集团芙丽芙丽（Folli Follie）;2年后,集团入股美国高端针织品牌St John Knits及意大利奢侈品男装Caruso,并控股了法国度假村集团地中海俱乐部（Club Med）、俄罗斯百年珠宝品牌Fabergé等;2014年,集团收购德国时尚品牌Tom Tailor;2015年,集团收购化妆品品牌Ahava;2017年,集团获得意大利奢侈品男装品牌Raffaele Caruso SpA的控股权……

与上述并未引起业界关注的收购案例相比，2018年的2桩收购才真正将复星集团推到了媒体的镁光灯下。

2018年2月，复星集团在巴黎宣布，收购法国高级定制时装品牌朗雯（Lanvin），成为其控股股东。同年5月，复星集团正式收购奥地利顶级内衣品牌Wolford。

除了以强大的资本实力在全球范围内大举并购的如意集团与复星集团，在2017年，至少还有3家中国企业在自身主营业务领域内对国际品牌进行了并购。

2017年4月12日，在比利时布鲁塞尔市政厅，通灵珠宝董事长兼CEO沈东军与比利时王室珠宝品牌Leysen1855的第五代及第六代传人共同出席了品牌交接仪式，标志着这一拥有160多年历史的比利时王室珠宝品牌正式归于通灵珠宝旗下。

2017年8月1日，刚泰集团收购意大利奢华珠宝品牌布契拉提（Buccellati）85%的股权，交割仪式在意大利米兰的四季酒店举行。中国经贸界、意大利经贸界的多位代表受邀出席了活动，共同见证了中意两国企业在经贸界的壮举。

2017年12月11日，中国本土男装品牌七匹狼发布公告称，公司收购卡尔·拉格斐大中华公司（Karl Lagerfeld Greater China Holdings Limited，KLGC）80.1%的股权的事项已完成，交易价格为3.2亿元人民币，七匹狼获得卡尔·拉格斐大中华公司在其大中华区的运营实体控股权。

风起云涌的并购案，引发了全球奢侈品品牌对中国资本越来越多的关注，毕竟在这个全球最大的奢侈品单一市场，"一切皆有可能"。同时，这些并购案，也吸引了一些行业外资本的关注。

2017年7月18日，赫美集团发布公告，拟以1500万元人民币收购上海欧蓝国际贸易有限公司100%的股权，此外，公司还将承接总计2.15亿元人民币的担保责任；9月28日，赫美集团以现金的方式收购温州崇高百货100%的股权，调整后的交易对价为6.19亿元人民币。2018年10月16日，赫美集团以8亿元人民币的价格收购深圳臻乔时装、彩虹现代商贸、盈彩拓展商贸、彩虹现代商贸4家公司各80%的控股权。

至此，赫美集团管理了超过45个国际知名品牌，一举成为中国最大的欧洲高级品牌零售商和运营商，拥有遍布全国的260多家精品零售门店，会员系统服务超过30万名高端消费人士。

一个用资本打造的奢侈品集团横空出世，令行业人士震惊。在中国这一飞速发展的大市场中，耐人寻味的商业故事总是不期而至。

2017年6月2日，中国投资集团沣沅资本和美国喜达屋资本（Starwood Capital Group），与全球最大的消费品投资基金L Catterton达成协议，收购其持有的法国奢华水晶制品生产商巴卡拉（Baccarat）88.8%的股权，成交价为1.64亿欧元（约合10.8亿元人民币）。

2015年10月21日，奢华跑车制造商阿斯顿·马丁宣布，与中国投资集团信中利达成协议，签订价值为5000万英镑（约合4.58亿元人民币）的合约，共同打造四门轿车RapidE电动版的量产车型。

有些集团在并购后，发展态势良好。比如，如意集团收购法国SMCP时尚集团后，于2017年10月在法国证券交易所上市，这给如意集团带来了巨大的投资回报，为其在不久后收购瑞士奢侈品品牌巴利做好了铺垫。

然而，对于一些集团而言，并购并没有带来理想的结果。比如，七匹狼收购卡尔·拉格斐大中华公司后，仅2018年上半年就亏损2280万元人民币，而该品牌的营收额还不及亏损额的一半；又如，刚泰集团因流动性不足风险，于2018年11月取消了此前承诺的对布契拉提2亿欧元的追加投资，导致后者重新寻找买家；再如，赫美集团受资金流动性的影响，于2019年1月放弃对温州崇高百货的收购，由此产生的损失赔偿及违约责任金额高达1.55亿元人民币。

财经作家吴晓波在其代表作《大败局》中写道："商业，就本质而言，是一个关于幸存者的游戏。"商业最大的魅力，就在于其无法被预测的巨大不确定性，企业或迎来春暖花开，或一败涂地。无论如何，这些故事，都是历史的一部分，且或许是最吸引人的那一部分。

波士顿咨询（BCG）与腾讯于2018年9月共同发布的《中国奢侈品市场消费者数字行为报告》显示，2015—2017年，中国奢侈品市场消费额增速超过4%，奢侈品消费人群中约58%是18~30岁的年轻人，受教育程度集中在本科及以上，女性消费者所占的比例高达71%。报告预测，奢侈品在线上的渗透率有望从2017年的9%上升到2025年的25%。

2019年4月，麦肯锡发布了《中国奢侈品报告2019》。报告显示，2018年，中国消费者在境内外的奢侈品消费额达到7700亿元人民币（约合1150亿美元），占全球奢侈品消费总额的1/3。预计到2025年，中国消费者的奢侈品消费总额有望增至1.2万亿元人民币,届时,中国消费者将贡献全球40%的奢侈品消费额。

麦肯锡甚至在其2019年报告绪论标题中写道,"得中国者,得奢侈品的天下"。那么,面对如此诱人的中国市场,各大奢侈品品牌该如何开拓呢?是直接将商品销往中国,还是为中国专门研发一款商品?是不是应该在中国新创一个品牌?

当业界人士还在探讨"中国能否创造属于自己的奢侈品品牌"时,全球第一大奢侈品集团——LVMH集团选择用中国文化和物产资源孵化出一个全新的高端护肤品牌——茶灵(Cha Ling)。

茶灵在中国的首家旗舰店,于2017年6月在上海兴业太古汇开业。茶灵的创始人名叫Laurent Boillot,这位创始人的另一个身份是法国高端美妆品牌娇兰(Guerlain)全球总裁。

无论是商品的原料,还是商品的使用方法,抑或美容理论,乃至品牌故事,茶灵都像是在刻意讨好中国消费者。"茶灵正是将中国的茶文化理念与法国人对于奢侈品的认知,以及高科技提炼技术相融合的一个中法对话的产物。"Laurent Boillot如此道。

西方奢侈品品牌打破常规、甘冒风险而创立茶灵,或许是捕捉到了中国新生代奢侈品消费者心态和需求的变化。毕竟,以中国元素为中国消费者定制一个中国品牌,是一种与中国消费者建立情感联系的大好方式。

赢得中国奢侈品消费者的青睐,就为品牌创造了光明的未来!

附录二

全球部分奢侈品品牌的文化与发展史

服饰与箱包篇

奢侈品行业中有多个热门但发展历程鲜为人知的服饰与箱包品牌，包括古驰、普拉达、蔻依、罗意威、缪缪、圣罗兰、思琳等。我们选取其中具有代表性的几个品牌，对它们的发展历程和经营理念进行回顾。

古驰:

历久弥新的高级皮革品牌

从意大利的一家高级皮革店发展成引领全球时尚的超级品牌,20世纪70年代出现家族纠纷、声势一落千丈,20世纪90年代汤姆·福特(Tom Ford)担任创意总监后再次崛起,古驰从云端到谷底,再从谷底到云端的故事,着实具有传奇色彩。

1881年,品牌创始人古驰奥·古驰(Guccio Gucci,以下称为古驰先生)出生于意大利的佛罗伦萨。古驰先生小时候,家里兄弟关系很差,兄弟间经常大打出手,终于有一天,他因无法忍受这样的家庭环境而离家出走了。

1898年,古驰先生离开意大利,来到了英国伦敦,在一家饭店当门童。饭店里常有上流人士进进出出,他就给他们搬运皮包和行李箱,久而久之,他对皮革制品产生了兴趣。他经常留心观察上流人士用的高级皮具,自然而然地了解到上流社会的品位,练就了不俗的审美眼光。

得益于在英国打工的经历,古驰先生积累了与上流人士打交道的经验,非常清楚他们喜欢什么款式的商品。1921年,古驰先生回到老家佛罗伦萨,开了一家以家族姓氏"古驰"命名的专卖皮革和马具的门店。这家专为上流人士打造高档优雅的皮具的门店迅速声名鹊起。随着业务的扩展,古驰先生在罗马开设了新的店铺。

古驰这个品牌真正地闻名于世界是在第二次世界大战之后。当时,由于物资匮乏,真皮难求,很多皮具店都关了。但危机也是转机,在这般困难的境遇中,古驰先生没有放弃,品牌的很多经典标志就是在这一时期出现的。比如,他打破了包只能用真皮制作的偏见,于1947年推出竹节包,此包一问世就成为热销单品。古驰先生通过加热竹子，把直挺挺的竹竿变弯，再把弯竹子做成包的手柄。这是奢侈品品牌首次将竹子运用到包的设计中。时至今日，竹节式设计依然能够适应潮流变化，成为很多商品的点睛之笔。

从20世纪40年代末到60年代，古驰先生接连推出了带竹柄的皮包、镶金属襻的软鞋、印花丝巾等一系列商品，独特的设计和优良的材料让古驰成为典雅和奢华风格的象征，为杰奎琳·肯尼迪（Jacqueline Kennedy）、苏菲亚·罗兰（Sophia Loren）及温莎公爵夫人等名人所推崇，使用古驰代表着一种社会地位。

值得一提的是，由于古驰成为其他皮具制造品牌抄袭、模仿的对象，古驰先生为了保障商品品质，既让商品有辨识度，也与其他品牌相区别，便将品牌名字印在商品上。这种创举竟被各大奢侈品品牌效仿，古驰无意中成为商品品牌化的先行者。20世纪50年代，源自马肚带的红绿条纹被古驰用作配件装饰图案，成为这个品牌的又一标志性设计。

1939年，古驰先生的4个儿子相继加入公司，标志着古驰由个人企业转变为家族企业；古驰的第一家海外分店于1953年在纽约曼哈顿第58大道开业，标志着古驰一跃成为国际名牌。令人感到遗憾的是，就在品牌声誉如日中天之时，古驰先生去世了，享年72岁。

到了20世纪60年代，随着伦敦、巴黎和佛罗里达棕榈滩分店的开设，这个代表时尚与品位的意大利品牌在世界最主要的市场中站稳了脚跟，商品品类除了服装，还新增了皮包、皮鞋、手表、宠物用品、丝巾与领带等，"GG"正式成为古驰的品牌标识。

古驰的发展并非一帆风顺，进入20世纪70年代后，商品仿冒问题以及家族内部利益争斗，使企业陷入困顿的泥沼。拯救古驰于水火之中的，便是打破其陈旧的设计理念，为品牌注入新时代"性感"理念的创意总监汤姆·福特。

1995年，临危受命的汤姆·福特选用当红模特，以极简却无比撩人的形象在台上展示他为古驰设计的秋季性感时装系列商品，轰动了整个时装界。

这场时装秀获得空前的成功，在全球引发了购买狂潮。知名艺人一次次主动地为品牌进行宣传，当红的歌手、演员争相将古驰的最新款商品穿到自己的演唱会和领奖台上。汤姆·福特全然改变古驰过去的华丽风格，为品牌加入性感元素，让"古驰"成为"最性感的品牌"的代名词。

与很多奢侈品品牌保持家族经营的模式不同，大获成功之后的古驰开始走集团化经营道路。

1998年,古驰被评选为"欧洲年度杰出公司"。随后,古驰得到PPR（Pinault-Printemps-Redoute,现全球第三大奢侈品集团开云集团的前身）的协助。PPR以2.9亿美元换取古驰42%的股份,从此古驰开始了集团化发展进程。

汤姆·福特为古驰创造了一个无敌的性感神话,而2015年初,正式被任命为创意总监的留着长发与胡须的亚力山卓·米开理（Alessandro Michele,以下简称为米开理）不仅改变了古驰的命运（令其业绩暴涨）,还为品牌创造了疯狂、复古的崭新基调。

自2002年起,米开理就在汤姆·福特手下工作。担任创意总监之后,米开理令古驰的商品充满色彩冲突,他从恐龙、外星人、漫画、蛇、花园、薯条店等形形色色的事物中汲取灵感,将阴郁的复古风格与流行文化及无用主义完美融合。

上任的短短2年时间里,米开理便带领古驰从低谷重回巅峰。古驰成为全球最知名的奢侈品品牌之一。古驰把握住的不仅是时尚行业转瞬即逝的潮流,更是这个时代的脉搏。

除了在营销策略与数字化上的积极投入,推动古驰复兴的动力还在于创意总监米开理所构建的文艺、复古、大气的美学体系。这种美学体系能够深受消费者喜爱,或许是因为随着科技和生活日新月异,人们的焦虑感越来越严重,对浪漫主义的怀念也越来越强烈。

普拉达：

意大利王室官方供应商品牌

以制造高级皮革制品起家的普拉达，由马里奥·普拉达（Mario Prada，以下称为普拉达先生）创立于1913年。当时人们在美洲与欧洲之间的旅行频繁，普拉达先生便决定推出一系列旅行用的皮具商品。在运输尚不便捷的时代，普拉达先生还是坚持从各地选取优质材料制作精美的箱包、饰品以及服装等，供上流社会人士使用，由此产生了普拉达追求完美的品牌精神。

普拉达的第一家精品店坐落于米兰著名的玻璃穹顶购物中心，专门销售甄选优质原材料、以精湛工艺制作而成的奢华商品，包括箱包、旅行用品等。很快，该店就成为欧洲贵族和上流社会人士，以及追求品质生活的人士最喜欢光顾的场所。

1919年，普拉达被指定为意大利王室的官方供应商，也因此被授予塞沃家族（House of Savoy）的盾徽和结绳标记的使用资格——这些标记成为普拉达品牌标识中的元素。

不过，作为代代相传的家族企业，由于缺乏与时俱进的创新与突破能力，普拉达仍只是一个流传于欧洲的小牌子，且在快速变化的时尚圈中无法跟上发展节奏，濒临破产。

普拉达的命运转折，发生在1978年接管公司的缪西娅·普拉达（Miuccia Prada，以下称为缪西娅女士）身上，她是创始人普拉达先生的孙女。

时年28岁的缪西娅女士很不情愿地从母亲手中接过由祖父传下来的公司，之所以心里有些抵触，是因为那时的她还没有做好把时装设计当成自己毕生事业的准备。但对于普拉达家族来说，由她来继承家族事业，本就是一件顺理成章的事。

在被缪西娅女士接管以前，普拉达品牌就已经显露了陈旧的态势。虽然一开始缪西娅女士有些不能接受家族给她的使命，但一段时间以后她还是调整好了心态。她知道，要让普拉达走得更远，必须找到一条将"传统与现代相融合"的新路。

1987年，缪西娅女士在一次商品展览会上偶遇帕特里齐奥·贝尔泰利（Patrizio Bertelli），两人一见钟情，成为人生伴侣。

这次美妙的邂逅不仅成就了一段美好的爱情，更给整个时装圈带来了一个最强的合作组合——缪西娅女士担任普拉达总设计师，用她的才华不断地书写着品牌的传奇；帕特里齐奥·贝尔泰利则是一位充满创造力的企业家，他不仅建立了普拉达全世界范围内的商品分销渠道以及批量生产系统，还巧妙地将普拉达传统的品牌理念和现代化的先进技术进行了结合。

1989年，缪西娅女士举办了她的首次女装发布会，引起了业界轰动。之后，她所设计的男装、女装每年的2次发布会，成了全球时尚人士不可错过的盛事。

对缪西娅女士来说，设计是个不断尝试和创新的过程，需要有不妥协的探索和实验精神。从尼龙布包、皮具、服装到鞋子、香水，她的设计风格一直走在时尚的最前沿。在这个过程中，普拉达有了一系列创新的、令人印象深刻的设计元素，这些元素最终成为时尚界的经典标志。

缪西娅女士认为："或许我有种热爱挑战的个性。当我发现有些目标是不可实现的，那恰恰就是我要努力的方向。我总是试图把对立的、不和谐的事物融合在一起。我通常会同时对六七个不同的概念感兴趣，并试图把它们和谐地表现出来。我们所设计和生产的基本上是当前市场上没有的东西，所以，每一个系列商品的问世，都经过了通透的钻研和考查，我们选用的可能是现代技术，也可能是古老工艺。例如，当决定用金箔的时候，我们就要求古老的法国作坊的工匠们重新采用他们已经停止使用的原始制作方法。"

因此，普拉达的每个商品系列都充满了令人兴奋和意外的元素，而这些也证明了缪西娅女士无穷尽的想象力和创造力。"我从来不会迷失，面对纷繁变幻的时尚元素，我总是相当理智和清醒，我从来没有害怕过任何变化。"缪西娅女士这样说。

值得一提的是，缪西娅女士在1992年创建了自己的品牌miu miu。这是普拉达唯一的年轻副线的品牌，商品风格体现了小女孩身上的可爱特征，品牌名称来源于缪西娅女士的小名——"Miumiu"。

20世纪90年代，以"Less is More"为口号的极简主义应运而生，而普拉达简约且蕴含着制服美学的设计与潮流不谋而合。1993年，普拉达推出秋冬男装与男鞋系列，一时间旗下男女装、配件成为简约与现代摩登风格的典范。而后，休闲运动风潮兴起，普拉达推出Sport系列，商品兼具功能性与观赏性，掀起一股消费热潮。

缪西娅女士与其丈夫两人的努力及创意为普拉达带来了越来越多重要的改变。普拉达是全球首个推出全新革命性店铺概念的品牌，即普拉达Epicenter店，由国际知名建筑师设计。

普拉达已经从一个小型的家族企业发展成为世界顶级的奢侈品企业，但它的视野并没有局限在时尚行业。艺术、建筑、电影和哲学是普拉达品牌核心价值中不可或缺的组成部分。

1993年，致力于展现"当代艺术与文化领域最前沿的学术挑战"的普拉达基金会成立。基金会经常组织当代艺术展览和其他文化活动，在国际范围内享有很高的认可度。

2020年2月，普拉达官方宣布，比利时时装设计师拉夫·西蒙（Raf Simons）将担任普拉达品牌联合创意总监，与缪西娅女士合作，在创意投入和决策方面承担同等责任。对于普拉达来说，这是首次聘请家族成员以外的人担任核心高管。缪西娅女士凭借鲜明而坚定的个性带领普拉达走向传奇巅峰；而拉夫·西蒙时常以颠覆性的设计给时尚圈带来震撼，他不仅创立了个人独立品牌，还在很多知名公司留下了堪称杰作的设计作品。

缪西娅女士与拉夫·西蒙的合作，令全球时尚行业期待普拉达推出更多精彩的作品。

蔻依：

融合现代风格与法式风格的精品品牌

蔻依诞生于20世纪50年代，它保留了浪漫的法式复古风格，又融入简约、温婉的现代风格特征，令传统与现代风格完美融合。

蔻依的创始人是加比·阿格依奥（Gaby Aghion，以下简称为加比）。1921年，加比出生在埃及一个富裕的家庭里。在早期巴黎时装杂志的插画中，能看到加比的母亲请裁缝到家中给全家人做衣服的场景，这大概是加比与时装最早的缘分。那个年代的许多埃及人和欧洲国家的人一样，认为讲法语、谈论法国哲学是时髦而优雅的，有经济实力的夫妻都会让子女接受法式教育。加比就是出生在这样的一个家庭中，所以她自小就开始接触优雅的法式艺术风格。

18岁时，加比来到巴黎开始她的学业和全新生活。1945年，加比嫁给了雷蒙德·阿格依奥（Raymond Aghion），这个聪明且富有的男人，终其一生都在支持他深爱的妻子的事业。

第二次世界大战结束之后，一些上流社会人士重新开始寻欢作乐，激进的年轻人则在追求自由和艺术的精神。

加比心中始终有自己对新时装的定义，她认为时装不应该拘泥于传统的形式，而应该更加突出女性风格、摩登浪漫风格，而且一定要适用于女性的日常生活。在当时的人们看来，这种风格被认为"非常现代"。

那正是平民化的成衣品牌向贵族式的巴黎高级女装品牌挑战之时。加比摒弃了20世纪50年代流行的呆板的服装样式，制作出舒适、美观、可穿性强的现代成衣。

1952年，加比在塞纳河左岸的花神咖啡馆开办了她的第一场时装秀。模特们在咖啡桌间的狭小走道里向人们展示新时装，取得了巨大的成功，蔻依的风格很快在巴黎风靡一时。当时的这场小型时装秀由加比一手操办，服装的面料、配饰都由她亲自订购。

加比是第一个提出"奢侈成衣"概念的人。那个时代的高级时装设计师只为上流社会的精英服务，而从以蔻依为代表的品牌开设高级成衣专卖店开始，高级时装设计师也开始面向大众市场。

加比没有一直担任蔻依的创意总监，她认为时装的风格应该是多变且与时俱进的，所以她不遗余力地发掘并聘用才华横溢的年轻设计师。蔻依虽相当频繁地聘用各国设计师，但品牌的风格框架并未因设计师的更迭而改变，而是一直保持着法式风格的色彩特征和优雅情调。加比所聘设计师的个性投入，加上生产经营体系的保障，使蔻依的品牌风格始终保持与时代潮流同步。

20世纪60年代后期，卡尔·拉格斐执掌蔻依。他在保留服装的优美造型、简洁装饰的基础上，吸纳了当时流行的多元化设计概念，推出印有鲜明图案的滚条衬衫，在普通外衣及披肩上使用醒目的圆环贴画。

1974年，蔻依推出品牌同名香水，风靡时尚界，直到现在其仍是世界上最畅销的香水之一。蔻依的成功引起了瑞士奢侈品集团历峰的兴趣。历峰于1985年从加比的手中将蔻依收购过来。

1988年，深受20世纪70年代滚石乐队音乐影响的马丁·希特博恩（Martin Sitbon）出任蔻依设计师。他重新呈现了蔻依20世纪60年代的风格，每一季作品均源于当代流行文化，体现女性自尊与自信的个性特点；此外，华丽的面料、精美的装饰以及夸张的廓形等传统设计特色，也被重新演绎。

1992年，卡尔·拉格斐重回蔻依；1997年，史黛拉·麦卡尼（Stella McCartney）为蔻依注入了女性美的元素；2001年，菲比·费洛（Phoebe Philo）延续了品牌的奢华风格，并为品牌带来了她独特的个人设计风格。

或许是加比的思想造就了蔻依不拘一格的用人风格，后来蔻依的历任创意总监几乎都成了知名时装设计大师，蔻依应该算得上是全世界培养时装大师最多的品牌之一了。

2013年12月16日,加比接受由法国文化与交流部部长亲自颁发的法国荣誉勋位勋章,这是对加比的人生和事业成就的嘉奖。

加比的精神和价值观完美地通过蔻依品牌传承至今。蔻依的设计风格强调女性的柔和、温婉,同时体现了冒险与不羁的精神,深受时尚人士的喜爱。

圣罗兰：

法国高级时装精神的延续品牌

20世纪60年代，伊夫·圣·洛朗（Yves Saint Laurent，以下称为圣罗兰先生）开创了"圣罗兰时代"。他在探索时装的新样式时总是将立足点放在对传统精神的继承上，赋予高级时装时代意义，并变换服装风格。

1936年，圣罗兰先生出生于阿尔及利亚。他在幼年时便酷爱戏剧，设计过舞台布景，而且在绘画方面有很高的天分，注定会在创作的道路上大放异彩。17岁时，他被知名的《时尚》杂志的编辑发掘，被业内人士誉为"神童"。

1954年，女装设计师卡尔·拉格斐和圣罗兰先生分别登台领取了由国际羊毛局颁发的时装设计大奖。20岁出头的卡尔是外套组的优胜者，而年仅19岁的圣罗兰先生赢得了晚装设计大奖。两位时尚界的新星诞生了。

圣罗兰先生似乎走红了，但事实上他的设计道路并非一帆风顺。他一直在为高级时装寻找新出路。"女性主义之王"乔治桑曾说过："男女要平等。"这句话启发了圣罗兰先生，他认为女人多穿裤子是个不错的主意，遂设计了很多女裤作品，但他"过于前卫"的设计受到保守者的猛烈抨击。

尽管如此，圣罗兰品牌依旧发展迅速。1964年，圣罗兰先生推出了品牌的第一支香水，以其名字第一个字母"Y"命名；1965年，他推出"蒙德里安裙"，以荷兰风格派画家皮特·科内利斯·蒙德里安（Piet Cornelies Mondrian）的作品《红、黄、蓝构图》为设计灵感，轰动了时尚界；1966年，他推出女装"小晚礼服"，并在巴黎塞纳河畔开设了自己的第一家成衣服饰店。圣罗兰先生对色彩的大胆运用，给20世纪60年代的时装界带来了崭新的时尚气息，奠定了他在时装界的领导地位。

1976年，圣罗兰先生进入事业高峰期，他推出了一系列具有国际特色的时装。圣罗兰先生的时装设计流露着他对历史、艺术、文学的热爱，也反映着异国风貌。圣罗兰先生善于从当代绘画大师的作品中获取灵感。例如，毕加索等人的画作，往往成为他选取颜色的灵感来源——他本人对色彩的敏锐感知力，令他在时装设计上游刃有余。

1982年，圣罗兰先生获得美国时装设计师协会颁发的年度设计师大奖；3年之后，他获得了奥斯卡的特别奖项，以表彰他在时装设计领域中的终身成就。

20世纪80年代是圣罗兰先生的事业巅峰期，他是第一位在改革开放后的中国举办时装发布会的外国设计师。1985年，他在北京举行时装展，影响了许多中国人的审美，中国从此出现了新的职业——时装模特。

但好景不长，在事业巅峰期结束后，圣罗兰先生开始不断重复自己早年的设计，虽然在此基础上衍生出许多新款式的商品，但其设计理念变得越来越保守。

1999年，圣罗兰品牌被卖给了古驰集团，美国服装设计师汤姆·福特接替圣罗兰先生出任品牌设计总监。

汤姆·福特改变了圣罗兰品牌的风格。他是一位风格大师，而非时装大师，他令品牌重新走在时尚的前沿。2000年以后，汤姆·福特推出的女士香水"NU"和男士香水"M7"因各自独特的香味、吸睛的广告掀起抢购狂潮，继续书写着圣罗兰品牌的传奇故事。

2008年6月，圣罗兰先生在巴黎逝世。2012年，艾迪·斯理曼（Hedi Slimane）成为圣罗兰品牌创意总监。

多年来，圣罗兰不断为时装设计行业注入新的活力，获得了无数奖项、荣誉。

思琳:

展现职业女性风采的法国品牌

思琳（Celine）的品牌风格独特，让女性时刻展现洒脱、独立的个性，同时彰显女性独有的温柔与魅力。舒适的材料与精湛的技艺成就了堪称完美的思琳经典时装。思琳代表了一种新的生活方式，体现当代风格的它被誉为最能展现职业女性风采的法国奢侈品品牌之一。

然而，思琳却是以售卖高级男童皮鞋起家的。1945年，思琳·薇琵娜（Celine Vipiana，以下称为思琳女士）和她的丈夫理查德·薇琵娜（Richard Vipiana）在巴黎开设了第一家思琳精品店，先售卖童鞋，然后逐步增加销售品类。注重商品实用性的思琳女士，一针一线地缝制出精致的商品，渐渐受到欧洲上流社会人士的喜爱。

1950年，思琳的第一个标记——"大象"诞生，它代表一份童心，代表幸福与快乐，思琳女士推出了以此标记为主题的童装系列商品及纪念品，深受欢迎。

1966年，思琳的经典马车图案标记诞生。思琳女士的丈夫理查德热爱骑马运动，故把这项运动的元素融入设计，创作出了马车图案。骑马运动在当时被认为是一项贵族运动。思琳女士于20世纪60年代开始将马车图案用在商品中，反映出品牌风格转向华丽、贵气。

1967年，思琳女士发布了其第一个成衣系列，命名为"Couture Sportswear"。这个系列将巴黎女性高贵、优雅的气质和日常生活中的轻松惬意的姿态融为一体。很快，一系列独特的衬衫、百褶裙、针织衫和风衣成为思琳成衣系列的主要商品。

思琳女士设计的风衣充满了巴黎的浪漫感。这些风衣塑造了摩登、充满活力、独立的女性形象，成为品牌每一季必出的重点商品。除了经典的款式，思琳还发布由不同的创新面料如牛仔布等制成的令人惊叹的风衣作品。

1973年，思琳最重要的标记——凯旋门铁链图案诞生。它的诞生源自一个有趣的故事。1973的某一天，思琳女士的车在戴高乐广场抛锚了，在等车期间，她开始观察凯旋门四周的铁链，最后惊呼："这就是思琳！"起初，这个图案被用作腰带的设计，后来它又成了包扣、小皮件上的浮雕、花押字图案……此图案被沿用至今，代表了品牌不凡的创作精神及脱俗的形象。

思琳的另一王牌标记，是于1977年首次出现于旅行袋上的半月马车图案中的"C"，表达了对品牌创始人思琳女士的敬意。

1996年，LVMH集团以5.4亿美元的价格正式收购了思琳。在集团的精心运营下，思琳品牌业绩呈现稳定上升的趋势，并在巴黎著名的蒙田大街36号开设了精品旗舰店。

思琳的后续几任设计总监均是时装界的标杆人物。1997年，美国设计师迈克·科尔斯（Michael Kors）加入品牌，改造思琳的时装，加入了简洁、柔和、瑰丽的设计元素，令一度沉寂的思琳重新成为高级品位的象征。

2004年，充满浪漫情怀的意大利设计师罗伯托·麦尼切蒂（Roberto Menichetti）上任，继续为思琳创造一种无拘无束的现代生活态度。

真正让思琳红遍时尚圈并开启其黄金10年的，是英国设计师菲比·费罗（Phoebe Philo）。2008年9月，LVMH集团任命她为思琳品牌的新一任创意总监，同时，她也成为品牌董事会成员。她的到来为品牌带来了新气象。她将独特的个人风格融入品牌，更加注重服装的剪裁和面料。菲比·费罗设计了2款历史上走红速度最快的包，其中一款就是思琳的"笑脸包"（Luggage）。2009年，"笑脸包"横空出世，从时尚圈到演艺圈，几乎没有人不喜欢它。思琳从一个很多人都不知道的品牌一跃成为最知名的品牌之一，即使平时不追逐时尚的人也想拥有这款包。"笑脸包"帮助思琳进入大众视野，很多人也正是从这款包开始认识思琳并爱上思琳的。

思琳品牌现已发展出完整的商品体系。它所生产的服装、皮包、女鞋、皮手套等商品，无论是配件、设计、生产，还是选材，都无可挑剔。品牌强调各个商品之间的搭配和谐性，让华丽与洒脱的风格共存。

珠宝篇

奢侈品行业中有多个热门但发展历程鲜为人知的珠宝品牌，包括尚美巴黎、海瑞温斯顿、格拉夫、宝诗龙、萧邦等。我们选取其中具有代表性的几个品牌，对它们的发展历程和经营理念进行回顾。

尚美巴黎：

被誉为"蓝血贵族"的拿破仑御用奢华珠宝品牌

两百多年来，拿破仑与约瑟芬的爱情传奇感动着世人。从为他们的大婚打造钻冕开始，尚美巴黎（Chaumet）就代表了无上的皇族荣耀，更诠释了人间的无限深情。

创立于1780年的尚美巴黎有着两个世纪的历史积淀，守护着法国珠宝帝国的荣誉。它仿佛一位永恒爱情与长久婚姻的守护神，从拿破仑与约瑟芬的至真深情开始，不断诉说着幸福的真谛，以经历了两个多世纪考验的卓越工艺与独特风格，陪伴世间爱侣步入婚姻殿堂。

历经12代大师的薪火传承，承载两个多世纪的历史底蕴，尚美巴黎始终如真正的贵族般低调内敛，被业界视为"低调隐奢"的代表品牌，也被誉为"蓝血贵族"。

尚美巴黎的创始人，名叫马里-艾蒂安·尼铎（Marie-Etienne Nitot，以下称为尼铎先生），是一位具有远见卓识的珠宝工匠。在完成了其在玛莉-安东尼（Marie-Antoinette）皇后的御用珠宝匠奥贝尔（Auber）处的学徒训练后，尼铎先生于1780年开设了自己的第一家珠宝店，并拥有了大量贵族客户，为巴黎的贵族和上流社会人士制作瑰丽珠宝。

1802年，尼铎先生被拿破仑任命为皇室御用珠宝匠。他与儿子佛朗索瓦-雷诺·尼铎（Francious-Regnault Nitot）为皇室制作了一系列奢华的珠宝和饰品。尼铎先生为拿破仑打造了登基礼上用的剑，镶嵌重140克拉的"摄政王钻石"于剑上，该作品至今被存放于法国国立枫丹白露宫博物馆中。

尼铎先生凭借他的才华迅速成为全欧洲最受欢迎的珠宝商之一，拥有忠实而负盛名的贵族客户群。"尚美巴黎"简直成了皇家高定珠宝的代名词，欧洲皇室成员满意于它别具一格的精致珠宝，贵族们更是争相向它订制高级珠宝，以紧跟皇室的时尚风潮。

靠着丰厚的收入，1805年，尼铎先生将他的珠宝店搬到了巴黎旺多姆广场15号，这标志着他的品牌已在巴黎的奢侈品业界赢得了一席之地。

1810年，尼铎先生打造了一套祖母绿项链和耳饰，作为拿破仑皇帝与他的第二任皇后玛丽·路易斯（Marie Louise）大婚用的珠宝，这件珍品现被存放于法国巴黎卢浮宫内。

佛朗索瓦-雷诺·尼铎于1815年宣布退休并指派他的首席珠宝匠尚·巴迪斯特·弗森（Jean Baptiste Fossin）接管其业务，其儿子儒勒·弗森（Jules Fossin）也加入了公司。他们从意大利文艺复兴和法国18世纪的艺术作品中寻找灵感，创作了优雅的浪漫主义风格珠宝首饰，形状有常春藤叶状、紫罗兰状、心形、勿忘草状等。欧洲的皇室贵族都被这些珠宝深深吸引。

法国大革命爆发后，尚美巴黎在法国的发展放缓，品牌将业务重点放在海外，并在伦敦开设了门店，弗森父子委托尚-瓦伦汀·莫雷（Jean-Valentin Morel）与其儿子普诺佩斯·莫雷（Prosper Morel）打理门店。在他们的精心管理下，品牌获得了维多利亚女王的青睐，并发展成为英国官方珠宝供货商。

莫雷家族中的玛丽·莫雷（Marie Morel）与珠宝大师约瑟夫·尚美（Joseph Chaumet，以下称为尚美先生）喜结连理。尚美先生掌握了当时最先进的珠宝雕刻技艺。1885年，尚美先生接手珠宝店，成为品牌第四代传人，并注册公司名为"尚美巴黎"。

尚美先生就像魔术师一样，能制作出瀑布、翅膀、羽毛、龟壳、扇子形状的皇冠，还能制作各种颜色的珍珠项链。他的珠宝设计精妙，工艺水平远超当时的珠宝工匠。

当时的皇室贵族以及富翁再次成为珠宝店的常客。为客户定制彰显社会地位的皇冠、羽饰花冠以及潮流配饰，是尚美巴黎当时的重要业务。文艺复兴艺术给品牌的设计师带来无穷的创作灵感，日本的东洋风格也激发了设计师的创作热情。

在当时的巴黎，女士们穿着时髦、闪亮的衣服，手上戴着手镯，脸上洋溢着快乐。人们戴着珠宝，彻夜狂欢或在海上畅饮。为了更好地拓展事业，尚美先生将儿子马塞尔·尚美（Marcel Chaumet）领入了珠宝行业，并于1928年将尚美巴黎移交给他掌管。此时品牌的风格发生了转变，设计中经常出现和谐的几何造型。

尚美巴黎保持着自己惯有的品质和风格，其珠宝作品成为高级时装不可或缺的"伴侣"。珠宝工匠不断创新，展现巴黎时尚人士的独特品位。

到了20世纪70年代，简洁易戴的黄金饰品成为时尚女士的首选，这样的饰品在尚美巴黎于1969年开设的精品店里就可以买到。位于旺多姆广场的尚美巴黎工坊，见证了品牌自1780年以来从未间断的珠宝制作传承。

尽管一直走在时尚的前沿，尚美巴黎却是现代与古典风格的完美结合者。其珠宝和腕表作品有着优美的线条、和谐的形状、感性的设计风格，在传统与现代、沉稳与大胆、平静与激情、优雅与华丽之间取得平衡。

两百多年来，尚美巴黎始终跟随其所处的时代的潮流，其作品如现代社会的缩影一般，展现着时代的魅力。

海瑞温斯顿：

拥有稀世钻石与精湛制造技艺的"钻石之王"品牌

鲜少有珠宝品牌能拥有如海瑞温斯顿一般的辉煌历史，始终不断为高级珠宝及高级腕表的制作树立崭新标杆。海瑞温斯顿被誉为"钻石之王"（King of Diamonds）及"明星的珠宝商"（Jeweler to the Stars）。它主张每颗璀璨宝石的背后都有个精彩动人的故事、每颗宝石都拥有属于自己的独特美感及特性，就像每个人一样，弥足珍贵。

1932 年，海瑞温斯顿由海瑞·温斯顿（Harry Winston）先生——一位很有天赋的宝石学家、与生俱来的商人及慷慨无私的慈善家，于纽约创立。

时间回溯至 1890 年。那时，大批欧洲移民进入美洲这片新大陆，开始全新的生活。一位手艺精湛并怀抱梦想的珠宝匠也在其中，他就是海瑞·温斯顿先生的父亲——雅各布·温斯顿（Jacob Winston）。

起初，雅各布·温斯顿将纽约作为自己事业开始的地方，并在曼哈顿地区开设了一间小型珠宝与腕表工坊。凭借精湛的技术，他让这家小店变得远近闻名。在珠宝店成立 4 年后，海瑞·温斯顿先生在纽约出生。受到其父亲的影响，他从小就对珠宝有一种特别的感觉——12 岁那年，他便在一堆廉价的假宝石中挑出一颗 2 克拉重的祖母绿宝石，以 25 美分的价格买下它，并在 2 天后以 880 美元的高价卖出。

海瑞·温斯顿先生继承了父亲的手艺和事业，天资过人的他不到 20 岁就成了纽约钻石交易所的卖家，与生俱来的敏锐直觉和独到的眼光让他在这一行站稳了脚跟。

1920 年，海瑞·温斯顿先生正式创建了他灿烂辉煌、繁荣盛大的珠宝王国——在纽约的第五大道创立了他的珠宝公司，一段围绕珠宝展开的传奇就此上演。

海瑞·温斯顿先生对于钻石珠宝的喜爱溢于言表。在近百年的经营中，海瑞温斯顿品牌买卖过 60 多枚历史上最知名的宝石。

海瑞·温斯顿先生有着新的设计哲学——由宝石本身而非镶嵌宝石的贵重金属来引导设计方向，这一理念为当代珠宝设计带来革命性的突破。

1935 年，海瑞·温斯顿先生买下重达 726 克拉的"琼格尔之钻"（The Jonker），轰动一时。公司管理层对于如何把价值连城的宝石安全地寄送到纽约总部有过激烈的争论。经过慎重考虑，海瑞·温斯顿先生决定以 64 美分的邮资，以普通挂号信的形式将这颗珍贵的宝石从伦敦邮寄到纽约。"琼格尔之钻"最终被成功切割为 12 颗璀璨的钻石，其中最大的一颗钻石重量约为 125.35 克拉。

1938 年，海瑞·温斯顿先生在报纸上读到一篇文章，该文章提到人们在巴西发现了一颗重达 726.6 克拉的钻石。于是，海瑞·温斯顿先生展开了一次穿越大陆的寻觅之旅。他先乘坐飞机前往巴西，再换乘轮船前往比利时安特卫普，最终买下了这颗罕见的钻石，将之命名为"瓦格斯之钻"（The Vargas）。

20 世纪 40 年代，受几何线条的灵感启迪，海瑞·温斯顿先生及其品牌设计师发明出具有前瞻性的 Cluster 锦簇镶嵌工艺，呈现每一颗钻石最纯粹、最完美的绚丽光芒。Cluster 锦簇镶嵌工艺至今仍为众多品牌设计师带来无穷灵感。

1944 年，海瑞温斯顿成为第一个在奥斯卡颁奖典礼上为女明星提供珠宝的品牌，帮助荣获最佳女主角的珍妮弗·琼斯（Jennifer Jones）展现动人风采，并因此获得"明星的珠宝商"称号。

1949 年，海瑞·温斯顿先生获得了美国名流爱芙琳·沃尔什·麦克兰（Evalyn Walsh McLean）的全部珠宝收藏，包括重达 94.8 克拉的"东方之星"钻石，以及重达 45.52 克拉的神秘蓝钻——"希望之钻"，后者曾分别为路易十六与他的皇后玛丽·安托瓦内特及亨利·霍普（Henry Hope）公爵所拥有。

由此，海瑞·温斯顿先生在美国开始了知名的"珠宝宫"巡回展览，展示其珍贵的宝石收藏品，并为当地的慈善事业筹集资金。此次巡展延续了 4 年，至 1953 年结束。

1950 年，从自然界神秘花朵的对称之美中获取灵感，海瑞·温斯顿先生及其品牌设计师推出了惊艳业界的 Sunflower 设计元素。

1960年,海瑞温斯顿总部落户纽约第五大道718号,这次搬迁被视为人类有史以来最大规模的珠宝迁移。这里如今仍是海瑞温斯顿的全球旗舰店、珠宝设计中心与历史档案珍藏馆。

1989年,海瑞温斯顿推出首个腕表系列,从而成为世界高级制表业中的重要品牌;2007年,海瑞温斯顿在全球钟表业核心地点——瑞士日内瓦开设了制表总部,向世人呈现结合了高级珠宝与精湛制表工艺的完美作品。

2013年1月,全球规模最大的钟表集团斯沃琪集团为与历峰集团一较高下,与海瑞温斯顿达成收购意向——这成为斯沃琪集团历史上最大的一桩收购案,而海瑞温斯顿也由此加入斯沃琪集团。

在近百年的发展历程中,海瑞温斯顿始终坚持以非凡的手工技艺打造美丽、无瑕的珠宝作品。其每一件珠宝作品都拥有引人入胜的故事。

格拉夫：

从矿场走向"贵族街"的"钻石之王"品牌

格拉夫（Graff）这个品牌虽然只有短短60年的历史，却是行业内公认的宝石专家品牌。品牌拥有自家的矿场，创始人劳伦斯·格拉夫（Laurence Graff，以下称为格拉夫先生）天生拥有一双分辨美钻的慧眼，多颗闻名于世的宝石及特大钻石都曾由他切割、打磨，"钻石之王"的美名他当之无愧。

自创立开始，格拉夫的设计师就善于运用各种素材来制作珠宝作品，而以黄钻来衬托其他钻石或宝石，更是其拿手绝活。格拉夫先生曾骄傲地说："全世界70%以上的黄钻都来自格拉夫。"

能5次获得"英国女王企业奖"，这个珠宝品牌自然有其独特之处。格拉夫先生是通过朴实的"滚雪球式"的财富积累起家的。

少年时期，格拉夫先生就来到伦敦知名珠宝制作区哈顿公园（Hatton Garden）的施耐德工场工作，从此与钻石结下不解之缘。他说："我15岁那年开始当学徒，同时在中央艺术和工艺学校上课。我一直对钻石深深着迷，在凝望这些闪亮的钻石时，我总会仔细研究钻石的净度和切割方法。这成为我一生的兴趣。我深信投身钻石行业是我的使命。"

不过，在当了3个月学徒之后，当时的雇主就说格拉夫先生永远成不了大器、难以在业内有所作为。这番话不但没有使格拉夫先生气馁，反而成为一种激励。格拉夫先生说："我没有放弃，反而意志更加坚定。"格拉夫先生的敏锐触觉与干劲儿，推动他不断往上爬。"我的家人非常勤劳，我也一样，做任何事都怀着必胜的决心。"

苦思之下，格拉夫先生获得启发："我想出一个方法打造令人梦寐以求的独特戒指。我以 6 颗钻石环绕中央的一颗钻石，四周再镶嵌 12 颗钻石，制作共镶嵌 19 颗钻石的戒指。制作全钻戒指后，我开始采用祖母绿宝石、红宝石和蓝宝石来制作戒指。"

1960 年，年仅 25 岁的格拉夫先生创立格拉夫珠宝品牌，并于 2 年后在伦敦开设了他的第一家零售店。当时，珠宝行业内以批发和工场直销为主要运营模式，行业的文化十分守旧，设计创新珠宝的格拉夫先生被视为"行业异类"。

最初，公司里只有 2 个人，一位老师傅担任工匠，格拉夫先生则担任推销员。开始时生意惨淡，他们的生计都成了问题，格拉夫先生只能依靠一些维修首饰的活计勉强维持生活。当时的英国流行维多利亚时期风格的首饰，格拉夫先生便开始试着制作这种风格的珠宝，以制造半宝石戒指为主。之后，为了提升戒指的质量，他开始采用小钻石来代替半宝石。格拉夫先生借钱购买了一些钻石，同时拿到合作伙伴手里的股份，开始独自处理生意和债务。随着事业的顺利发展，格拉夫先生所用的钻石越来越大。

英国市场无法为格拉夫先生提供足够的业务，自 1967 年起，格拉夫先生就经常带着自己的作品周游世界。他独具匠心的设计，渐渐获得了消费者的关注。在澳大利亚和新加坡，格拉夫先生赚到了一些钱。随着消费者增加，他所制的珠宝日益贵重。

"那时候我可是一个能说会道的年轻人。我很享受销售这些首饰的过程，直到今天仍是这样。当人们购买我们的珠宝、分享激情和喜悦时，我便心满意足。我很早便迷上钻石，第一次接触钻石便像着了魔般，感觉能够看透它的一切，可以说出它的'内涵'。我与钻石'情投意合'，定能'白头偕老'。"

格拉夫先生承认在事业发展的道路上，他一直运气不错，但他认为更重要的是勤奋与热情。"我经常到各地举办展览，大受好评。"格拉夫先生在世界各地开设珠宝店，以迎接更多的消费者。

格拉夫先生非常重视每一位消费者，"在我的职业生涯中，我非常幸运地遇见了一些很有趣的人，当中不乏王室贵族、商贾名流和知名艺人"。遇到有趣的人是他工作中的意外收获。"我和很多消费者成了朋友，这种关系延续到了下一代，我的儿子方施华和他们也是朋友，这样一来，我们更像是一家人。格拉夫是一个家族品牌，每位光临珠宝店的消费者都是我们家的一员。"

1973 年，格拉夫先生的企业正式定名为 Graff Diamonds，并在伦敦交易所挂牌，成为首家上市的珠宝企业。集资成功后，格拉夫先生买下位于哈顿公园的商铺，建立其高科技工艺坊。此后，品牌的所有制作流程都在这里完成，直至2003年。

格拉夫先生的努力被英国政府注意到了，1973年，格拉夫品牌首次获得"英国女王企业奖"，成为首个获此奖项的珠宝品牌。之后，格拉夫品牌四度获此殊荣，实属行业之冠。

1974年，格拉夫品牌正式在伦敦骑士桥开设首家旗舰店，接待来自世界各地的消费者，同时，格拉夫先生开始展现其对巨型宝石的热爱。同年，他购入重达43.79克拉的梯形黄钻 Star of Bombay；1984年，他购入当时全球最大、重39.31克拉的梨形蓝钻石，名为 Imperial Blue；1987年，他又在日内瓦举行的温莎公爵夫人珠宝拍卖会中，得到2颗顶级梨形黄钻，这2颗钻石经过格拉夫先生的精心设计及镶嵌，被制作成知名的"温莎黄钻"耳环。因为经常被温莎公爵夫人佩戴，故这两颗钻石有"Windsor Diamonds"的称号。

"格拉夫之道就是不走捷径、一丝不苟。我们以缔造完美珠宝为目标，而且每一次都能做到。"在竞争激烈的国际钻石行业中，格拉夫显得很特别，它设立了第一家直营式珠宝店，正如其宣传语："格拉夫，让钻石从矿场走到女性的脖子上。"1998年，格拉夫以51%的比例控股南非钻石集团，获得未切割的钻石，然后送往各个工作室进行加工。

对于那些罕见的钻石和其他宝石，格拉夫先生总是亲自监督整个采购、切割、加工及设计、制作过程。他说："我从儿时开始，就对钻石有着难以抗拒的感情，钻石让我激动，它是我的生命。我想让所有和我一样对钻石有着不可割舍的情结的人能拥有真正的完美钻石作品。"

要发掘璀璨夺目的顶级美钻，就必须深入地壳进行钻探，进行富有挑战性的寻宝之旅。格拉夫的宝石学家致力于发掘能媲美甚至超越现有传奇名钻的惊世宝石。原石蕴藏着无数奥秘，可能会被打磨成多颗小巧的钻石，也可能切割出一颗完美之钻。格拉夫的宝石学家会尝试各种方法。一旦他们确定了最合适的切割方法，不论难度有多高，他们都会付诸实践。

格拉夫的切割与打磨工匠责任重大，必须心灵手巧、耐性过人，雕琢时需要分毫不差的精准度。依靠他们的高超技艺，格拉夫才能展现绝美宝石内藏的慑人光彩。凭借无限的热忱和灵巧的双手，他们为每颗宝石注入生命，一次又一次地呈现宝石超凡脱俗的美态。成为格拉夫大师级工匠，就像获得一本秘密宝典一样，能学会独特的工艺与技巧。在格拉夫位于伦敦的工场里，传承多个世纪的传统工艺与崭新科技相辅相成，让梦想照进现实。

1993年，格拉夫在伦敦有"贵族街"之称的高级商店街——新邦德街设立全新旗舰店，这座用石头制造的19世纪风格的建筑，有着典雅的风貌，作为展示顶级珠宝的场所再合适不过。

有珠宝历史学家写道："劳伦斯·格拉夫怀着对珍稀宝石的热爱，凭借出色的生意头脑，从伦敦东部跃身世界舞台，成为闻名珠宝界的传奇人物。"劳伦斯·格拉夫的故事，已融入格拉夫的品牌文化中，伴随璀璨的珠宝永恒地展现着迷人的魅力。

宝诗龙：

坚守精湛制作技艺与传统风格的高级珠宝品牌

宝诗龙（Boucheron）这个创立于1858年的高级珠宝品牌，在包罗万象的品牌世界里，几乎可以算作纯粹艺术的代名词。

品牌服务少数名流，没有大众化作品，推出的全都是具有独立精神的致敬时代之作。

宝诗龙的故事，源自1858年。它的创始人，名叫费德列克·宝诗龙（Frederic Boucheron，以下称为宝诗龙先生）。

1831年，宝诗龙先生诞生于一个呢绒商世家。他从小跟随珠宝大师学习，从一个小珠宝店的学徒做起，凭借与生俱来的才华、品位和对珠宝独到的理解，于27岁时在巴黎高级时尚中心"皇宫区大街"开了他的第一家珠宝店。

宝诗龙先生的珠宝店奢华大气，装饰着树枝形状的水晶灯和天鹅绒织物，一开业就吸引了不少社会名流。当时，很多店的首饰只是被简单地平放在橱窗中，宝诗龙先生打破传统，用立体的胸像雕塑展示珠宝。他并没有像当时的许多珠宝店那样销售经典珠宝，而是将水晶石、象牙和金色花边引入自己的创作中，那些珐琅、雕凿银与木材、水晶相结合的作品，彰显着宝诗龙先生独特的设计风格。

1878年，宝诗龙先生凭借其珠宝作品在巴黎世博会获得Grand Prix大奖，参赛作品包括一条为玛丽·路易斯·麦凯（Marie Louise MacKay）制作的蓝宝石项链，项链中央是一颗重达159克拉的蓝宝石。

1887年，在巴黎卢浮宫里，一场盛大的珠宝拍卖会拉开帷幕，在当时被称为"世纪之拍"。这场拍卖会的拍卖对象是一顶法国王冠上的宝石。作为列席的唯一法国珠宝巨头，宝诗龙一举拍得其中最知名的2颗钻石，分别重18克拉和16

克拉。

此外，宝诗龙先生还得到了欧仁妮皇后（Eugénie，拿破仑三世的妻子）的一颗珍贵钻石。当时，为了抢得这颗钻石，拍卖者一度疯狂，最终，宝诗龙先生拍得这颗惊世美钻。事实上，他购下这颗钻石是为了镶嵌一枚戒指，而这枚戒指被赠送给了他的妻子加布利埃尔（Gabrielle），来表达他对妻子永恒的爱。自此，宝诗龙成了象征真爱的珠宝品牌。

1893年，雄心勃勃的宝诗龙先生决定扩大企业规模，将店铺迁到旺多姆广场26号，成为第一个在此地安家的高级珠宝商。这里位于新巴黎歌剧院和杜乐丽花园之间的中心地区，上流社会人士常常在此逗留，享受消遣娱乐和购物的乐趣。

宝诗龙先生的店铺装修豪华，充满现代气息，吸引了许多人的目光。在宝诗龙之后，其他几个高级珠宝品牌也陆续出现在旺多姆广场上，这里慢慢成为珠宝、高级时装和香水品牌的聚集地。

1900年，巴黎万国博览会举办，会上，宝诗龙获得了这样的评价："胆识过人、战绩彪炳的冠军。其作品总是令人目不暇接、甘拜下风，整个珠宝界都应以它为荣。"

宝诗龙先生于1902年去世，他的儿子路易·宝诗龙（Louis Boucheron）继承了家族企业，并成功在纽约和伦敦等地建立了品牌分店；20世纪中叶，品牌的第三代接班人杰拉德·宝诗龙（Garrard Boucheron）在南美洲、北美洲和中东各地举办了一系列展览，大大提高了品牌的知名度；1971年，杰拉德·宝诗龙之子阿兰·宝诗龙（Alain Boucheron）接掌家族企业，将宝诗龙的精品店开到日本，被日本人称为"世界上最好的装饰家"。

宝诗龙有着很好的全球化发展愿景，早在1897年就在莫斯科开设了分店，并于1903年在伦敦鼎鼎有名的名店街——邦德街设立分店；1925年，印度巴提亚拉土邦邦主委托宝诗龙将他个人拥有的皇家珠宝——7箱珍贵的宝石与珍珠设计成首饰，宝诗龙正式开始开拓亚洲市场。

宝诗龙之所以能赢得亚洲消费者的青睐，是因为它从19世纪末风靡欧洲的亚洲风尚中汲取灵感，并在位于旺多姆广场26号的精品店中设计了一个具有东方情调的中式会客厅，这体现出宝诗龙对异国情调的情有独钟。会客厅中屏风的尺寸和装饰线脚均根据会客厅的大小定制，令整个会客厅如同一件超凡的艺术品。会客厅设有2个橱窗，其中一个橱窗中暗藏一扇隐形门，为某些希望避开纷扰目光的消费者提供私密空间。

自创立以来，宝诗龙的设计师始终对精致宝石与充满异域风情的材质满怀热情，在其系列作品中大胆运用青金石、珊瑚、赤铁矿、玛瑙、麻纤维和蛇纹木等。20世纪80年代，天然水晶成为宝诗龙设计师最青睐的材质之一。天然水晶通透晶莹，很快成为制作高级珠宝不可或缺的材料；而作为公认的雕金工艺大师，宝诗龙赋予金子重要地位，由珠宝工匠彰显其华美的特质。

无论是精美的几何造型，还是简约的装饰线条，宝诗龙始终对抽象美学充满激情，其对协调比例、巧妙结构与复杂造型的偏爱，体现在诸多艺术设计与珠宝作品中。在精神层面，或许没有哪一个品牌能如宝诗龙般将欢愉的情感表现得如此淋漓尽致。

在设计精美的中文官网页面上，宝诗龙将品牌价值观于重要位置——罗列："创造与传递正能量""每一件杰作都是生命的庆典"。正是这种积极的态度，使众多活灵活现的动物形象出现在宝诗龙流传至今的惊世佳作上。

作为新艺术风格的典范，宝诗龙擅于将对自然的艺术演绎融入珠宝创作中。同时，它也是自然主题造型的推崇者——蜻蜓、蝴蝶、小鸟、蛇、小甲虫，都是它擅长表现的自然元素。其中，"危险的美"系列作品无疑是新艺术风格的集大成者——设计师将珍贵的金属变成延展性很强的"布料"，用金作"线"，进行编制、打结，再加入蛇、蝴蝶、蜻蜓等生动的形象，结合女性身体的曼妙曲线，创造一种变化无常的浪漫感，诠释名副其实的"危险的美"。

宝诗龙坚守品牌独特的内涵，是现代珠宝首饰品牌的典范，拥有一种令时尚人士沉醉其中的魅力。

萧邦：

创意非凡、材质华贵的"快乐钻石"品牌

作为拥有160多年历史的瑞士珠宝和钟表品牌，萧邦（Chopard）结合非凡创意与华贵材质，设计出品位出众的新颖珠宝与时计作品。

萧邦的创始人是路易-于利斯·萧邦（Louis-Ulysse Chopard，以下称为萧邦先生）。24岁那年，他在极短的时间内便征服了瑞士和全球制表市场。凭借创意惊人的设计，这位手工制表大师缔造了一枚又一枚精品时计。

回首19世纪，腕表最受瞩目的品质要素当属精准度、可靠性等。萧邦先生瞄准这些需求，打造出独一无二的精密计时器和怀表。

凭借卓越时计，萧邦使瑞士制造的腕表赢得了可靠、优质的美名。早在制表厂创建之初，萧邦便获得了两项盛名在外的授权，从而成为瑞士联邦射击节和瑞士铁路的官方腕表供应商。萧邦先生打开了波兰和匈牙利的销售市场。此外，他还与多位使用其时计来自创品牌的斯堪的纳维亚零售商建立起了合作关系。萧邦腕表由此成功进入国际市场。

1915年，萧邦先生的儿子保罗-路易·萧邦（Paul-Louis Chopard）接管企业，并在工业城市拉绍德封（La-Chaux-de-Fonds）创立了分厂，这里随后成为公司总部所在地。他于1937年将公司搬迁到了国际制表和商务中心日内瓦，从而拉近了品牌与世界各地消费者的距离。

1943年，保罗-路易·萧邦之子保罗-安德烈·萧邦（Paul-André Chopard）作为其父亲的接班人，成为萧邦品牌的第三代传人。彼时，公司发展正处于萧条时期，员工仅有5人，销售业绩不断下降。20世纪60年代，保罗-安德烈·萧邦的孩子中无人有意继承家族事业，他开始考虑转售公司。

与此同时，身在德国的卡尔-舍费尔三世（Karl-Scheufele III）也在寻找新的机遇——作为德国创业世家的后代，他希望能进一步壮大自己所拥有的珠宝和制表公司。由于需要为腕表机芯寻找供应商，他决定收购一家瑞士制表厂。心中怀着这个目标，他在报纸上发布了一则广告，并踏上了前往日内瓦的旅途，以会见潜在的合作者。在旅程最后一天，他联系到了名单上的最后一位制表商，正是保罗-安德烈·萧邦。在两人见面的那一刻，卡尔-舍费尔三世就知道自己找对了人。30分钟后，两人便敲定了协议。

1963年，舍费尔家族正式收购了萧邦。自此，这位来自德国的珠宝商成功闯入了由多个知名瑞士制表品牌组成的圈子。卡尔·舍费尔三世不仅拥有敏锐的商业嗅觉，还从父亲和祖父那里传承了对旅行的激情。在他的努力之下，萧邦一扫发展疲态，构建起一个庞大的商品帝国，开始把商品跟钻石、音乐联系在一起，创制了"快乐钻石"。

萧邦以表框内饰有滑动钻石的设计而闻名遐迩，尤其是在女士腕表方面，它更把这种创意发挥得淋漓尽致，推出了一系列令人感到惊喜的珠宝腕表，以精巧、可爱的设计，宣扬开心、快乐的精神。腕表表面有独特的画面，衍生出千变万化的款式，比如，宛如耀眼星光的西洋星座款式、充满浪漫感的雪花款式，以及充满中国风情的十二生肖款式。与此同时，在表面中有一颗颗可滑动的钻石，钻石随着佩戴者手臂舞动而滑动，充满趣味。

萧邦是全球为数不多的家族制表与珠宝品牌之一。自20世纪80年代起，卡尔-舍费尔三世和卡琳·鲁夫（Karin Ruf）的孩子们——卡罗琳·舍费尔（Caroline Scheufele）和卡尔-弗雷德里克（Karl-Friedrich）——就活跃在家族企业中。如今，卡罗琳·舍费尔和卡尔-弗雷德里克任萧邦的联合总裁。他们保持着各自的独立性：卡罗琳·舍费尔执掌女士商品系列，建立了高端珠宝部门；卡尔-弗雷德里克则掌管男士商品系列，开发了运动腕表系列。

1985年，一张小丑的速写初稿，促使卡罗琳·舍费尔走进了设计的世界。小丑的腹中充满了灵动钻石与多彩宝石，一经推出便成了品牌的吉祥物，也标志着萧邦珠宝的诞生。

1990年，萧邦推出Casmir珠宝系列，珠宝上绘满了阿拉伯式花纹、曲线与鲜花，其设计灵感来源于克什米尔花纹。与此同时，萧邦推出了一款同名香水，开启了视觉与嗅觉的双重盛宴。

数年以后，萧邦的设计师继续展现创造力，推出了一个全新的珠宝系列——Pushkin系列。在珍珠、宝石、黄金与抛光钻石的交相辉映之中，该系列珠宝诠释了教堂建筑的优雅。

1998年，萧邦成为戛纳电影节的官方合作伙伴。电影节主席邀请卡罗琳·舍费尔重新设计金棕榈奖座。从此，萧邦成为这场知名的电影盛事中的一部分。不久之后，萧邦成为电影节上知名艺人喜爱的高级珠宝品牌之一。

2010年，萧邦迎来品牌诞生150周年庆典。借此契机，品牌推出了包含150个不同动物造型的Animal World系列高级珠宝。与此同时，品牌也推出了一系列高级钟表，每一款高级钟表都搭载一枚全新机芯。

2016年，萧邦欢庆"快乐钻石"的"40周岁生日"。从1976年起，灵巧的钻石开始在萧邦的钟表上舞动。从那以后，"快乐钻石"在世界各地成功地播洒了无限欢愉。一切都始于这句宣言："钻石，因自由跃动而快乐！"

舍费尔家族在商品设计上所表现的出众创造力，以及在珠宝领域一贯的非凡造诣，使萧邦的内涵和特质得到了很好的延续，不断地焕发新的光彩和活力。从明媚的加勒比日光海滩，到樱花飘舞的日本温泉，再到法国的香榭丽舍大道，人们都能看到萧邦的商品。

腕表篇

奢侈品行业中有多个热门但发展历程鲜为人知的腕表品牌，包括百达翡丽、江诗丹顿、宝珀、宝玑、积家、雅典、劳力士、万国、欧米茄、浪琴、里查德米尔、法穆兰等。我们选取其中具有代表性的几个品牌，对它们的发展历程和经营理念进行回顾。

百达翡丽：

为下一代传承的经典时计品牌

2005年9月16日，百达翡丽专卖店落户于上海外滩18号——这是它继诞生地日内瓦、"国际时尚之都"巴黎的门店之后的全球第三家门店。作为"手表中的蓝血贵族"，稳居"世界十大名表之首"的百达翡丽，以实际行动预言了中国奢侈品市场的光明未来。

这个创立于1839年的钟表品牌，是瑞士日内瓦的一家家族独立经营的制表企业。高雅的艺术品位与昂贵的制作材料塑造了百达翡丽经久不衰的品牌魅力。

百达翡丽一直信奉精品哲学，遵守"重质不重量、慢工出细活"的生产原则。品牌的主旨只有一个，即"追求完美"。它奉行限量生产，直到今天，百达翡丽腕表每年的产量也仅有2.5万枚到3万枚。

一款表从设计到出厂需要大约5年的时间——4年的研究设计时间、9个月的生产时间、3个月的装嵌及品质监控时间。如果量身定做的话，研发所需的时间更长。史上最贵的1100万美元的天价表，便是百达翡丽为一位美国银行家特制的表，可显示24种不同信息：月份、日期、日落和日出时间，甚至包括纽约市任何一个晚上的星辰与月亮盈亏图。这枚表历经3年的设计时间、5年的制作时间，品牌团队辛勤工作8年，只为一只表。这是何等的精品精神！

瑞士钟表王国的夜空中星光灿烂，百达翡丽则是最亮的那一颗。然而论悠久，创立于1839年的它逊于宝珀（创立于1735年）、江诗丹顿（创立于1755年）；论销量，它不如时尚的宠儿天美时（Timex）与精工（Seiko）；论高调，它更是亚于劳力士。那么，它是如何独步钟表世界、屹立于王者之位的？

有钟表业专业人士进行了总结，指出百达翡丽的成功有十大理由。

1. **维持独立的企业形态**

百达翡丽是日内瓦历史最悠久的家族独立经营的制表企业之一。独立的地位确保百达翡丽能够掌控自身命运，同时追求长远的战略目标。

2. **拥有岁月淬炼的优良传统**

数代人积累的丰富制表经验和精湛技艺，确保了百达翡丽的制表工艺能够薪火相传、发扬光大。

3. **拥有革新创造力**

百达翡丽凭借其在研发领域的创意，不断推动制表技术实现突破，至今已有100多项专利，其中被认为对钟表业发展产生过重大影响的专利就多达20项，由此确立了品牌制表工坊的先锋地位。

4. **追求高级的工艺品质**

百达翡丽秉承一个发展目标，那就是研发并打造全世界最精美的时计。时至今日，保障高级的品质与工艺依然是百达翡丽严格奉行的生产准则。

5. **拥有珍贵、稀有的特质**

百达翡丽在时计制作过程的各个环节中采用了严格的品质标准，花费数月时间确保产品品质，这令每款百达翡丽时计都成为行家眼中珍贵、稀有的工艺杰作。

6. **具有保值甚至升值的可能性**

每一款百达翡丽时计都可以被视为凝聚着工匠们传承数世纪的宝贵经验和无数小时辛勤付出的杰作。百达翡丽的许多表早已成为时计的典范，在各大拍卖会上不断刷新成交价格纪录。

7. **推崇独特的工艺美学**

百达翡丽时计的美不仅在于经典优雅的外观，还在于一种精密复杂机械构造的魅力，品牌树立了低调、内敛、优雅的独特风格。

8. **重视售后服务**

百达翡丽的经销网络都是经过品牌精心筛选的，为表主提供高水准的售后服务，品牌将售后服务当作商品销售的重要环节之一。

9. 包含浓厚的情感意义

百达翡丽时计成为一件保留珍贵记忆的私人商品。赠送百达翡丽是一种表达爱与关怀的好方式。

10. 强调世代传承

百达翡丽会带表主了解一个家族企业的历史，其每一代家族成员秉持子承父业的传统，全力守护其深受肯定的制表工艺底蕴。

百达翡丽的故事，得溯源至1838年，两位创始人为安东尼·诺克·百达（Antoine Norbert de Patek，以下称为百达先生）与弗朗西斯·查皮克（Franciszek Czapek，以下称为查皮克先生）。百达先生主管经营，查皮克先生主管生产。他们最初的消费者大部分都是他们的波兰老乡，但随着当地表厂林立，商业竞争越来越激烈，艰难的创业处境让查皮克先生萌生了退意。

1844年，百达先生携带商品参加巴黎钟表博览会，与钟表师让-亚德利·菲利普（Jean-Adrien Philippe，以下称为菲利普先生）相识。菲利普先生发明的无钥匙上链技术获得了该届博览会的金奖。仔细研究这个发明后，百达先生察觉到了商机。二人同具敏锐的商业触觉，当即便产生了合作的念头。

1年后，查皮克先生退出公司，而百达先生与菲利普先生开始联手经营公司。1851年，公司正式更名为"百达翡丽公司"。菲利普先生颇具创新意识，制表手艺超群，堪称制表大师。他信奉"制造精密机械"的理念，由他制造的钟表品质远远超过其他品牌的钟表。

同年，好运不期而至。维多利亚女王莅临首届伦敦钟表博览会时，被一款百达翡丽怀表吸引——这款怀表是无钥匙上链设计，直径不到30毫米，精致而新奇。女王当场解囊买下这款怀表，在她的带动下，阿尔伯特王子也买了一款百达翡丽的表。消息不胫而走，百达翡丽成为众人瞩目的焦点。

很快，百达翡丽公司便跻身名表公司行列，赢得世界范围内的声誉。百达先生精明，市场开拓能力强；菲利普先生制表技术卓越，充满创作灵感。两人珠联璧合，创造了瑞士钟表业的一段传奇。

然而好景不长，1929年，世界经济危机爆发，瑞士的制表行业遭受巨大冲击，先进的技术并不能庇佑百达翡丽幸免于难，公司遇到前所未有的财务危机。

公司董事主动联系了表盘供应商查尔斯·斯登（Charles Stern）和约翰·斯登（Jean Stern）两兄弟。财力雄厚的斯登兄弟不仅帮助百达翡丽渡过了难关，还在1932年购入公司的部分股份，并在1年内买下了整个公司。[①]

斯登兄弟是以钟表业的相关行业——陶瓷制作行业，即"制作金属底胎陶瓷表盘"起家，凭借其出色的手艺，他们能生产近1000款不同样式的表盘，供给80多个制表商，其中就包括百达翡丽。

尽管自家公司也在经济危机中受到了影响，但斯登兄弟成功地抓住了市场需求从怀表朝手表转变的历史机遇，而且其表盘工厂的产能与消费者黏性都较高，具有较大的抗冲击性。因此，他们向百达翡丽伸出了援手。

斯登兄弟在接手百达翡丽之后，度过了一段艰难的岁月。斯登家族第四代传人泰瑞·斯登（Thierry Stern）回忆道："我清楚地记得父亲告诉我他们当时处境极其艰难，每个星期他们都得决定熔掉哪一枚金表的表壳来支付钟表工匠的工资。"

虽然危机重重，但斯登兄弟并没有一味追求经济效益，而是选择延续百达翡丽一贯的高品质。他们严格统一了制表的工艺标准，保障了商品的质量。他们大力研发新商品、开拓海外市场，以抵御经济危机带来的冲击。

在制表行业，腕表凭借其方便性，开始逐渐取代怀表。为顺应这一潮流，百达翡丽在1932年适时推出了适于佩戴的Calatrava系列腕表。为了开拓海外市场，1937年，查尔斯·斯登将自己的儿子亨利·斯登（Henri Stern）派驻纽约，负责与美国的分销商接洽。

1958年，亨利·斯登作为家族第二代传人正式接管百达翡丽公司，开始以毕生的专注和热情推动公司的发展。在员工的印象里，亨利·斯登总是在纽约和日内瓦之间穿梭，他办事细致、事必躬亲。

如果说斯登家族的第一代人奠定了品牌的根基，那么第二代人则将百达翡丽推上了时尚的浪尖。在1949—1979年的30年间，百达翡丽拥有了40项专利，创下名表品牌专利数最多纪录。

---

① 《斯登家族："对时间的热爱"续写百达翡丽显赫传奇》，环球精英YOLO，2018年8月。

在执掌公司期间，亨利·斯登开始收集公司留存的独家珍稀时计。这些作品为40年后百达翡丽博物馆的建立奠定了坚实的基础。时至今日，百达翡丽博物馆已经成为所有时计鉴赏家心中的钟表圣殿。

公司发展渐入佳境，家族传承也顺理成章，第三代斯登家族成员开始进入高速发展的百达翡丽公司。菲力·斯登（Philippe Stern）是亨利·斯登的儿子，出生于1938年，他最初选择的职业和信息技术有关，因为他觉得这一选择能够让整个家族企业受益。1966年，他正式加入百达翡丽公司。

菲力·斯登是个体育迷，也是一位一流的帆船选手。因此，他想要设计一款休闲风格的腕表。1976年，这款时计终于面世，即编号为3700/1A的Nautilus腕表，其定位为："全球最昂贵的不锈钢腕表之一。"这款腕表原本是代表菲力·斯登学成的"毕业"作品，最终却成为百达翡丽历史上的一款旷世佳作。1977年，菲力·斯登出任百达翡丽首席执行官。

在20世纪70年代中期，物美价廉的日本电子表和石英表在全球"攻城略地"，使瑞士钟表业陷入了严重危机。许多瑞士制表厂开始生产石英腕表，并清算原有的生产资源。

当时，百达翡丽公司里有人提出要做电子表或者镶嵌钻石的手表，但都被菲力·斯登否决了，他说："那样做，我们就不是百达翡丽了。"

尽管在20世纪60年代末，百达翡丽就参与开发了著名的Beta 21石英机芯，掌握着石英机芯制作技术，但它依然更倾心于机械时计。因此，1976年，亨利·斯登与他的继承人菲力·斯登制订了一项大胆的计划：开发一款全新的自动上弦机芯，以其令人难以抗拒的魅力超越石英机芯。这种难以抗拒的魅力既不是指更高的走时精度，也不是指更低的价格，而是指那无可争辩的美感和品质。他们深信这些价值是永恒的，哪怕时光流转、技术飞跃，这些价值也将永存。

当然，在决定生死存亡的关头，品牌决定投资研发一款全新的自动上弦机芯，需要相当的魄力。最终，菲力·斯登在1972年开始研发Cal.240机芯，这款机芯被沿用至今。

菲力·斯登一直致力于使品牌商品成为具有收藏价值的艺术品。在他看来，复杂的功能是制表中的顶级工艺，百达翡丽公司推崇的理念是将"完美的复杂性"和"完美的精确性"结合。1989年，百达翡丽推出了时计Caliber89。这是一款功能复杂的便携式机械计时器，开发过程历经9年，为公司发展树立了新的里程碑。

为了把百达翡丽成立至今的最有趣的作品妥善保存起来，菲力·斯登建造了一座华美的钟表博物馆——百达翡丽博物馆。"1989年的百达翡丽150周年庆典活动中，我们萌生了建造一座博物馆的想法。"菲力·斯登说，"现在，我们的梦想已经在原百达翡丽工厂变为现实。这座博物馆是百达翡丽名副其实的掌上明珠，也是对日内瓦制表商的献礼。无论是那些已经消逝的制表商，还是至今屹立不倒的制表商，都为制表艺术做出了突出贡献，并使日内瓦成为一座举世闻名的城市。"

1994年，作为家族第四代成员，菲力·斯登的儿子泰瑞·斯登（Thierry Stern）加入公司。在斯登家族，并没有人强迫自己的孩子继承家业，但耳濡目染，孩子们真正喜欢上了钟表。"在百达翡丽工作的人，没有人是不热爱表的。"菲力·斯登说。

泰瑞·斯登从小就将公司视为自己的家。1997年，泰瑞·斯登开始负责公司在比利时、荷兰、卢森堡市场的销售工作。1年之后，他出任公司的创意总监。2009年8月，他接替父亲担任公司总裁，其父亲则出任荣誉主席。现在，泰瑞·斯登已经将自己的管理理念注入这家"古董"公司的血液。

尽管百达翡丽公司在1933年便易主，不过斯登家族承诺会为从1839年起制造的每一枚百达翡丽腕表提供终身保养与修复服务——这可不是一句简单的承诺，因为维修古董机芯的零件需要一百多年的技术传承。在瑞士钟表业中，能许下如此承诺的品牌或许只有百达翡丽一个。

2005年，百达翡丽正式落户上海外滩18号，开设其在中国的第一家专卖店暨消费者服务中心。

2008年，百达翡丽在北京前门开设其在中国的第二家专卖店暨消费者服务中心。它不仅提供商品销售及售后维修服务，更为中国消费者提供来自百达翡丽的专业服务，保证每一枚百达翡丽的时计都能长久传承其最初的优秀品质和珍贵价值。

面对飞速发展的中国市场，百达翡丽采取服务至上的市场策略。"百达翡丽在其方方面面都坚守自己固有的发展节奏和理念，低调而稳健。在中国，品牌能有更长久的发展规划，不急于一时一刻，我们要将品牌价值与中国文化相结合，推动百达翡丽走向更广阔的天地。"

江诗丹顿：

为瑞士制表业带来突破性变革的制表品牌

江诗丹顿品牌成立于1755年，是世界上历史最悠久的钟表品牌之一。260多年来，品牌在追求创新和重塑理念的道路上永不停歇。品牌打造的钟表蕴含工艺大师世代相传的精湛制表技艺，体现着精致、典雅的设计风格，彰显高级钟表的卓越特质，堪称技术与美学的完美结合品。

江诗丹顿有一条经典的广告语："你可以轻易地拥有时间，但无法轻易地拥有江诗丹顿。"历史悠久的江诗丹顿，本着"最小批量、最优质量、最高卖价"的经营战略，如今在瑞士日内瓦的工厂，手表年产量不超过20000只。从1840年开始，每只手表的生产图纸、记录、销售日期及机芯表壳编号等资料，都被完整无缺地保留在公司的档案柜中。

超群的技术、严格的测试、精湛的工艺与完美的造型结合在一起，使江诗丹顿创造出的一个又一个令人赞叹不已、富有收藏价值的经典之作，在漫长的岁月中，成为名贵典雅风格的象征。

江诗丹顿的故事，源自遥远的1755年。

1755年9月17日，24岁的才华横溢的钟表匠琼-马尔科·瓦舍龙（Jean-Marc Vacheron）在日内瓦市中心创立了自己的首间钟表工作室。

琼-马尔科·瓦舍龙对人类文化充满好奇，他不断钻研制表工艺，成为一位卓越的独立钟表匠——"阁楼工匠"（位于阁楼工作坊的工艺师，代表了行业最高制表水准）。他所创制的精美时计令他蜚声国际；同时，他不断发掘其他有潜质的钟表匠，将自己追求至美艺术的精神与高超的制表技术传给他们。

1785年，琼-马尔科·瓦舍龙之子接管了制表工坊，接着，他又效仿父亲，在1810年，将制表技术及家族企业都传给自己的儿子。"富三代"接班，往往决定了家族企业的最终走向，幸运的是，江诗丹顿不但没有没落，还逐渐有了现代企业的雏形。

1819年，经验丰富的商人弗朗索瓦·江诗丹顿加入公司，并将公司名称更改为 Vacheron Constantin。

江诗丹顿品牌开始追求完美技术与精美外观之间的和谐统一。凭着对市场的敏锐触觉和坚定的信念，弗朗索瓦·江诗丹顿不断为设计精巧、优质的时计开辟新市场，将钟表卖到了欧洲的每一个角落。

1839年，机械工程师 Georges-Auguste Leschot 的加入（担任技术总监），令江诗丹顿的制表技术产生了革命性的飞跃，并改写了整个钟表界的历史。他不仅是一位机械天才，更拥有非凡的远见和丰富的想象力。他设计出首个可以重复及大量生产多种钟表零件的仪器，为整个瑞士制表业的制造效率带来突破性变革。在此之前，钟表机芯均由人工制作的零件组成，存在一定的个体差异，导致机芯零件不可互相替换。他的发明实现了零部件生产的标准化，由此大大缩短了制表时间、提高了制表效率。

1880年，江诗丹顿正式将"马耳他十字"标志注册为公司商标。"马耳他十字"原是机芯内发条盒盖上方的小零件的形状，这个小零件的作用是防止发条匣被过度上链。它的寓意，正呼应了弗朗索瓦·江诗丹顿充满理想和激情的格言——"全力以赴，精益求精。"（Do better if possible, and it is always possible.）

1901年，江诗丹顿首次获得"日内瓦印记"，意味着江诗丹顿向卓越品质的巅峰迈进！

在随后的岁月里，无论是陀飞轮、双动力储存、计时等功能，还是珐琅彩绘、珠宝镶嵌、手工雕花等精湛工艺，无不彰显着江诗丹顿在高级钟表界的先驱地位。

在第一次世界大战后世界格局重新构建的10年里，品牌在查尔斯·江诗丹顿（Charles Constantin）先生经营下继续发展，这个时期，江诗丹顿也推出了不少精品。

到了20世纪20年代末，经济大萧条迅速蔓延至整个欧洲：工厂停工、工人失业……人类经济活动陷入了恐怖的恶性循环。大萧条几乎摧毁了全世界的经济，也几乎摧毁了瑞士钟表业。

一些钟表企业彻底关张，另一些则是抱团取暖。查尔斯·江诗丹顿先生一开始还组织钟表工人维护厂房设备来打发时间，可是到了1933年，无事可做的钟表工人只能全部下岗。

经济大萧条还给第二次世界大战埋下了导火索，战争乌云再次笼罩整个欧洲大陆。而此时查尔斯·江诗丹顿先生的事业几乎到了山穷水尽的地步，他对于重振江诗丹顿毫无办法。在1935年制作的纪念品牌创立150周年的小册子里，查尔斯·江诗丹顿先生无奈地写道："虽然前途充满希望，但现在马上就得解决缺钱的问题……麻烦的是我找不到方法。"

到了1938年，在经过了一段时间的接洽和讨价还价后，查尔斯·江诗丹顿先生最终选择把江诗丹顿的大部分股权卖给另一钟表公司——积家！

这是江诗丹顿历史上最大的一次变革，收购协议要求江诗丹顿此后只能使用积家的机芯和零件，断绝与其他厂商的合作；积家还要向江诗丹顿派驻管理团队。不过江诗丹顿的品牌价值得到了积家的认可，积家选择保留江诗丹顿品牌，采取了"一个企业、两个品牌"的战略。

江诗丹顿有惊无险地赶上了滚滚向前的历史潮流。积家向江诗丹顿输出的管理团队中的Georges Ketterer也是积家的股东之一。1940年，他收购了江诗丹顿品牌的股份，成为品牌最大的股东；创始人家族从此退出了江诗丹顿，与品牌再无关系。

随着经济复苏，中等收入群体消费需求的增加推动了瑞士机械表行业的发展。江诗丹顿重新获得了市场声誉和不菲的销售利润。Georges Ketterer去世以后，他的后人似乎对经营钟表品牌并没有太大兴趣，先是在1980年把积家的大部分股权卖给了一家德国公司，又在1987年把江诗丹顿的股权卖给了阿拉伯的主权投资基金公司。

1996年，江诗丹顿被历峰集团相中，收入囊中。巧合的是，4年以后，历峰集团又将积家也收购过来，江诗丹顿和积家重逢了！

不过此时，江诗丹顿不用再使用积家的机芯和零件了。历峰集团的管理者约翰·鲁伯特（Johann Rupert）对江诗丹顿品牌推崇备至，于1998年购买了位于瑞士制表圣地汝拉山谷的机芯工厂HDG，并将其更名为VCVJ，专为江诗丹顿品牌的商品研发和制造机芯。由此，江诗丹顿品牌正式进入"鲁伯特家族时代"。

2006年8月，江诗丹顿在北京中华世纪坛举办了"江诗丹顿中国古董钟表巡展"。这是该品牌在全球首次举办规模如此大的古董钟表展览活动,陈列在中心位置的是15枚以中国元素为灵感设计的或者专为当年的中国皇族特别定制的钟表。

江诗丹顿在钟表设计上融入了中国文化。比如,江诗丹顿以"郑和下西洋600周年"为创作灵感,采用精湛的高级制表技术,缔造了Patrimony探险家系列的"郑和"款钟表,珐琅釉彩表盘上的郑和7次下西洋航行路线图气势恢宏,重现了郑和走向世界、不畏艰险、勇于探索的开拓精神,纪念了中国人在世界航海史上的贡献。

江诗丹顿对中国历史表现出的尊重赢得了中国人的好感,而这份好感,也使江诗丹顿不断地创造新的销售业绩纪录。

宝珀：

带领钟表界进入"品牌时代"的手工制表大师品牌

在瑞士的汝拉山谷，拥有代表高级制表精神的Manufacture de haute horlogerie印记的宝珀，正是因为坚持对于腕表的专注，才能在制表领域拥有毋庸置疑、无可撼动的地位。

只有少数品牌具备足够的制表水平和能力使用Manufacture de haute horlogerie印记。宝珀是唯一可以使用这一印记的钟表品牌。

Manufacture一词源于拉丁语词组manu factura，意为"手工制造"。如今，它意味着有能力自主设计、生产、组装腕表机芯。宝珀的机芯正是完全由品牌自主生产的。haute horlogerie则代表着明确、严苛的要求——7个大项28条细则，涉及历史、品质、设计、创新、售后等方方面面。宝珀在所有项目评测中皆获得了满分，可见其品牌实力！

宝珀的历史，源自1735年，它是世界上第一个注册成立的腕表品牌，创始人贾汗-雅克·宝珀（Jehan-Jacques Blancpain，以下称为宝珀先生）带领钟表界从"匠人时代"进入"品牌时代"。

18世纪初，宝珀先生发现一个很有发展潜力的新兴行业：制表业。1735年，他创立宝珀品牌，于汝拉山谷维莱尔小镇的住房中建立了首间制表工坊。这位制表先锋在维莱尔小镇官方产权名册上登记了自己的品牌，标志着世界上历史最悠久的腕表品牌诞生。

宝珀无疑是个家庭作坊式的企业。丈夫和妻子相互协作制表是那个时代的传统。就总体分工而言，丈夫负责切割和铸造表盘、横梁，精细加工轮系、副齿轮，调节时间，将部件组装入壳等；妻子则是精加工和边角处理的专家，专门负责打磨和装饰零部件。

宝珀制表家族日益发展壮大。宝珀先生的儿子艾萨克（Issac）紧随父亲的脚步，成为一名制表技师兼学校教师。这一时期，整个家族中与宝珀先生同辈的兄弟姐妹也都是制表人。

宝珀先生的曾孙大卫·路易斯·宝珀（David Louis Blancpain）逐渐将视野拓展到了瑞士之外。他旅行到欧洲的商业中心，以冕状轮式擒纵轮为其手表特色，在欧洲市场上销售宝珀家庭作坊制作的商品。从此以后，宝珀家族每年派出1名家庭成员，受托进行销售之旅，这一传统一直延续到1798年。

1815年，家族后人弗德里克-路易斯·宝珀彻底转变了工作室的风格，将传统手工工坊变为可大批量生产的制表厂。他是商品革新的倡导者，也是将商品"系列"概念引入手表制作工作坊的第一人。他为制表业带来重大变化。

得益于深厚的工艺技术，在19世纪中叶，宝珀成为维莱尔小镇地区规模最大的企业之一。

19世纪后半叶，为应对美国商品的竞争，宝珀于1865年在苏士河（Suze）畔建造了一座2层高的厂房，并利用水力发电为生产活动提供所需的电力。随后，宝珀更新生产方式，并瞄准高级制表市场，成为维莱尔地区少数突破困境的制表企业之一。

1926年，宝珀家族与制表师约翰·哈伍德（John Harwood）合作，此人正在尝试将当时仅用于怀表的自动上弦系统用于腕表。双方携手进行突破，成功设计出世界上第一款自动上弦腕表。4年后，宝珀将此装置应用于小尺寸腕表，以Léon Hatot之名推出矩形Rolls腕表，创制出世界上首款自动上链女装腕表。

1929年，全球经济大萧条给了整个瑞士制表行业沉重一击，导致行业不景气和大规模失业。宝珀采取积极策略，试图在美国市场中寻求生机。20世纪30年代中期的美国市场，整体状况比一蹶不振的欧洲市场强很多。品牌由此经历了一段波折发展期。

20世纪50年代末，宝珀加入瑞士钟表工业股份有限公司（SSIH）。1983年，瑞士钟表工业股份有限公司将宝珀售出。购买者在汝拉山谷建立生产厂房，并将公司命名为"宝珀有限公司"（Blancpain SA）。

20世纪70年代，制表工业面临严峻挑战。石英机芯的问世令一些专家预测传统腕表或将没落，然而，宝珀却致力于生产功能复杂的机械腕表。宝珀制表厂一直坚持以纯粹的传统方式制造腕表，严格遵循宝珀先生与其继承人的制表理念。

1983 年，宝珀以 Cal.6395 机芯作为试金石，将全历月相这一消失已久的功能重新带回表坛，不仅重现了机械表的价值、将世人的目光拉回传统制表领域，也成了复杂机械表的设计典范。

品牌遵循传统工艺推出的代表性作品还有堪称"表王"的 1735 腕表。这款腕表于 1991 年推出，是当时全球功能最复杂的腕表，汇集三问报时、万年历显示、月相显示与双追针计时等功能。制表师需要花费 1 年的时间才能完成机芯组装。该表使世界表坛为之震惊，成为宝珀历史上最重要的复杂表之一。

宝珀为世人称道的，还有其业界一流的艺术大师工作室。工作室汇集金雕、珐琅、大马士革镶金、赤铜、三问活动人偶、备长炭制作几大超凡工艺，其中赤铜、备长炭制作工艺与大马士革镶金技术是宝珀独有的工艺。

宝珀与中国有着深厚渊源，对中国的经典作品充满激情。品牌多次以中国文化为灵感进行创作，"唯美梁祝""风荷蝴蝶"等高级定制珐琅腕表，展现了品牌对于东方文化孜孜不倦的研习。中华年历表更是在功能性上完全颠覆了业界认知。历经 5 年的钻研，宝珀开创性地将中华传统计时之道（生肖年、天干地支、五行、时辰、月相），清晰、准确地呈现于小小的表盘之上。手表可呈现万年历、星期、日期、月份、闰年指示，在 2100 年前无须任何调校。

宝珀这位"经典时计的缔造者"，始终坚守对于制表的不渝信仰，保持低调、坦诚、务实的品牌态度，倡导精致、优雅的生活方式，将情感、艺术和文化融入品牌信念，书写了延续 200 多年的传奇。

宝玑:

制表技术超群的"现代制表之父"品牌

宝玑创始于1775年,距今已有200多年的历史。从18世纪开始,宝玑一直致力于为王室成员以及各个领域的杰出人士提供腕表及服务。

宝玑在业界享有"现代制表之父"的美誉。宝玑开发了业界超过70%的技术,其最具代表性的三大发明是陀飞轮、万年历和三问音簧。

宝玑于1780年研制Perpetuelle自动机械怀表;1783年,设计出报时表的簧条结构;1789年,发明擒纵结构和"宝玑式钥匙";1790年,设计出Pare-chute防震结构;1792年,发明"宝玑式游丝"并且完善了万年历结构;1796年,推出Subscription怀表,同年制作具备打簧报时功能的便携式钟;1799年,推出通过触摸便可以知道时间的tact怀表;1801年,发明陀飞轮……

因此,也许只有宝玑品牌的设计师可以自信地说:"这个世界上任何一个品牌的机械腕表,无论是手动上弦的,还是自动上弦的,都至少有2项技术、发明、专利、装置来自宝玑。如果把属于宝玑的部分拿走,没有一块腕表能够正常运行。"

可见,不管是作为一个家族,还是一个品牌,宝玑都不是徒有虚名的,因为世界上每一块机械腕表几乎都有宝玑的"基因"。因此,宝玑又被称为"最纯粹的高级制表品牌"。它的创始人,是"现代制表之父"亚伯拉罕-路易士·宝玑(Abraham-Louis Breguet,以下称为宝玑先生)。

1747年1月10日,宝玑先生出生于瑞士的纳沙泰,他自幼就显示了对复杂机械的非凡天赋。15岁时,他移居法国的凡尔赛学习钟表制造,在为期5年的学徒生涯中,他入读马萨林学院的晚间数学班,为研制精密仪器打下了良好的基础。不久，他的才华和发明能力崭露头角，获得当时法国国王的赏识。

1775 年，宝玑先生在巴黎开设他的首家钟表店。他具备渊博的知识，有过人的制表天分，吸引了当时最优秀的工匠投身其门下，并在他谆谆教诲之下成才。

历史上第一只腕表就是由宝玑生产的，它由宝玑先生为卡洛琳·缪拉王后而设计。1812 年，卡洛琳·缪拉王后收到一只史无前例的手表：历史上第一只专门戴在手腕上的表。这只表形状为一个独特的椭圆形，风格优雅而充满诗意，表达了对女性的赞颂。

宝玑先生设计及制造的钟表十分多元化，令他被誉为"表坛上最杰出的人物之一"。他对制表工艺的每个细节均了如指掌，其一生中最重要的发明，包括飞轮擒纵结构、摆轮双层游丝、自鸣钟、定速擒纵结构以及三问表的盘旋式打簧系统等，均对现代钟表界产生深远的影响。

配有创新机件和不断改良的杠杆式或圆筒擒纵装置的宝玑钟表十分符合市场需求。宝玑手表的时针在近末端处有镂空圆点（被称为 Pomme 时针，后来被称为宝玑时针），在珐琅表面上有形态优雅的数字，黄金表壳、白银字盘皆是工匠手工精心雕琢而成的。

宝玑先生还是一位出色的营销员。在 1797 年，他创制了一款单针怀表，它通过宣传手册推出，以开创性的预订方式出售，即下订单时购买者先支付全价 1/4 的首付款，然后公司随时通报生产情况。这样，制表师有了资金安排生产计划，消费者的预算也大大降低。

1801 年 6 月，法国内政部长授予宝玑一项专利，因为宝玑先生发明了一种新型调节器——陀飞轮。这是现代机械腕表中最具代表性的复杂装置之一。

在宝玑先生一生获得的众多荣誉中，1815 年被授予的"法国皇家海军天文台制造商"称号，可能是他最希望获得的，因为航海计时器对船队来说具有重要意义，它可以计算船舶在海上的位置。

1816 年，宝玑先生成为法国科学院的正式成员，并于 1819 年获得骑士勋章。1823 年，宝玑先生逝世，他唯一的儿子安东尼-路易·宝玑（Antoine-Louis Breguet）成功地接管了父亲的企业，并保持了钟表制造的高质量标准。

1907 年，年仅 27 岁的宝玑五世孙制造出可以凭借自身动力腾飞的直升飞机；1909 年，他制造出第一架双翼飞机；1912 年，他制成第一架海上飞机；1915 年，他制成第一架轰炸机。在航空事业如日中天的同时，宝玑五世孙并没有忘记宝玑光辉的制表历史,所以宝玑表一直坚持为航空业提供精密的计时表,他们制造出名为 Siderometre 的恒星时间腕表,还开发了 Type XI 和 Type XII 驾驶机舱时计。

经历过动荡发展期,1970 年,宝玑品牌所有者将其卖给了尚美巴黎。这是一家总部位于旺多姆广场的巴黎珠宝企业,成立于 1780 年。

1976 年,宝玑搬回瑞士的汝拉山谷——瑞士钟表诞生地,在这里招聘高技能制表师比在巴黎容易。但其发展并不容易,因为钟表业正面临石英危机。尚美巴黎自身也处于危急时刻,钻石采购和转售业务遭受重创。法国政府于 1987 年选择出售尚美巴黎,尚美巴黎被总部位于巴林的投资银行 Investcorp SA 收购。

宝玑被财团收购后,正好赶上了机械表的复兴浪潮,逐步开始盈利,制作了令人难忘的时计,包括 1988 年的陀飞轮腕表和 1991 年的万年历时间等式表。

1999 年 9 月 14 日,斯沃琪集团宣布收购宝玑。斯沃琪集团凭借工业和商业实力,为宝玑带来开发卓越表款所需的所有材料和技术资源,以满足手表制作者和最苛刻的鉴赏家的期望。

如今,宝玑的商品影响力在不断扩大,唯一不变的是,每一只宝玑表都有一个专门的独立编号;另外,所有宝玑的新型号的表壳上均饰有币纹,这成了宝玑表最知名的标志之一。

宝玑不断寻求改进手表性能、精度、功能和设计的方法,面向钟表界的未来。

积家:

瑞士钟表界的制表大工坊品牌

作为全球高级制表行业的先驱,积家将精确计时技术和精湛艺术天赋进行统一,创造出 1200 多种机芯,对整个制表业的发展做出了巨大的贡献。

积家拥有许多享誉表坛的作品。积家的制表大师、工程师和设计师紧密配合,秉承传统制表工艺的同时不断追求技术创新,对制造的每一枚钟表都倾注了高度的热情。每一款杰作,都传承了积家百年的制表工艺,堪称高级制表业界中的典范。

1833 年,在瑞士的汝拉山谷,安东尼·拉考脱(以下称为拉考脱先生)开设了他的第一家制表大工坊。

拉考脱先生拥有追求创新的发明家精神,深谙"齿轮是好表的灵魂"这一道理。他制作的齿轮零件质量特别出色,一经推出立即获得业界的青睐,美名远扬。

这样的成功激励了拉考脱先生进一步实现他的梦想——生产自己品牌的钟表。他于 1833 年创立的制表工坊,成为汝拉山谷历史上最重要的钟表厂之一,也是现在的积家表厂的前身。

1866 年,在钟表制造仍委托家庭代工的时代背景下,拉考脱先生和其儿子可以说是完成了一项空前的创举——他们让男女老少聚集在同一屋檐下共事,分享彼此的手艺,并从中传承宝贵的经验。人们将各自的才华凝聚在一起,完成了以半机械化方式制作复杂机芯的初步尝试。

无师自通的拉考脱先生成功发明了切削钟表齿轮的机器。在短时间内,他陆续推出了十几种崭新发明,申请了数百项独家专利,其中包括 1844 年问世的微米测量仪，还有 1847 年推出的"无匙上链"装置（不需要借助上链钥匙就能进行钟表上链与调校，让瑞士钟表工艺在全球大放异彩）。到了 1888 年，在表厂中任职的钟表师傅、技术人员与工匠已超过 500 位，工坊被当地居民称为"汝拉山谷大工坊"。

1860—1900 年，工坊一共推出 350 多款不同机芯，其中有半数是复杂功能机芯，包括 99 枚各式问表机芯、66 枚三问表机芯以及 128 枚计时秒表机芯，另外还有 33 枚机芯兼备计时与问表功能。从 19 世纪 90 年代起，表厂陆续推出了自制的卓越、复杂的表款。

1900 年，拉考脱先生的孙子雅克-大卫·拉考脱（以下称为雅克先生）接管家族企业，进一步地将工坊推向全世界。1903 年，来自巴黎的法国海军专属钟表师埃德蒙·积家（Edmond Jaeger，以下称为积家先生）带着独家的超薄机芯的设计图，前来瑞士寻找有能力制作这种机芯的厂家。在工坊中管理制造部门的雅克先生大胆地接受了这项挑战。

在腕表随处可见的今天，人们可能想不到腕表在普及化的过程中遭遇了多么大的阻碍。在 20 世纪初，男性对腕表相当排斥，他们认为只有女性才佩戴腕表。此外，尽管腕表体积小巧，但仍必须兼顾防震、防水等，这也令许多制表师望而却步。

在雅克先生与积家先生的合作下，技术上的困难逐渐被克服。两人的伙伴关系逐渐发展为深厚的友谊，他们携手打造出钟表史上最精湛的超薄钟表系列之一，其中最纤薄的一款表，配备的是厚度仅为 1.38 毫米的 145 型机芯。两人亲密无间的关系终于促成了积家品牌的诞生。

1928 年，积家推出的 Atmos 空气钟震惊表坛。钟表从周围温度的细微变化中获取机械运动所需的动能，只要室温有 1℃的变化，就足以提供让座钟连续运转 2 天的动力，使恒动机械的理念成为现实。

1931 年是积家品牌史上相当重要的一年，因为 Reverso 腕表就是在这一年诞生的。当时经销积家钟表的瑞士商人在一次前往印度出差的旅程中，遇见被派驻在当地的英国军官朋友。酷爱马球运动的军官朋友提出一个请求——希望积家制作一款能够承受马球场上的激烈冲撞的腕表。返回瑞士后，这位商人委托雅克先生进行研制，Reverso 腕表就此出现。使用者只需用指尖拨弄，就能将位于表框内的表壳轻松翻转，借此保护腕表镜面；反面则可以根据个人喜好，进行各种图文装饰。完美融合优雅与休闲风格的 Reverso 腕表，成为装饰艺术风格的经典之作。

作为品牌招牌的 Master 表，令人印象最深刻的就是它创下的 1000 小时测试纪录。积家表厂内部对一枚机芯的测试时间达到 1000 小时，这枚机芯才有资格被嵌入 Master 表壳。Master 表囊括了钟表界的各项复杂技术。

积家不仅有技术，它在美学方面更有造诣。英国女王伊丽莎白二世在其加冕典礼上佩戴的超小腕表便出自积家。早在 1929 年，积家便推出了至今仍是全球最小机械机芯之一的 101 型机芯。由于机芯足够小，珠宝镶嵌师便有了更大的创作空间。

安东尼·拉考脱先生已经成为传奇，他的精神仍被品牌坚守着。积家以艺术成就与精确计时为目标，靠着专业技能与精益求精的态度，赋予钟表崭新的面貌。

积家的钟表并不是冰冷的计时工具，其完美的机械工艺所传达的是美、热情与人们的真实情感。

雅典：

航海天文台时计领域的王者品牌

自从1846年在瑞士勒洛克创立，作为世界顶级名表品牌，雅典（Ulysse Nardin）在其长远的历史中，已经成为精湛的制表工艺及创新能力的代名词。品牌最初以航海钟起家，其制作的航海钟可靠耐用，已成为世界50多个国家的海军必备的仪器。

品牌的创始人是尤利西斯·雅典（Ulysse Nardin，以下称为雅典先生），他1823年1月22日出生于瑞士勒洛克地区。当时，该地区已经有了大量的制表厂。父亲是他制作钟表的第一任启蒙老师。在他还是少年时，父亲便开始亲自向他传授有关钟表工艺的技术。随后，雅典先生有幸跟随以制造天文台钟和天文时计闻名的钟表大师威廉·杜布斯（William Dubois）继续深造。经过多年训练，雅典先生成了一个制作复杂腕表的专家。1846年，23岁的雅典先生以他自己的名字创立了雅典这个品牌。

1860年，品牌获得了新的设备——用于调节手表精度的天文数字调节器。雅典先生把注意力转向了超高精度钟表。

1862年，在伦敦国际博览会上，雅典表获得荣誉大奖，令其稳居袋装天文台时计领域的领导地位；1878年，品牌又在巴黎环球博览会上夺得金奖。雅典表坚持"随心不随流"，既要求自己实力过硬，又注重商品外形。1893年，品牌在芝加哥环球博览会上展出了一枚金银混合、浮雕设计的天文台表，称得上是艺术与科学的完美结晶。

这是品牌黄金时代的开始。

雅典先生发现人们对航海和天文导航怀表的需求不断增加，于是开展航海相关业务。19世纪70年代，众多国家的海军和国际船运公司皆以雅典品牌的航海天文台时计作为标准装备。这些精密仪器成为促进各行各业和各国发展的催化剂，不但对社会有很大的贡献，也为品牌的成功奠定了基础。

雅典先生于1876年逝世，他的儿子保罗-大卫·雅典（Paul-David Nardin）接管了公司。

在世纪之交，制表厂房不断扩大，各项大奖也纷至沓来。1915年，品牌参加了华盛顿首府海洋天文台的测试，在60枚天文台腕表之中脱颖而出；1923年，为纪念宝玑大师一百周年忌辰，品牌在纳沙泰尔天文台举办了一场国际天文台时计比赛，雅典表夺得唯一的航海天文钟类冠军大奖；1935年，品牌推出24双追针计时怀表，其高精度得到了业界的认可。

航海与品牌的历史一直有着密不可分的关系，1975年，纳沙泰尔天文台发表最后一份有关天文台时计品质表现的正式报告。该报告指出，雅典品牌于1846—1975年所获得的荣誉、奖项包括：在已颁发的4504张机械航海时计证书中占了4324张，相当于总数量的96%；获得2411个奖项，其中1069个为冠军大奖，包括4个系列的天文台时计奖项；于精密航海时计、袋表、腕表等组别中，获得747项冠军大奖；在纳沙泰尔天文台的4个组别中，共获得1816项冠军大奖。

然而，卓越的制表能力并未带来强大的抗风险能力。20世纪70年代末，石英危机爆发。1983年，品牌濒临崩溃，公司被迫易主。这是品牌历史上的一个转折点。

被誉为"为亚洲引进瑞士钟零件第一人"的企业家史耐德在访问瑞士期间了解到雅典这个品牌的困难。这位富有远见的企业家看到了机会："我深信品牌的成功就在于机械表拥有独一无二的创新可能性。"但是，一切都必须被彻底改造和重建。面对这艘搁浅的"巨轮"，他以创新为宗旨，结合优秀的传统制表工艺及现代科技，研制精美的现代精密腕表，书写雅典表新的传奇。他与酷爱制表工艺的天文学家、数学家路德维格·欧克林（Ludwig Oechslin）博士携手，不久之后便创造出一系列惊世杰作——1985年，品牌推出以伟大的物理学家、人类学家伽利略的名字命名的伽利略星盘腕表，并以最精密的时计之名跻身《吉尼斯世界纪录大全》；1988年，为纪念天文学家哥白尼，品牌推出了哥白尼运行仪腕表；1992年，品牌推出克普勒腕表，旨在赞扬这位天文学家。这三款运行仪腕表并称"天文时计三部曲"。

1996年,雅典推出标志性的"万年历腕表",其日历可以轻松地向前和向后设置,成为万年历系列的代表作;2001年,雅典的"奇想Freak陀飞轮"横空出世,它没有时针和分针,破天荒地通过机芯的运转来显示时间;2003年,雅典的成吉思汗四锤三问表获国际创意大奖。这只表是世界上少数不以珠宝钻石为主要材料,价值却超过千万元人民币的顶级腕表,足见其机械工艺之复杂。

2009年,雅典研发制作出另一款颠覆传统的革命性天文腕表——月之狂想(Moonstruck),设计初衷是科学描述月相盈亏,以及月球、太阳、地球之间的引力所引起的潮汐变化!

雅典始终在探索、开辟创新之路。品牌至今已拥有6个独特的钟表系列和大量机械腕表专利。在未来,它必将继续突破技术极限,推出更多震撼业界的作品。

劳力士：

瑞士钟表销量冠军、"精准时计"的代表品牌

在机械表时代，劳力士一直是全球手表业中的领头羊，卓越的工艺与技术使得劳力士始终保持着在手表业中的翘楚地位。劳力士在全球 20 多个大城市设有分公司，手表年产量约为 100 万只，销售额在瑞士钟表中稳居第一，市场占有量很大。

劳力士品牌最初的标志为一只伸开五指的手掌，它表示该品牌的手表完全是靠工匠手工精雕细琢而成的，后来这个标志逐渐演变为皇冠商标，以示劳力士在手表领域的霸主地位。

劳力士的发展史与它的创始人汉斯·威尔斯多夫（Hans Wilsdorf，以下称为威尔斯多夫先生）紧密相连。1881 年，威尔斯多夫先生出生在德国的一座城市里，他年轻时就涉足国际商业，最初是做养殖珍珠的生意；19 岁时，他移居瑞士拉夏德芬，为一家专门出口钟表的制造厂做代理。

1905 年，威尔斯多夫先生与英国人阿尔弗雷德·戴维斯（Alfred Davis）先生在伦敦合伙开了一家公司，取名为 Wilsdorf and Davis，经营钟表销售业务，并推出自制手表。这就是劳力士公司的前身。

威尔斯多夫先生敏锐地察觉到，手表将不可避免地取代传统袋表，成为计时商品中的主流。当时手表刚面世，工艺并不成熟，用户在佩戴手表时手腕晃动剧烈，导致手表走时不准。于是，威尔斯多夫先生从瑞士订购了一批优质机芯，并安装在自己亲手设计的金质或银质表壳里，很快，这批"组装型"手表以牢固、准时的特点而备受欢迎。

威尔斯多夫先生希望为腕表取一个简单易读、朗朗上口的名字，印在腕表机

芯和表壳上。他回忆道："我几乎尝试了所有字母组合，得出数百个名字，但没有一个令我满意。一天早上，我坐在公共马车的二层，途经伦敦市齐普赛街时，我仿佛听到一只小精灵的声音，它在我耳边低声说道，'Rolex'。"

1908年7月2日，威尔斯多夫先生在瑞士注册了劳力士商标。从此，世界钟表业的一个卓越品牌踏上了它的漫漫发展之路。

虽然劳力士最初专注于提升机芯质量，但它在时计精准度方面的积极探索也收获颇丰。1910年，劳力士成为首个获由瑞士比尔官方钟表评级中心颁发的瑞士时计证书的腕表品牌。

1914—1915年，劳力士手表连续2次获得了由英国乔城天文台（Kew Observatory）颁发的A级证书，这是英国这一知名天文台对钟表精确度的最高等级评价。这一殊荣使劳力士身价倍增，"精准时计"的形象深入人心，备受各界人士推崇。

1919年，劳力士将公司迁往以制表工艺著称的日内瓦，并于1920年在当地为公司进行了注册。

1926年是劳力士品牌史上重要的一年。劳力士的第一只防水、防尘表于这一年问世，这就是知名的"蚝式"（Oyster）表。所谓"蚝式"表，即模仿牡蛎的构造而设计的防水表。制表的实力需要经过实践的检验。1927年，知名的英国游泳女将美雪狄丝戴着这款防水表横渡英吉利海峡。这只手表在水中浸泡了15个小时后，仍旧分秒不差、完好无损。当时英国的《每日邮报》称这一事件"创造了难以实现的奇迹"，是"人类制表技术的巨大成功"。这一事件也成为劳力士品牌历史上一次经典的营销事件。从此，"蚝式"表闻名天下。

1929年，世界经济危机冲击了瑞士钟表业，劳力士却几乎没受影响。它在这一时期发明了一种自动上链的装置，并于1931年造出了世界上第一只"恒动"（Perpetual）表。这款表的中轴有一个摆铊，能把手腕摆动的势能转换为手表的动能，因而无须人工上链，故称"恒动"表。它的问世给钟表行业带来了一场革命，也成为腕表发展史上的一个里程碑。

接下来，劳力士开启了刷新世界钟表纪录的历程——1945年，劳力士推出了日志型腕表，这是世界上首款在表面上显示日历的自动上链腕表；1955年，劳力士研制出了飞行员手表，使佩戴者能够在不同时区准确计时；同年，劳力士推出了深海潜水表，该表可在水下100米正常运转；1956年，劳力士推出了具备星期显示功能的日历表，有 26 国文字可供使用者选择。

工匠们精益求精、追求完美的精神赋予劳力士坚定的品牌信念，使它享有其他品牌望尘莫及的荣誉。1953 年，登山家爱德蒙·希拉里戴着劳力士表登上了珠穆朗玛峰；而探险家雷诺夫·费因戴着同款劳力士表探索了南极；几年后，劳力士表被人携带着潜入了 1.08 万米深的海底。许多探险创举都见证了一个事实，那就是劳力士手表品质优良、工艺精湛。

劳力士的设计师不但富有创新精神，而且不断追求完美。对他们而言，"品质"不是空谈，劳力士表"稳重、不浮夸"的设计风格，备受表主推崇，精确性和耐用性更使其价格不菲。每位钟表技师均抱有同一信念，就是"凡事必须精益求精"——他们获得尖端科技的协助，保证每个生产程序均经过严格的质量把控，每块表都进入气压室测试防水性能，然后参考每 100 年误差为 2 秒的原子钟做精确度校准，通过所有质量测试的表才可以出厂。

一只劳力士表能够分秒不差，全凭 220 件甚至更多组件的完美配合。

品质优良、工艺精湛且糅合尊贵、典雅的独特气质于一身，使得劳力士成为世界手表业的翘楚、"精准时计"的代表品牌，备受各界人士推崇，并获得收藏家青睐。

万国：

使用高科技材料的精密制表品牌

自1868年创立以来，万国（IWC）的工匠们于瑞士的沙夫豪森潜心钻研制表工艺，打造经典的作品。高超的制表技术一直是品牌实现辉煌成就的保障。

在27岁时，年纪轻轻却有开拓精神、远大抱负以及敏锐商业触觉的美国工程师、制表师佛罗伦汀·阿里奥斯托·琼斯（Florentine Ariosto Jones，以下称为琼斯先生）已成为美国波士顿的一家知名制表公司的高管。在那个时代，大多数人都会去西部寻找机会，琼斯先生却选择了相反的方向。

琼斯先生计划结合瑞士的精湛制表工艺及其他国家先进的工程技术，加上他自己的开拓精神，为美国受众制造品质非凡的腕表。可是，当时日内瓦地区以及瑞士西部偏远山谷中的技师却对他的计划持怀疑态度。

1868年，琼斯先生创立了万国表公司。他在瑞士制表师的协助下，在距离莱茵瀑布不远的地方建立制表厂，利用水力取代部分人力制造出标准化的零件，而后由一流的制表师将零件装配成品质超凡的表，掀起了一场钟表革命。

创始人琼斯先生的开拓精神和远大抱负，奠定了万国表厂的文化根基。万国的腕表工程师对发明创新、技术革新和钟表业的重大发展抱有很大热情。1885年，这家瑞士东部唯一的制表厂研制出第一款配备波威柏系统且具有数字显示功能的怀表，在全球引起轰动；1889年，各地制表厂展开激烈竞争，力争制造出第一只能被佩戴在手上的腕表，在此期间，万国脱颖而出，成为腕表制造领域的佼佼者。

"放眼全球"是万国恪守的信条。万国虽地处远离制表中心的小镇，却稳固地占据着行业内的领导地位。

19世纪末,万国研发出全新的机芯。20世纪30年代,市场渴求高度精准的大型腕表,万国把原创的怀表机芯装嵌于腕表内,葡萄牙腕表系列应运而生。这一系列腕表以"大"见称,引领腕表潮流。

从为飞行先驱提供计时工具开始,万国一直致力于研发"空中"腕表,推出了为对抗磁场而设计的飞行员系列腕表。20世纪50年代,万国不仅推出了首个自动机芯,引发钟表业的新一轮竞争,也成功研发了比勒顿上弦装置。这个无可比拟的杰作,至今都被配置在大型表厂制造的机芯中。

20世纪70年代末,受石英危机的冲击,瑞士制表业一片动荡,但万国的经理恭特布明赖思先生却打破了困境。他研发机械腕表,以突破性的理念和高超的技术,开创了机械腕表的新时代,为男士腕表塑造鲜明形象,演绎突破性的制表理念。

创造世界纪录似乎已成为万国表厂的一种传统。万国推出的复杂型腕表是世界上结构最复杂的机械腕表之一,它包含659个微型组件。这款腕表的设计精妙、复杂,而且生产数量有限,每年的产量不超过50只,因此只有少数收藏家才有机会拥有它。

万国制造的万年历腕表十分精巧,除更换随表附送的世纪显示片外,无须再进行其他调整。这款腕表几乎设定好了所有的闰年,只有个别年份是例外,因为根据格里高利历(Gregorian Calendar)计算,这些年份不属于闰年,钟表大师需要为此对腕表稍做调整。

万国不仅是传统精密制表工艺的专家品牌,而且还率先使用高科技材料。万国是第一个将钛金属用于制表的品牌。万国于1980年发布由钛合金打造的Porsch Design计时码表,引起了业界轰动,让大家意识到原来金属腕表也可以如此轻盈。钛合金具有非常优秀的性能:质地坚硬但重量轻,具有很强的抗腐蚀性,而且不易引起人体过敏,很适合用于制表。但其硬度太高,导致加工困难。万国与法国航太(Aerospatiale)公司合作,才完成表壳、链带的开发工作。

1986年,万国开始使用氧化锆陶瓷制作表壳,后来陶瓷表壳也被应用到品牌旗下的飞行表上。

成立至今,万国在制表工艺培训方面从不懈怠,培养了大量专业人才。万国在瑞士沙夫豪森制表厂的400多名员工以及全球各地的100多名员工坚信,精密制表业的传统文化能够获得钟表行家的欣赏,钟表的优良传统将被发扬光大、世代流传。

自1868年起,万国所生产的每一只表都被记录在了手表出厂记录簿中。百余年来,公司已集成数册记录簿,这种记录簿是独一无二的。旧本中以花体字记录每一只表的合约编号、表壳后的编号、所使用的材料、重量、制表师傅的姓名、制成日期以及钟表商或购表人的姓名等资料。同时,1868年以来,万国所生产的重要备用零件都被存放在高高的橱柜里,所以万国的制表师甚至能够彻底大修最古老的表芯,以确保往后许多年该表仍能精准计时。因此,万国表足以作为一个家族未来数代人的传家宝。

万国从不追求大量生产,直至今日,它仍忠实地坚守固有的理念——做少量但品质卓越的表。因此,每一只万国表,连最细微的地方都被处理得非常完美,在使用者良好的保养下可以被使用数十年,具有很高的收藏价值。

浪琴：

历史悠久、缔造优雅品位的钟表品牌

作为全球领先的钟表制造集团斯沃琪集团旗下的知名品牌，以飞翼沙漏为标志的浪琴，一向以优雅、华丽的风格闻名于世，消费者遍布 150 多个国家。

浪琴的历史源自 1832 年。瑞士人奥古斯特·阿加西（Auguste Agassiz，以下称为阿加西先生）与位于圣耶米（Saint-Imier）的一家钟表行携手合作，进入钟表制造界，成为阿加西公司的法定负责人。

当时，这个钟表世家依照制表匠在家中工作的制表方式生产钟表，并大力拓展商业网络，成功地将商品销售到了其他大洲，尤其是大西洋彼岸。19 世纪 50 年代，阿加西先生的侄子奥古斯特·弗兰西昂（Ernest Francillon，以下称为弗兰西昂先生）接管了钟表行的生意。在承担责任的同时，他也在思考如何对钟表制造方法进行改良。

弗兰西昂先生准备对原本分散的各制表步骤进行重组，将其全部整合在同一所建筑内完成。弗兰西昂先生想要建立一家工厂，借助生产机械，完成从组装到出厂的各项制表流程。为了实现设想，1866 年，他在苏士河（Suze）右岸购买了两块相邻的土地，那里在当地被叫作 Les Longines。于是，他在 1867 年建立制造工厂时就以 Les Longines 对工厂进行了命名。

弗兰西昂先生聘请了家族中的一位名叫雅克·大卫（Jacques David）的年轻工程师，协助其开发设备、改进钟表制造工艺及流程。19 世纪 70 年代，弗兰西昂先生采取的产业化策略取得了很好的成效，直到 20 世纪前叶，工厂都保持着不断发展壮大的势头。1911 年，浪琴的员工已超过 1100 人，钟表畅销世界各地。

1889 年，弗兰西昂先生对品牌名称及飞翼沙漏图形进行了专利注册。

1900年,浪琴凭借一款搭载21.59计时机芯、被命名为"名誉"的怀表,在巴黎世界博览会上荣获大奖。浪琴是此类活动中获得大奖数量最多的品牌之一。

1904年,浪琴推出的Express Monarch时计备受美国南极探险队称颂。在长达429天的行程中,浪琴时计的误差始终维持在4秒左右,准确度惊人。在1912年的巴索联邦运动会上,浪琴计时码表为3500名运动员正确计算速度,再度成为被称颂的目标。

1919年,浪琴被指定为国际航空联合会的官方供货商。浪琴开发出了专供航空先锋使用的精度高、可靠性强的导航仪器,为各项纪录进行计时;1927年,浪琴被用作查理斯·林白第一次单独无中断横越大西洋(纽约至巴黎)的指定定时器;1929年,美国的理查·伯德将军在南极空军基地使用浪琴表修正秒差;1930年,知名的齐柏林飞船在浪琴定时器的帮助下,完成环绕世界一周的壮举。

1954年,浪琴开发出首款石英表,此商品很快就在纳沙泰尔天文台创造了一系列令人震惊的全新纪录。这款计时秒表中有一个石英表耦合摄像机,可为裁判提供一套拍摄影带,令裁判更清晰地追踪运动员冲过终点线时的动作。

1960年,浪琴制造出全球最薄的电磁表;1969年,浪琴研制出全球首枚电子磁性石英表;次年,在瑞士举行的世界速降滑雪比赛中,浪琴腕表首次作为数码信号发放器,以电子传送的方式直接将时间显示于电视节目画面中;1979年,浪琴与其他钟表品牌合作,研制出厚度只有1.98毫米的Feuille d'Or腕表,该表成为全球最薄的石英腕表之一……

然而,颇具讽刺意味的是,尽管浪琴在石英表领域成果颇丰,但它因受到石英危机的冲击而陷入困境(公司管理也出了问题)。从1970年到1984年,瑞士的制表品牌数量从1600个下跌到632个,享誉盛名的钟表王国里的工人,超过半数在这场打击中失去了工作。很多制表公司濒临破产,浪琴也不例外。入不敷出、内忧外患的它面对的只能是被收购的命运。

经过一番波折,浪琴最终加入了斯沃琪集团。被收购之后,浪琴的技术研发团队被拆散了,机芯的生产任务也交由同属斯沃琪集团的ETA来完成。浪琴由此成了空壳公司,失去了机芯研发生产能力;并且,浪琴的品牌地位也遭遇了降级。被收购之前,浪琴和欧米茄几乎是一个档次的品牌。被斯沃琪收购以后,集团根据战略需要,把浪琴降级了。这种降级主要是基于商业上的考量。

然而,这对于浪琴来说未尝不是一种机遇,在中国市场,浪琴占了2万元人民币价格带钟表市场超70%的份额！在其主力价位市场——1万~3万元人民币区间市场中，浪琴的知名度相当高。

作为一个全球性品牌，自创立伊始，浪琴始终遵循其固有的传统价值理念，品牌以悠久且不断创新的美学传统作为基础，精致工艺与经典设计之间的平衡体现在每一件作品之中，缔造优雅的品位，在150多个国家内忠实履行着卓越钟表品牌的坚定承诺。

里查德米尔：

瑞士高端精密腕表行业中的"异类"品牌

钟表品牌大多讲究创始人出身、历史底蕴，进而"论资排辈"一番。但如果从这些角度来看里查德米尔（Richard Mille），它当属一个"异类"。里查德米尔这个品牌创立于1999年，品牌的首款腕表于2001年发布，于钟表界的资历尚浅，但里查德米尔却能与众多百年元老级品牌平起平坐。

与很多瑞士制表品牌动辄几十年、上百年的历史传承不同，品牌创始人理查德·米勒（Richard Mille，以下称为米勒先生）最初的制表理念便是以传统制表的精神、先进的科技和精密的制表工艺，展现其天马行空的制表创意。

米勒先生和一般的自创腕表品牌的创始人不同，他并非专业制表师出身。出生于法国的他，赴英国攻读市场营销学，并于1974年进入一家法国钟表制造公司，担任出口部门经理，负责销售商品。

20世纪80年代，米勒先生成为集团出口部门总监，负责腕表的出口贸易；90年代，米勒先生调职到一个法国顶级珠宝公司，掌管手表和珠宝首饰部门，直接参与手表的设计和研发，还接触了许多机芯制作大师。

在钟表界积累完整的前后端经验的米勒先生，对腕表的想法很多，但碍于公司计划与成本的制约，总是难以施展拳脚。因此在步入中年后，他做了一个重要的决定：在50岁这一年，要自创同名制表品牌！

有了开创性的理念，加上人脉的支持，米勒先生不考虑成本，在经常透支的情况下，于2001年成功推出赢得品牌声誉的RM 001腕表——拥有服帖的弧面酒桶型表壳与蓝宝石水晶镜面、侧边曲线流畅优美的精致腕表，将米勒先生对腕表的偏爱表露无遗。

先声夺人的 RM 001 腕表，颠覆了大众对"钟表"这件数百年前已存在的物件的审美，这是一款"来自 21 世纪的时计"——它的外观，和世上所有在产的腕表有一种天然的差别，体现在材质和技术上，这款表采用创新的材质和前沿的技术，适用于任何场合，将米勒先生内心对"美"的理解直接、自然地表达出来。在技术性能上，它有代表瑞士最高制表技术的复杂机芯"智囊团"APRP；在材质功能上，高科技航空学和赛车工业等领域的合作资源，为此理想之作打下了良好的基础。

在 RM 001 腕表之前，腕表爱好者很难想象有一款腕表可以直接地实现"3D"视觉效果——佩戴者盯着表盘内部运转的机械结构数秒，会惊觉自己置身于一个复杂的机械迷宫中。内部机械结构一览无遗，高抛光的金属部件深嵌于哑光金属壳中，对比鲜明；裸露在外的机芯零件和星形螺丝错落有致；透明表盘，让时标和指针仿佛飘浮于这个独创的机械世界的半空中；独家设计的动储显示区域使用了点睛的红色。这款表的每一个精密的微型元件的运转都蕴含着哲理，尽管只是反复旋转，却如此有序且令人着迷。

米勒先生为了充分表达个人对美学的理解，还精心研发了一款表。这是一款能够帮他圆梦的作品，成本相当高，且预期销量非常低，然而，结果出乎他的意料——这款标价 20 万欧元的陀飞轮腕表，一举站上高级制表界的顶峰，引发抢购热潮，问世当日，收到数百个订单！

一炮而红之后，不到 10 年间，里查德米尔便成为业界的翘楚品牌。从 RM 001 腕表到其后的每一款作品中，人们皆可深刻感受到品牌对于革新制表技术的热情。

米勒先生对高科技材料的研发和应用水平无人能及。他率先引进人们以往在钟表界从未听闻的材料，如纳米碳纤维、钴铬镍合金，不是为了话题噱头，更不是为了视觉效果，而是为了实质性地改善腕表的性能、减轻腕表的重量。如今，"轻盈"已是其腕表基本的特质。

里查德米尔腕表的坚固程度惊人。巴西 F1 车手菲利普·马萨（Felipe Massa）曾佩戴里查德米尔腕表上场比赛，腕表经强烈震荡后，依然正常运作，可见其稳固性及避震功能相当强。

除了结合创新材质和技术来切实改善腕表的性能、提高佩戴舒适度，精准也是品牌技压群雄的关键。腕表没有多余的修饰，但必要的细节都要做到最好，就算是夹板、表壳、自动盘等使用的花键螺丝，也要经过20多道不同的工序来制作。

品牌推出专门适用于严峻环境的表款，机芯的内部零件如擒纵装置、发条盒等皆经特别研制和测试，以确保达到最佳的抗热、抗震、抗磁效果。

品牌邀请优秀的运动员来为腕表代言和测试，而运动员为里查德米尔代言，并不仅仅是戴上它的腕表拍摄广告宣传照而已，还要在赛事中戴着它实际上阵。

2016年，里查德米尔和英国超跑品牌麦拉伦（McLaren）跨界结盟，于2018年3月的日内瓦车展上，推出联名表款RM 11-03 McLaren自动飞返计时码表，轰动一时。两大巨头联手出击，为腕表注入超跑精神；而展现超跑动力美学的RM 11-03 McLaren，也为这次跨领域合作写下完美的惊叹号！

每款里查德米尔腕表皆体现了"勇闯前沿、创新技术""艺术融合结构、坚固又耐用""以纯手工诠释高级钟表精髓"的品牌哲学。如果能将一只价格不亚于一套房子、一辆超跑的里查德米尔腕表戴上手，那么佩戴者的社会地位、经济实力与品位将会不言而喻。里查德米尔腕表成为有钱人也未必买得到的梦幻精品。

为何里查德米尔腕表如此昂贵呢？首先，里查德米尔腕表制作工艺相当复杂、精细。其次，其皆为限量发行（发行50只都已经算是高产表款了）。其高价位呈现的是优异的制表水准和品质，以及永不妥协的态度。里查德米尔始终在为创作跳脱常规而又符合高级定制精神的高级腕表而努力。

法穆兰：

历史短暂却创意惊人的制表品牌

大多数人熟悉的知名腕表品牌，历史短则50年，长则上百年，岁月的积淀不仅帮助品牌提高了知名度，更是商品品质的保证书。但历史短暂的法穆兰（Franck Muller），却以颇具创意的表款设计（酒桶形表壳、颠覆传统的数字刻度等）与具备超高复杂度的机芯为品牌特色，在近10年内快速蹿红，以每年4万只腕表的制造能力成为世界顶级的钟表品牌之一。

法穆兰的创始人，是与品牌同名的腕表设计师法兰克·穆勒（Franck Muller），他是一位有着丰富经验的制表匠，曾是独立制表师协会（AHCI）的一员。

1958年7月11日，法兰克·穆勒出生于瑞士。他从小就对各种机械仪器有着很大的兴趣，沉迷于探索钟表机械。10岁时，他已对周遭的各种不同艺术作品拥有敏锐的触觉。他经常流连于二手市场及古董店，寻找别具匠心的独特佳作，并进行详细分析。不仅如此，他还将所有空余时间投入机械研究，将各种机械商品小心拆解、观察然后重新组装。正是这种永不满足的好奇心及对机械强烈的迷恋，为他日后的成就奠定了基础。

15岁那年，法兰克·穆勒被送到一所制表学校学习钟表设计。20世纪80年代初，他从瑞士知名的日内瓦制表学校顺利毕业，一毕业便收到许多收藏家、私人博物馆以及拍卖公司的邀请，请他为价值连城的收藏级怀表进行修复。

随着经验不断增长，法兰克·穆勒的制表技艺已经到了出神入化的境界。他不断地思考创作新的机械装置的可能性，并着手开发制造属于他自己的腕表。

为了鼓励瑞士年轻人从事钟表行业，许多钟表品牌常常会举行各种竞赛。法兰克·穆勒曾将他在竞赛上赢得的劳力士日志型表改装成拥有万年历显示功能的"变异劳力士表"。

从1983年起,法兰克·穆勒将兴趣转移到制作具有复杂的机械功能的腕表上。1989年,人们真正见识到他的"天赋"——他收到一枚古董怀表机芯,将这枚机芯改造成一个具有大小自鸣、三问、万年历显示、月相显示、24小时显示、温度显示功能的超级复杂机芯。机芯的651个零件全是他手工打造、装配的。这时他才30岁。

1991年,法兰克·穆勒与拥有珠宝设计经验的凡登·史麦克斯(Vartan Sirmakes)成了合伙人,以Franck Genève为品牌名发布腕表作品。法穆兰表厂正式在日内瓦附近的小镇让托(Genthod)设立,并于3年之后搬进同镇一座建于1905年的庄园中。从那时起,这个清幽宁静、俯瞰日内瓦湖、远抱勃朗峰、占地面积为16万平方米的庄园,就已不再是个简单的制造工坊,它成了法穆兰的钟表王国所在地。

1990年,受石英危机的影响,大部分瑞士制表企业为了生存,开始使用石英机芯。法穆兰决心继续进行复杂功能机械表的制造,简直就是逆势而行,需要常人难以想象的勇气!那时,面对已在市场中存在了一两个世纪的钟表巨头,一个新兴的表厂很难得到消费者的信赖。

钟表界,尤其是顶级钟表界,非常推崇传统,因此不是很愿意接受创新,尤其是在钟表的外形设计方面。在这样的环境中,要推出市场上全然不存在的立体流线型表壳,需要十足的勇气,更何况这个表壳在制造上,要克服很大的技术困难。此外,大胆地推出如"皇家蓝色"等鲜明的表盘色彩,也是一种革命性尝试。

2003年,法穆兰推出Crazy Hours腕表,将其高超的制表工艺与惊人的创意推向世人。Crazy Hours表盘上的阿拉伯数字的排列方式,将固有的表盘显示规则完全打破!酒桶形的表盘上整齐排列着12个Art Deco式的阿拉伯数字,但是数字并非以1~12的顺时针方向排列,其背后隐藏着法兰克·穆勒独具的匠心。Crazy Hours的放射扭索纹表盘上以精工打磨出的Art Deco式的阿拉伯数字,在不同光线及角度下时隐时现,令这枚腕表更具趣味性。

为了坚持自由地开发具有独特性的腕表、保持良好的市场反应力、缩短消费者等待的时间,并且提升商品质量,法穆兰多年来坚持由品牌自主掌握各个生产阶段，不依赖其他企业。得益于这种垂直的经营方式，法穆兰靠着创新的精神与精湛的工艺，不断地挑战钟表业的极限。

标志性的复古酒桶弧形、夸张的数字刻度表现方式、时尚酷炫的色彩，令法穆兰钟表在短时间内迅速走红。在短短 30 年间，法穆兰靠着不可思议的成长力、令人羡慕的财务实力，以及每年 4 万只腕表的生产能力成为世界顶级钟表品牌之一。

每一年，法穆兰都会推出一只首创且独一无二的复杂功能腕表，引得世界各地收藏家争相预订、抢购。

聚奢网创始人曹玉智先生在办公室留影

曹玉智先生在办公室接受中央电视台的采访

法国国家电视二台参观聚奢网总部抖音直播间

曹玉智先生带领法国国家电视二台记者参观聚奢网总部

曹玉智先生及团队成员在众创板开板暨首批企业挂牌仪式上合影

曹玉智先生与北京大学光华管理学院 EMBA 同学合影

南京秦淮区区领导一行视察聚奢网总部

2015年聚奢网团建

佛阳子公司（聚奢网前身）的第一个办公室

佛阳子（聚奢网前身）首届珍珠节开幕

福样子南京东方福来德店

聚奢上海金茂旗舰店内景

聚奢上海金茂旗舰店外景